非常理想，特别现实

北京市十一学校
章程与制度集萃

张之俊　杨雄——主编

教育科学出版社
·北京·

出版人 所广一
责任编辑 何 薇
版式设计 许 扬
责任校对 贾静芳
责任印制 叶小峰

图书在版编目（CIP）数据

非常理想，特别现实：北京市十一学校章程与制度集萃／张之俊，杨雄主编. —北京：教育科学出版社，2016.5（2023.9 重印）

ISBN 978 - 7 - 5191 - 0411 - 5

Ⅰ.①非… Ⅱ.①张… ②杨… Ⅲ.①北京市十一学校—学校管理—章程—汇编 Ⅳ.①G637

中国版本图书馆 CIP 数据核字（2016）第 068636 号

非常理想，特别现实——北京市十一学校章程与制度集萃
FEICHANG LIXIANG,TEBIE XIANSHI——BEIJINGSHI SHIYI XUEXIAO ZHANGCHENG YU ZHIDU JICUI

出版发行	教育科学出版社			
社 址	北京·朝阳区安慧北里安园甲 9 号	邮 编	100101
总编室电话	010 - 64981290	编辑部电话	010 - 64981277
出版部电话	010 - 64989487	市场部电话	010 - 64989009
传 真	010 - 64891796	网 址	http://www.esph.com.cn
经 销	各地新华书店			
印 刷	运河（唐山）印务有限公司			
开 本	720 毫米 × 1020 毫米 1/16	版 次	2016 年 5 月第 1 版
印 张	16.75	印 次	2023 年 9 月第 8 次印刷
字 数	260 千	定 价	68.00 元

前言

北京市十一学校自启动以"构建新型育人模式"为目标的改革以来，经历了不同的阶段。确立共同的价值观，为改革奠定思想基础；建设学科教室、数字化校园，为改革提供资源准备和技术平台支持；形成学校课程改革方案，完成顶层设计，构建分层、分类、综合、特需的课程体系；实施选课走班，变革教学组织形式；施行标准化管理，对各项制度进行梳理和固化；通过小班化和个别化教学策略的分享，使改革深入推进到课堂的微观层面上，以更好地服务于每一位学生的发展……通过这一系列改革举措，学校初步形成了全员育人、关注个体的新型育人模式，初步呈现出群体多样性与个体独特性并存的校园生态。

很多教育同行来学校交流，都会问到一个问题：十一学校的改革能不能复制？他们希望探寻出十一学校改革的密码，以期能在自己的学校开展类似的实验，创造适合每一位学生的教育。

作为这场改革的亲历者和参与者，我们深知，虽然怀揣美好的理想，改变现实却非常艰难，每走一步都充满挑战。

一项由众人参与的改革要顺利推进，对各种创新举措起到关键支撑作用的一定是健全的制度和具有凝聚力的文化。现在，我们把学校改革以来所形成的主要制度汇编成册，与教育同行分享、探讨，希望能给大家一些启发。这些制度不是某个人的想法，而是全体"十一人"在教育改革实践中集体智慧的结晶。

《北京市十一学校章程》作为学校的"宪法"，对完善学校治理结构与治理体系提出根本要求；《北京市十一学校行动纲要》确立学校共同的价值观，成为全体"十一人"教育行动的价值追求；其他制度则为学校课程改革及日常管理提供行为准则、流程、工具与方法。

本书收录了8个主要文件的全文；其他制度，则以附录存目方式置于书末，以备读者参考。

特别需要说明的是，这些制度和文化都是在十一学校具体的发展情况下制定和形成的，随着学校生态的不断变化，我们会适时修改完善。另外，制度本身也可能存在一些值得商榷的地方，希望读者指正。

目　录

北京市十一学校章程

北京市十一学校建于1952年，原为中央军委干部子弟学校，在周恩来、罗荣桓等老一辈革命家的亲切关怀下建立，聂荣臻元帅用新中国的诞生日为学校命名。

学校于1964年划归北京市海淀区管理，1968年开始招收地方子女。1992年提出并实行"国有民办"办学体制改革，2004年被评为北京市示范性普通高中。2009年年底，学校回归公办，2010年被批准为北京市综合教育改革实验学校，2011年被批准为国家级教育体制改革试点项目"深化基础教育学校办学体制改革试验项目学校"。现为海淀区区属全日制完全中学。

学校坚持把立德树人、培养德智体美劳全面发展的社会主义建设者和接班人作为根本任务，秉持"创造适合每一位学生发展的教育"的宗旨，努力培养志存高远、诚信笃志、思想活跃、言行规范的未来各行各业的领军人物。

第一章　总则

第1条　为贯彻国家教育方针，适应学校发展需要，保障学校依法自主管理，保障学生与教职工合法权益，全面提高办学品质，根据《中华人民共和国教育法》《中华人民共和国义务教育法》《中华人民共和国教师法》《中华人民共和国未成年人保护法》等法律、法规，制定本章程。

学校严格执行党和国家法律、法规中与学生和教职工权益相关的所有规定，充分保障学生与教职工的合法权益。

第2条　学校全称为北京市十一学校，英文名称为Beijing National Day School，简称BNDS。校址为北京市海淀区玉泉路66号。

第3条　学校由北京市海淀区政府举办，经北京市海淀区事业单位登记管理局登记，属公益一类事业单位。学校为实施六年制完全中学教育的全日制公办教育机构，具有法人资格，独立承担民事责任。经北京市教育委员会批准，学校举办中英合作办学、中美合作办学和国际文凭高中课程三个中外合作办学项目。

第二章 治理结构

第4条 学校实行分权制治理结构。学校党委、教职工代表大会、校务委员会、学术委员会、学生代表大会、家长代表大会等组织，共同组成学校权力机构，分别决策相应事项。各治理主体互相制约，防止决策失误或某一方权力过度膨胀。

第5条 学校党委要保障国家的教育方针在学校贯彻落实，保证正确的办学方向；全面负责学校党的思想、组织、作风、廉洁和制度建设；领导学校德育和思想政治工作，培育和践行社会主义核心价值观；领导教职工代表大会和工会、共青团、少年先锋队等群团组织。学校坚持党管干部原则，在选人用人中发挥党组织主导作用；坚持党管人才原则，党组织参与讨论决定学校人才工作政策、措施。

第6条 学校坚持教职工代表大会讨论审定学校重大方针政策的民主决策机制。关系学校发展和教职工权益的重大问题，包括学校行动纲要、战略规划、人事聘任方案、工资分配制度、职称推荐方案、学术工作管理办法等，必须经教职工代表大会审议通过后方能实施。投票结果必须当场公布。任何组织和个人均无权改变教职工代表大会通过的方案。教职工代表大会审议采取无记名投票制度，除会议议程等有关程序性事项外，所有方案不得采取举手表决或鼓掌通过方式。

第7条 教职工代表大会每年8月底对校长进行信任投票，采取无记名投票方式，并当场公布投票结果。达不到60%的信任票时，校长必须向上级党委提出辞职；达到60%但连续三年未达80%的信任票时，校长也必须向上级党委提出辞职。

第8条 经教职工代表大会代表20人及以上提议，可临时召开教职工代表大会，提请对校长的弹劾或对有关政策方案修改的建议议程。经全体代表

60%以上同意后，方可启动弹劾校长或修订政策方案的程序。

第9条　教职工代表大会每年8月底听取中层及以上干部述职，并进行无记名满意度测评。测评结果提交校长作为聘任干部的依据，对未达60%或达到60%但连续三年低于80%满意度的人选，新年度不得聘任为中层及以上干部。

第10条　为防止教职工代表大会决策因时间变化、上级政策调整等各种原因带来的失误，特殊情况下，校长有权对教职工代表大会通过的方案提出暂缓实施的建议，提交教职工代表大会主席团同意后，可对有明显问题的方案实施冻结，待下一次教职工代表大会审议修改后实施。如有必要，也可经主席团同意，提前召开教职工代表大会，对相应方案进行修订。如教职工代表大会认为原方案没有修改必要，则仍按原来的决策执行，校长不得再次干预。

第11条　学校设立校务委员会，主要由校长、党委书记、副校长、党委副书记、主持年级教育教学工作的干部、工会主席、纪检书记等组成。校务委员会由校长主持，为"三重一大"（重大事项决策、重要干部任免、重要项目安排，大额资金的使用）决策机构，负责领导学校课程建设和教育教学工作，决定教职工的劳动合同聘任，确定各年级各部门岗位编制及职级总量，决定年度财务预算，按照相关规定决定对教职工及学生的奖惩。校务委员会采取审议制，当无法达成一致意见时，校长具有最终决定权，责任由校长承担。

第12条　学校设立学术委员会，也同时作为教师职称初评委员会，负责教师职称初评，特级教师和市区学科带头人、骨干教师的推荐，学校学术工作室的设立、管理与评价，重大科研项目的招标。组成人员由校务委员会提名，提交教职工代表大会审定，达到80%以上赞成票方能通过。学术委员会由三位委员轮流担任主席，每位轮值主席主持一年工作。学术委员三年一个任期，每个任期需调整三分之一委员。为保证学校行政工作与学术工作的良好沟通，学术委员会轮值主席列席学校校务委员会议，学校分管人力资源工作的校务委员列席学术委员会议。特殊情况下，校长如果认为学术委员会决策存在明显问题，可通过校务委员会审议，对学术委员会的决定提出重新审定的提议，学术委员会可进行二次审议，如二次审议仍维持原决定，校长则不得干预。

第13条　学生代表大会是学生民主自治组织，是学校与学生联系的桥梁和纽带。对事关学生切身利益的事项，如有关学生的规章制度、奖惩办法、校服选用、食堂管理等，学校应通过学生会广泛征求学生意见。每年召开学生代表大会，代表对学校相关事项可以提出建议案，学校相关方面必须做出回应。

第14条　家长代表大会由家长推选的教师代表和家长代表组成，负责沟通学生教育、学校管理的相关事项。对一定时期学校教育教学工作提出建议，对学校相应管理制度提出修改意见，对与学生工作相关的诸如行为规范、食堂管理、住宿服务、校服选用等事项提出建议。学校相关部门必须及时听取，随时协商，并做出回应。

第三章　管理机制

第15条　学校实行扁平化、分布式、分权制、制衡型的管理机制。

第16条　扁平化组织结构。减少学校管理层级，副校级干部直接兼学部（年级）主任或中层部门负责人，学部（年级）作为学校的事业部门，集教育教学、科研、人事、财务管理于一身。中层部门作为职能部门，按照学校工作的总体规划与学部（年级）协商、合作开展工作，不作为一级管理部门，对学部（年级）工作不享有指挥权。各学部（年级）、各部门设计各自的内部组织结构，也应当按照扁平化的要求安排，以避免出现过多的管理层次。

第17条　分布式领导。学校通过明确管理主体的责权利，最大限度发挥每一个岗位的领导作用。学部（年级）和各部门要依据不同的任务特点和成员能力，确定不同岗位的领导职责，根据实际需求和实施效果，各岗位可以动态更替。分布式领导的每一个岗位的负责人即是所负责领域的最高责任人，即使行政职务高于该岗位的领导者，在这一领域也应当接受其相应的领导。

第18条　分权制。学校与各学部（年级）、各部门、各学科实行分权分责的管理机制，在教育教学、人事、财务诸方面明确不同层级的责任，同时赋予相应的权力。

第19条　制衡型。学校所有的权力均应受到相应制约。不仅学校治理主体各方需要相互制约，管理机制内部各岗位、各领域、各环节，也要明确相应的制约机制。

第四章　课程与教育教学及科研管理

第20条　在课程与教育教学领域，校长通过课程研究院和各学科，负责课程规划，明确教育教学的价值追求和基本原则，确定相关教育教学评价方案。校长和学部（年级）不得以行政手段推行某一种教学模式或教学方法。各学科应选用各自不同的教学方法或教学模式，提倡百花齐放，对不同风格、不同特点的教师，各学科应该允许他们以适合自己的教学方式进行相应探索，避免一刀切的教学方式。

第21条　学校构建学部（年级）与学科共同对教育教学质量负责的机制。学部（年级）全面负责本学部（年级）的教育教学工作，学部（年级）设立学科教研组，接受学科和学部（年级）的双重领导。学校设立课程首席教师，具体负责课程的开发和实施，接受学科和课程研究院的领导，并定期与学部（年级）保持沟通。

第22条　教导处负责教育教学计划的编制、教育教学资源的调配、日常教育教学事务的管理工作，以协商、协调、合作的方式开展工作。

第23条　教育科研坚持立足教育教学实践的行动研究，从工作中的痛点和困惑寻找研究课题，由学校课程研究院和学术委员会两个学术部门组织评审，并提供项目研究的指导和帮助，通过成果分享机制和学术积分管理机制引领教师的学术发展。

第五章　教职员工

第24条　副校级和中层干部、学部（年级）主任、学科主任每学年由校长聘任。新任干部由校长提名，党委组织考察，民意测评满意度超过80％，校务委员会审议通过，方可聘任。

第25条　学校实行教职工与学部（年级）、部门双向选择的聘任机制，以实现人力资源的优化组合，尽可能让教职工找到适合自己的岗位。校长通过校务会确定各学部（年级）、各部门的编制，确定各学部（年级）、各部门相应的薪酬总量，确定双向选择的相关规定。学部（年级）、部门与全体教职工实行双向选择，校长和其他没有相应聘任权的干部，不得干预聘任过程和聘任结果。招聘优秀教师，按上级有关规定办理。

第26条　新入职教职工的聘任必须通过简历筛选、试讲或职业能力测试、无领导小组面试以及校务委员会面试四个独立操作、互不干涉的环节。任何人无权超越任何环节录用新员工。

第27条　学校坚持按劳分配、按岗取酬、绩优酬高、薪随岗变的分配原则。

第六章　财务管理

第28条　财务工作实行全面预算管理制度。每年度提前由学校和各部门根据部门新年度计划编制年度财务预算，经校务委员会审议、校长批准后实施。学部（年级）、部门负责人为预算执行的第一责任人，财务总监负责预算内支出的审核工作，对是否符合财经纪律、是否符合预算要求予以把关。

第29条　财务工作必须相互制约。按照"不让有权的人理财，不让理财的人有权"的原则，校长只有批准年度预算和根据工作需要批准临时申请项目预算的权力，不能对任何具体财务支出签批。财务总监的签批权只能在预算内有效，不得签批预算外的任何支出。

第30条　实施财务审计制度。为确保财务工作安全、规范，学校从社会上招标聘请资质高、信誉好的会计师事务所对学校的年度预决算编制、财务收支和内控制度的建立与执行情况进行专项审计，每年度进行两次。审计工作由校长或校长委托相关人员负责，财务人员回避。

第七章　学校标识与文化日

第31条　学校的校训为"志远意诚，思方行圆"。学校的标识为

、、、，其寓意见附1。学校吉祥物为

"龙娃" ，其寓意见附2。

第32条　学校校庆日为每年10月1日。学校设立各种文化日，具体见附3。

第八章　附则

第33条　本章程经学校教职工代表大会审议，并经海淀区教育委员会核准备案后公布，自公布之日起实施。

第34条　本章程在教职工代表大会闭会期间由校务委员会负责解释。

附1　学校标识释义

1．以方圆元素构成无限发展符号（∞），表明十一学校以培养志存高远、诚信笃志、思想活跃、言行规范的杰出人才为宗旨。

2．"十"、"一"二字既是十一学校的名称，又是象征正与负、阴与阳、多与少、加与减等对立统一的哲学概念的符号，体现了十一学校是一所和谐的伟大学校。

3．以国旗红、秋实黄、太空蓝、春华绿、银鹰灰和大地黑六个颜色组成的标识，意喻十一学校秉持因材施教的教育思想，充分尊重和发展学生的个性特征，采用各种有效的教学方法，建立多样化的人才培养模式，努力帮助学生发现自己，唤醒自己，最终成为自己。

4．红色象征使命，黄色象征自由，蓝色象征梦想，绿色象征活力，灰色象征诚信，黑色象征踏实，这六个颜色的组合则象征和谐，表明十一学校的使命是建设一所和谐的伟大学校，培养富有个性的人才。

附2　学校吉祥物释义

1．"十一龙娃"是十一学校学生的真实写照和形象化身。它展现了学校培养的学生志存高远、诚信笃志、思想活跃、言行规范的精神风貌。它准确而生动地体现了学校"志远意诚，思方行圆"的核心价值诉求。

2．"十一龙娃"以红黄作为主色。红黄两色是我国国旗的颜色，体现了学校以新中国诞生日作为校名的特殊意义。红色代表使命，黄色代表自由。

3. "十一龙娃"根据学校诞生日为"天秤座"，它平易近人，心态平衡，公平正义，谦和有礼，理想浪漫，充满魅力。

附3　学校文化日

1月15日——罗马尼亚文化日

3月18日——西班牙文化日

4月10日——俄罗斯文化日

4月13日——美利坚文化日

5月13日——法兰西文化日

5月20日——唤醒日

5月22日——多元文化理解日

6月2日——霍克黛日

6月12日——同伴关系日

6月14日——韩国文化日

9月10日——感恩日

9月15日——澳大利亚文化日

9月28日——穆拉德日

10月12日——道歉日

10月16日——印度文化日

10月18日——英国文化日

11月1日——黄辰亮

11月20日——意大利文化日

11月26日——德国文化日

（2014年12月，北京市十一学校第十一届三次教代会审议通过；

2019年1月，北京市十一学校第十二届三次教代会审议修订）

北京市十一学校行动纲要

《北京市十一学校行动纲要》（以下简称《行动纲要》）在继承学校原有文化与价值观的基础上，试图在学校工作的主要领域明确师生员工的行为准则，为构建学校机制、开展教育教学工作等提供引领。

《行动纲要》是学校办学的纲领性文件，是学校今后六年工作的总纲，每三年一次提交教代会审议，确定重大原则与基本价值观；每年由校务委员会组织学校相关人员进行讨论并对关键成功因素的具体指标进行修订，每年修订的《行动纲要》都应该成为面向以后六年的行动纲领。

第一章　学校战略

第1条　愿景。我们的使命是：创造适合学生发展的教育，将"十一学生"塑造成一个值得信任的卓越的品牌，把十一学校建设成为一所受人尊敬的伟大的学校。

十一学生应该志存高远、诚信笃志、思想活跃、言行规范，成为志远意诚、思方行圆的杰出人才。

伟大的学校应该是一所师生品格崇高、才识卓越并具有谦虚品质的学校。

我们的战略目标是：一流的质量，卓越的队伍，能够让教师过体面生活的待遇，成为师生精神家园和成长乐园的和谐学校。

第2条　关键成功因素。根据建校以来特别是近20年来的历史经验，总结出学校成功的基因：校长、队伍、理念与共同价值观、体制与机制、生源、改革创新、条件与资源。展望学校发展的未来，得出学校今后六年的关键成功因素：教师、课程、个别化、内动力、国际化、数字化、生源、标准化。

对关键成功因素进行量化分解，可以得出关键成功因素指标。学校各层级、各岗位对关键成功因素指标的全面落实，是实现学校战略目标的基本保证。

第3条　战略改进领域。课程是学校最为重要的产品，也是学校的核心竞争力，必须着眼未来，立足实际，通过对国家课程的开发和学校课程的建设，系统开发满足学生需求、充分落实学校培养目标的校本课程。

课堂改变，学校才会改变；课堂高效，教育才会高效；课堂优质，学生才会卓越；课堂创新，学生才会创造；课堂进步，教师才会成长。课堂教学要落实学生的主体地位，要通过课程与教育教学改革，实现教学方式与学习方式的转变。

课程与课堂是学校今后六年需要加大气力改进的战略领域。

第4条　学校文化与价值观。总结建校以来特别是近20年来学校发展的历史经验，学校倡导并强调以下价值取向。

1. 改革创新，敢为天下先。

2. 创造适合每一位学生发展的教育，办人民满意的学校。

3. 与共和国一同成长，共和国的利益高于一切。

4. 海纳百川，包容共生；一心办学，心无旁骛；聚天下英才，做英雄事业。

5. 追求卓越，反对平庸，拒绝低劣。

6. 不唯高考，赢得高考，追求素质教育与优秀升学成绩的统一实现。

7. 在工作中研究，在研究状态下工作。

8. 学校未来发展：培养—研究型学校。

9. 师德高品位，专业高学识，能力多方位，研究高水平。

10. 干部行为准则：公、勤、谦、坦。

11. 课堂改变，学校才会改变。

12. 主体性教育：学生能做的，老师不要包办。

13. 优秀做人，成功做事，全面发展，多向成才。

14. 把学校办成教职工心灵的栖所、教师施展才华的舞台、教职工的幸福家园。

15. 不可侵犯的教代会民主权利：信任投票决定校长是否继续任职，满意度评价决定干部是否继续任职，参与制定、修订甚至决定学校重大文件和方案。

16. 敢于否定自我，不断创新发展战略。

17. 生活上可以照顾，工作上不可以照顾。

18. 卓越的领导者是学校最宝贵的财富。

19. 建设国际化学校，培养具有中国灵魂、世界眼光和多元文化理解能力的一流人才。

20. 不计较。每事必较，计较眼前利益和个人私利，只能因小失大；只有不计较个人私利，才能做成大事，带来团体重大利益，每个人也才能从中得益。

第二章　培养目标

第5条　学校着力于培养志远意诚、思方行圆，即志存高远、诚信笃志、思想活跃、言行规范的社会栋梁和民族脊梁。

引导学生进行职业与生涯规划，确立远大目标，启发学生立志成为某一领域的领军人物或杰出人才；倡导学生诚信做人，让每一位十一学生成为值得信任的人；强化学生的自律意识，培养学生自主管理的能力；鼓励学生独立思考，培养有自己想法的学生。

第三章　组织结构与管理机制

第6条　师生导向。学校组织结构的构建必须以师生为导向，有利于简化程序，快速响应师生、教育教学的需求；有利于创造以学生为本、以教育教学为中心、以质量为目标的文化。

第7条　扁平模式。学校将尽可能压缩组织结构层级，减少无效劳动，让师生的需求以最快的速度得到反应；学校将通过调整组织结构，使各层级的管理跨度处于一个合理的范围。

第8条　矩阵结构。学校构建学部（年级）与学科共同对教育教学质量负责的机制；学部、年级负责制与中层处室管理一起构成矩阵管理结构；在矩阵管理结构中，每一个人都应该对事业负责，而不是仅仅对某一位领导负责；每一个人都不仅仅属于某一个部门，都应该顾全大局，将有利于学校大局、有利于把事情办好作为工作的出发点和落脚点。

第9条　分布式领导。学部、年级和各部门要依据不同的任务特点和成员能力，确定不同岗位的领导职责，根据实际需求和实施效果动态更替，逐步实现由管理走向领导。

第10条　"联邦制"。学校与各学部、各年级、各部门、各学科实行分权分责的管理机制，在人事、财务、教育教学诸方面明确不同层级的责任，同时赋予相应的权力。

第11条　人事聘任与分配机制。学校实行教职工与学部、部门双向选择的聘任机制，以实现人力资源的优化组合，尽可能让不同的教职工找到适合自己的岗位；坚持按劳分配、按岗取酬、绩优酬高、薪随岗变的分配机制。

第12条　制衡权力。任何权力都要有相应的监督，对每一个岗位都要建立相应的监督机制，以确保责任的落实，防止渎职和腐败现象的发生。

第四章　教师

第13条　教师肩负着塑造学生精神生命的神圣职责，从事着世间最复杂的高级劳动。教师的职业不仅是传承过去，更是创造未来。教师的职业定位在于，在学生未来对社会的贡献里发现自己的人生价值，在学生今日之爱戴与未来的回忆中寻找富有乐趣的教育人生。

第14条　优秀教师应该是师德的表率、育人的模范、教学的专家。

第15条　优秀教师应该明确自己和所在团队课程开发和课堂教学改革的方向，形成自己的教学风格，打造独具特色的精品课程。

第16条　教风决定学风，教师对待职业的态度会影响学生对待学业的态度。教师必须以高尚的人格影响学生，通过踏实的教风影响和带动学生良好的学风。

第17条　学生在你心目中的地位有多高，你在学校中的价值就有多大。任何一位老师都可以有自己的个性甚至缺憾，但都不可以轻慢学生、忽视教学；我们可以原谅许多东西，但永远不能原谅的是对学生和教学的轻慢态度。

第18条　树立正确的学生观。老师的心目中，不应该有坏学生，只可能有心智发展不成熟的学生；学生成长道路上的错误，就像学习走路的幼儿跌跟头，绝大部分跟道德品质没有多大关系，每个错误都意味着成长，教师要有"祝贺失败"的修养；不要埋怨学生，当教育教学效果不如意时，先检视自己；关注每一位学生，学生对公平的期待远远超出我们的想象，每一位学生都是一个世界，要十分小心地呵护每一位孩子的世界，即使它是不完整的。

第19条　自我反思与终身学习。善于分析自己劳动的教师，才能成为一名优秀的有经验的教师（苏霍姆林斯基语）；我们的"本来"在不断折旧，必须通过持续学习以实现自我保值和升值；要注意职业规划，不断刷新自我。

第五章　学生

第20条　勇于担当。胸怀天下，具有民族责任感和历史使命感。勇于担当责任，自觉为国家、为团队、为家庭、为朋友排忧解难；自觉奉献社会，主动服务他人。志远行近，既胸怀天下，又脚踏实地，具有强烈的自我发展动力。

第21条　诚实守信。慎独自律，信守承诺，成为值得信任的人。

第22条　懂规划，会选择。不断认识自我，发现自我，注意按照自己的职业规划学会选择。

第23条　尊重他人。尊重自己，悦纳自己的个性和性格；尊重规则和秩序，不随意侵犯他人的自由权利；尊重父母家人，尊重老师长者，友善同学，学会用谦恭的态度与人交往。

第24条　拥有感恩之心。别人的帮助让我们获取幸福，帮助他人让我们传递幸福。懂得随时回报他人，并以感恩的态度回报社会。

第25条　克己让人。具有良好的沟通能力和健全的对话人格。"虽然我不同意你的观点，但我誓死捍卫你说话的权利。"（伏尔泰语）坚持平等对话，学会换位思考，设立"道歉日"，培养协商与妥协的能力。

第26条　领袖气质与谦虚品格。独立思考，具有自己的想法，勇于挑战自我，严于责己，归功他人。关注社会，关心他人，乐于参与，善于决策。主动锻造自己的领导能力。谦逊而有韧性，质朴而无畏，能在不同的团队中找到自己的位置，承担相应的责任。

第27条　重视学术成就。培养良好的学习态度，学会自主学习，注意研究学习规律；踏踏实实，追求良好的学业成绩。

第28条　全面发展，学有特长。在追求学业好成绩的同时，提升自己的道德素养、审美情趣和艺体技能，有一两项让自己终身受益的兴趣爱好并形成习惯。

第六章　师生关系

第29条　良好的师生关系应该亲情如父母子女，友情如同伴朋友，严而有格，爱而不纵。

第30条　师生关系是教育教学质量的基础。学生"亲其师"，才会"信其道"。如果你讨厌你的学生，那么你的教育还没有开始，实际就已经结束了。

第31条　师生关系的主导方在教师，教师应该主动承担起建立良好师生关系的责任。真正健康的师生关系必须靠人格与学识赢得。

第32条　良好的师生关系形成需要一定的相处时间，只有在师生相处中才能更好地实现有效的教育。

第33条　热爱是境界，热爱是胸怀，热爱也是有技能和技巧的，在严格要求的同时，必须通过恰当的方式让学生感受到老师对他的关爱。

第七章　课程

第34条　课程建设应与学校培养目标相一致；应立足每一位学生的成长需求，符合学生的认知规律和学科学习规律。

第35条　坚持国家课程校本化的开发与实施。各个学科要加强学科课程的顶层设计，明确学科课程建设的思路，进行系统开发。

第36条　绿化课程链。完善课程链的各个环节，在课程目标、课程内容、课程实施、课程评价与诊断诸方面系统思考，环环相扣，以增强课程实施的整体效益。

第37条　树立处处是课程、时时有课程的意识。学校所有的教育教学活动和管理工作都要作为课程进行系统设计、深度开发。

第38条　确立系统的课程观。课堂教学只是教学工作的环节之一，课程的实施应该通过明确教学目标，选择适切的教与学方式，组织丰富多样的学习资源并实现学科教室资源标准化，落实过程性评价和终结性诊断，提高教学效益。

第39条　指导学生学会管理自己的学习。帮助学生进行人生规划，理清职业目标和学习目标，启动学生的内在动力；通过分类型、分层次的选择性课程实现因材施教和个别化教育；构建每一位学生为自己负责的教育机制。

第40条　多元化、个性化的课程实施策略。反对一刀切的教学模式，通过形成我们的教学方法体系，帮助学生建构学习方法体系。

第41条　课堂是课程实施的主阵地，要不断优化课堂教学，立足课堂解决问题。

第42条　引进、整合国际优质课程，积极开发与实施国际课程，在可能的领域里努力实现中外课程的融合。

第八章　教育教学

第43条　发现、唤醒和帮助是教育的重要任务，发现学生的潜能比发现学生的问题更加重要。实施全人教育，要将每一位学生作为一个完整的人来对待，关注每一位学生的全面发展，给学生装上自我成长的发动机。

第44条　从学科教学走向学科教育，树立全员育人的观念，自觉肩负起立德树人的神圣使命，关注学生的内心情感，为学生的成长提供帮助和指导。

第45条　尊重并珍惜学生的差异，与孩子的天性合作，探索实施个别化教育的途径和方法。

第46条　坚持主体教育，学生能做的，教师不要包办。构建每一位学生为自己的成长负责的教育机制。

第47条　重视日常行为规范的落实。重视起始年级、起始学科学生习惯养成的战略作用，梳理不同年级应该强化的不同习惯，让学生逐一养成。要求学生在什么时间干什么事，在什么地方干什么事，干什么事就要干好什么事。关注学生学习与生活的细节。

第48条　成功是成功之母。给学生创造更多成功的机会，打造学生的亮点，用成功酿造成功与自信。

第49条　实施不被拒绝的教育。兴趣是最好的老师，学校的重大教育活动都尽可能办成学生的节日，并使学生终身难忘。学科教学活动应该充分考虑学生的兴趣。努力创造条件让教室成为学生最喜欢的地方之一，让课堂教学成为学生最喜欢的活动之一。

第50条　坚持多元评价。多一把评价的尺子，就多出一批好学生；多一些评价的尺子，学生就都有可能成为好学生。

第51条　惩罚也是一种教育。惩罚要就事论事，立足于学生成长，要以学生可以接受的方式实施。

第52条　实施"接力棒计划"等系列教育活动。充分发挥党组织和共产党员在接班人培养中的重要作用。

第53条　重视学生的职业与生涯规划。从初中、高中起始年级开始进行职业与生涯规划，鼓励学生通过各种方式了解社会，认识自我，明确自己的职业目标与生涯规划，启发学生的内在成长动力。

第54条　重视学生情感的培养，特别重视学生积极人生态度的培养，重视团队精神、合作意识、良好同伴关系的培养，让学生学会妥协。

第55条　重视校园欺凌现象的解决，通过设立"同伴关系日"等各项措施，营造良好的同伴关系。

第56条　重视教学班建设，帮助学生在各个教学班和不同的团队中找到自己的位置，发挥相应的作用。

第57条　重视教学常规。学科与年级教研组、课程教研组要全面关注备课、上课、留批作业、课外辅导、成绩考核与诊断等教学环节。不断完善与改进教育教学常规，注意用新的科研成果丰富常规。

第58条　敬重教学规律。学校将主要通过学科教学改革，贴近学科学习规律和学生的认知规律，以培养学生的兴趣和成就感为基础，提高教学质量；将通过课程开发、教材整合、教学方式与学习方式更新使教育教学不断贴近学生的认知规律。

第59条　调整教学关系，建设新的课堂文化。课堂是学生学习的地方，是学生的舞台，并非老师展示自我的地方。减少讲和听，增加说与做。学生已经会的不讲，学生自己能够学会的不讲，讲了学生也不会的不讲。从来不提问的学生不一定是没有问题的学生。让每一个问题在学生自己的手底下得到解决。不占用学生自主学习和休息的时间，是对学生基本的尊重。让学生了解老师的教学计划，并将之转变为学生的学习计划，让知识树在学生心里扎根。

第60条　重视课堂教学的问题设计。倡导启发式教学，在教学设计特别是问题设计方面狠下功夫，设计和呈现问题的艺术比解答问题的艺术更为重要。

第61条　将落实进行到底。狠抓落实才能提高质量，学了要会，会了要对；在没有射中的靶子上再射一箭。

第62条　教学诊断与评价。诊断出问题与考出好成绩同等重要。及时的教学反馈是调整教学的重要依据。理想的学习是及时知道结果的学习。将评价贯穿教育教学全过程，重视过程性评价的即时性和对评价结果的使用。

第九章　教育科研

第63条　教育科研要着眼于教育教学规律，关注当今世界、现代中国教育改革潮流和发展趋势，立足于身边问题，努力将基础教育领域方向性的课题与学校教育教学实际相融合，以提高教育教学质量为目标，务实高效。

第64条　项目研究应该成为学校教育科研的主要方式。矛盾点正是创新处，要从自己的"痛"开始，从"困惑"和"抱怨"里、从学生最不满意之处寻找项目研究的课题。改变可以改变的，选择能够改变的，选择必须改变的，选择能够在一年内见效的项目。要致力于行动的改变，避免空泛与纸上谈兵；注意发现问题背后的问题，寻找潜在的原因。

第65条　教育科研应该立足于提高教师的学术素养，在研究中培养高素质的学术团队。

第66条　寻找教育教学制高点，构建校际教研合作组织，通过教研学术年会、网络互动平台等方式，积极借鉴兄弟学校的经验。

第67条　创造条件让学生参与教育教学科研工作，自主申报立项与参与教师的项目研究相结合，使教研更加贴近学生，提高学生的学习能力与研究能力。

第68条　搭建高水平科研平台，通过名师工作室、重大问题研究工作坊，顶天立地，解决学校和当代教育存在的突出问题。

第十章　决策

第69条　推动不同层次、不同团队的思想解放和独立思考，提高科学决策能力。向领导请示工作应该首先明确自己的意见。提报解决问题的方法，一般不少于两种方案。

第70条　坚持"哪个层级获得的信息最充分，就在哪个层级做出决策，或者由哪个层级的人员参与决策"的决策原则。

第71条　明确决策程序，尊重决策规律，加强决策制约与决策评估；坚持重大决策前的听证制度与决策后的纠错制度，定期对学校重大决策进行民主评议。

第72条　遵循民主决策、权威管理的原则，执行层面的集中与决策层面的民主同样重要。

第73条　重视与师生利益密切相关领域决策方式的研究与实施。特别重视教职工评职晋级与薪酬分配及福利待遇的选择方式与实施方式、学生荣誉评定、学生干部产生方式、学生学业与综合素质评价、分班、座位排定等决策的实施。

第十一章　管理

第74条　先人后事。合理地调节和设定教职工事业、情感、待遇和健康之间的平衡。对个人发展目标与学校发展目标一起进行管理，让每一个人都感到自己很重要。

第75条　要事第一。以战略目标和关键成功因素为依据，区分核心工作与一般性工作。不仅仅要正确地做事，更重要的是做正确的事。

第76条　组织才华与塑造才华。管理者应该充分发挥各方的积极性与创造性，动员各方实现团队共同的想法。一个优秀的管理者应该当好自己部属的教练。管理者肩负着传递赞美的重要任务，传递赞美也是最重要的管理活动之一。

第77条　防止"路径依赖"。过去的经验解决不了新的问题。必须用改革的方式，而不是用倒退的方式，解决改革中遇到的问题。

第78条　让更多的优秀教师参与学校管理，让更多的事情通过协商、协调和协作的方式解决。

第79条　梳理并改造流程。流程变了，结果才会改变；流程好了，结果才会理想。当工作出现问题或迷茫时，要详细甚至有点儿"傻"地画出流程图。将工作流程和管理环节简单化。

第80条　上下贯通。学校党组织、行政、工会及群团组织要及时沟通，学部、学科和教学班、教研组的教育、管理思路必须与学校一贯的文化相一致。在各个领域确保学校长期形成的文化的延续、深化与创新。

第81条　沟通与协作。"你是天下第一，也要由天下第二来帮你。"要通过明确边界，理清流程，细化常规，为沟通与协作打好基础。注意"回报"，及时通报反馈，不断沟通过程性信息，及时通报工作结果，以求得各方的了解、理解与支持。

第82条　公平与民主。世间没有绝对的公平，但管理者的行为应该是公平的，民主的程序必须公平。坚持"五湖四海"，绝不允许任何人把亲疏带到十一校园。想拥有一个好主意的最好方法是拥有许多主意。创造"看得见的平等"与"看得见的民主"的校园文化。

第83条　向标杆学习。定期寻找自己工作领域的制高点，努力在100个细节上比同类学校好1%。

第84条　要居安思危，始终具有忧患意识。要不断创造学校发展机遇，不断提升学校发展水平。

第85条　风险管理。要管理风险，而不是回避风险，定期排查安全隐患，定期梳理学校面临的风险，确保学校平稳健康发展。构建完善的应急机制，努力把学校建设成为一个安全的地方。

第86条　管理情绪。当过于情绪化时，控制与矛盾方的正面接触，延迟决策，尽量"忍过一个晚上"。

第十二章　管理者素养

第87条　"公、勤、谦、坦"是对十一管理者的基本要求，较高的人生境界、积极的心态、乐于奉献的精神是十一管理者的基本素养，也是学校选拔任用干部的基本条件。

第88条　向团结靠拢。不可能没有摩擦，不可能没有碰撞，摩擦、碰撞之后的第一个念头，就应该是向团结靠拢。

第89条　崇尚一流，追求卓越，不怕失败，富有激情与梦想，向着最好和最高的目标而坚忍不拔。相信别人能实现的，我们可以实现得更好。

第90条　团队意识、协作精神、服务意识。具有共同信念和价值观，为了全局利益，敢于牺牲局部、个人利益；为了团队成功，乐于奉献自己的力量。

第91条　身先士卒，敢于下水。每一位管理者，都要说"同志们，跟我冲"，而不要说"弟兄们，给我上"。

第92条　问题意识。相信办法总比困难多，懂得解决问题才能进步的道理，相信多一个问题就多一次成长的机会，遇到问题总是以积极的心态寻求解决的办法，以积极的心态和处事方式影响和带动周围的人。善于发现问题，直面问题，并及时报告问题，尽可能快地将存在的问题公开化，让相应的矛盾与问题暴露在相应的决策层面。

第93条　反骄破满。优秀往往是优秀的大敌，在追求卓越的道路上，名气越大，脾气越小。

第94条　干部远离学校经营、经济利益。

第95条　理解并尊重他人。包容不同的个性，原谅尚有的缺憾，尊重他人的想法，得理也让人。学会理解与迁就，有许多事情是可以理解的，但不能迁就；而有些事情是可以迁就的，虽然不为我们所理解。注意换位思考，设身处地为他人着想。"正因为我不愿意做奴隶，所以我同样也不愿意做奴隶主。"（林肯语）正因为我们不愿意受别人的训斥，所以，也不要轻易训斥别人。请善待你身边的每一个人，因为他们也会善待你。

第96条　倾听。专注地倾听既是沟通最有力的武器，也是解决问题的有效方法。许多时候，倾听完了，问题也许就解决了。

第97条　客户意识。每一位干部和职员都要明确自己的服务对象，强化服务意识，并注意从服务对象的角度思考问题，处理事情。要有马上行动，立即解决的作风。对需要解决的问题不拖不推，不等不靠。

第98条　多元思维。寻找中间地带——"你对我也对"，避免两极思维；

当我们没错的时候，我们也不一定就是对的；当我们对的时候，别人也不一定不对。事情不一定要按一种思路完成，有时候按我们的想法办，事情会成功；按别人的思路办，也照样成功。

第99条　主动延伸工作领域，以点画圆，多做一点儿。以有利于全局利益为原则，立足本岗位的需要，主动延伸工作领域，自觉串联工作环节，积极探寻并达成新的岗位目标。

第100条　省身。要不断地自我反省，从反面意见中吸取营养。能够提出来的反面意见往往具有我们意想不到的根据，对培养我们的多向思维方式大有裨益。离开了反面意见，我们的思维很容易在单向的狭路上徘徊。

第十三章　评价

第101条　评价最重要的目的是促进评价对象的进步。

第102条　在强化过程管理的基础上，评价要以结果为导向，注重业绩。教师的业绩，就是表现在学生身上的成长。团体必须通过评价鞭策那些穿着闪亮鞋子，却怎么也走不快的人。

第103条　评价什么就会拥有什么。评价那些我们真正想要的东西。当我们选择评价那些我们真正想要的东西时，我们可以忽略对其他事情的评价。

第104条　寻找正确而不一定精确的评价。

第105条　评价必须立足于评价团队。优秀的评价体系是最佳的整合机制，没有评价的综合，团体就不可能综合起来。

第106条　运用非正式表扬。创造各种机会，运用多种方式，发现并展示每个人的闪光点。

第十四章　资源

第107条　重视教育教学资源的开发、积累与分享，通过数字学校建设搭建分享平台。

第108条　学校资源建设应该把钱更多地花在离学生最近的地方、教育教学最需要的地方。努力创造条件，将教室建设成为学生最喜欢的地方。

第109条　让最需要资源的人员能够及时方便地获取资源，尽量让使用资源的人有权利合理管理资源。

第110条　重视社会资源的开发与利用，整合不同层面、不同行业、不同地区的资源，推动学校跨越式发展。

第111条　学校建筑、设备、设施建设要简约、大气、高品质，体现十一学校独特的文化，反对豪华、铺张、攀比。

第112条　为确保学校战略目标的实现，必须根据战略目标的实施需要，坚持量出为入的财务预算原则。财务支出要坚持厉行节约、精打细算。

第十五章　家校协作与社会责任

第113条　致力于家长与学校思想的统一，成立各层次家长代表大会，充分利用家长的智慧，让教师、学生、家长的脉搏一起跳动。

第114条　启动家长义工服务工作。努力挖掘、开发和利用家长资源，打造新课程，构建新机制，为学生的发展服务。

第115条　构建学生社会实践与社区服务的网络基地。

第116条　立足社区、融于社区、引导社区、服务社区，是学校的社会责任。

（2009年12月，北京市十一学校第十届一次教代会审议通过；

2013年12月，北京市十一学校第十一届二次教代会审议修订；

2020年1月，北京市十一学校第十二届四次教代会审议修订）

北京市十一学校教育纲要

随着学校课程改革的深入推进，校内组织结构、学校文化生态、年级管理模式都发生了重大变化，取消行政班，实行分布式领导，传统的教育模式发生了重大调整，学生的教育工作面临着新的挑战。为适应新形势下改革和发展的需要，落实我校《行动纲要》中提出的"培养志远意诚、思方行圆的社会栋梁和民族脊梁"的育人目标，特制定《北京市十一学校教育纲要》（以下简称《教育纲要》）。

一、总目标

学校着力于培养志存高远、诚信笃志、思想活跃、言行规范的社会栋梁和民族脊梁。

二、基本原则

1. 树立全员育人的观念。"人人都是班主任"，每位老师都是教育者，要为学生的成长提供帮助和指导。

2. 实施全人教育。要将每一位学生作为一个"完整的人"来对待，要关注每一位学生的全面发展。

3. 树立正确的学生观。老师的心目中，不应该有坏学生，只可能有心智不健全的学生；不要埋怨学生；关注每一位学生，要十分小心地呵护每一个孩子的世界，即使它是不完整的。

4. 教育学首先是关系学。师生关系是保证教育教学质量的基础；师生关系的主导方为教师，教师必须主动承担起推动建立良好师生关系的责任。

5. 坚持主体教育。学生能做的，教师不要包办。

6. 高度重视日常行为规范落实。要十分重视起始年级学生习惯的战略作用，梳理不同年级应该强化的不同习惯，注意落实；要求学生在什么时间干什么事，在什么地方干什么事，干什么事就干好什么事。关注学生学习与生活的细节。

7. 成功是成功之母。给学生创造更多成功的机会，打造学生的亮点，用成功酿造成功与自信。

8. 实施不被拒绝的教育。兴趣是最好的老师，学校的重大教育活动都尽可能办成学生的节日，并使学生终身难忘。学科教学活动应该充分考虑学生的兴趣。努力创造条件让教室成为学生最喜欢的地方之一，让课堂教学成为学生最喜欢的活动之一。

9. 坚持多元评价。多一把评价的尺子，就多一个成功的学生；多几把衡量的尺子，就多一批好学生。

10. 高度重视学生情感的培养，特别重视学生积极人生态度的培养，重视学生团队精神、合作意识、良好同伴关系的培养，重视学生妥协意识和能力的培养。

《教育纲要》按年级编写，明确各年级的教育目标、教育重点和教育实施方式，对承担学生教育工作的学科教师、分布式领导及家长等都提出具体的指导意见，以便形成教育合力。

初一年级

一、学生特点

初一学生正处于从小学课程到初中课程的过渡阶段，他们来自不同的小学，习惯各不相同，面临着学习内容、学习方式、学习习惯等方面的巨大转变，需要引导他们学会自主学习；初一学生由以教师管理为主向以自主管理、制度管理为主过渡；初一学生习惯于依赖老师，他们对老师的评价往往成为左右他们学业成绩的重要因素；他们开始结交能够倾诉和分享的好朋友，友情的状况往往成为左右他们情绪的重要因素。

二、教育目标

1. 激发、维持学生的学习兴趣，培养学生的自主学习能力，实现适度超前发展。

2. 帮助学生尽快适应和融入新的团队，逐步提高学生的规则意识和自我管理意识，使学生适应分布式领导和导师制相结合的管理模式。

3. 帮助学生养成良好的学习习惯、生活习惯，使学生能有意识地规范并反思自己的行为。

三、教育重点

1. 通过自主选课、走班上课以及小学段等教育机制激发学生的学习兴趣，帮助学生形成学业上的自主学习意识，以情感引导、规则引导以及兴趣引导为主要途径，帮助学生适应初一年级的学习。

2. 鼓励学生积极参与学生管理学院提供的岗位，培养学生的自我管理意识；在年级分布式领导和导师制相结合的体制下，逐步培养学生的规则意识；提倡学生自行组建社团或参与学生社团的活动，创办年级期刊，全面发掘学生自身的潜力，培养学生多方面的兴趣和爱好，力求让学生全面发展。

四、实施方式

1. 学科教师

课堂原本应该是师生互动、知性灵动的天地，学科教师要激励学生的思绪在这片原野上策马纵横；尽快掌握每一个学生的学习起点，把自己的教学建立在学生的起点之上，从而提高学生的学业成绩；充分利用学科竞赛、学科讲座、特色社团等丰富多彩的学科活动促进学业成绩优异的学生在某一领域有着执着的追求；牢固树立"全员德育"的观念，并让课堂德育彰显学科色彩，充满学科生命力。

2. 导师

大自然能产生令人震惊的多样性，是因为它在本质上是开放的，导师要包容每一个学生独特的个性和特点；关注学生的学业状况，激发学生学习的内在动力；注意挖掘学生个体发展的潜力，掌握影响学生成长的隐性因素，帮助学生解决心理上，学习、生活中遇到的困惑；全方位、立体式地了解学生，加大集体约见和个别约见的频率；主动与学科教师和分布式领导沟通，及时了解学生的情况，有的放矢地帮助学生；与家长密切合作，及时沟通反馈，形成家校教育共同体。

3. 分布式领导

（1）教育顾问

营造初一年级积极向上、健康活泼、温暖互助的年级文化；制定年级教育顾问的工作原则、工作职责和工作流程；增强工作的科学性、前瞻性、针对性、可预见性，提前做好铺垫、预防、提醒工作；协助教师处理教育学生的突发事件，引导学生做"行圆楷模"；捕捉教育契机，注重正面引导，发挥教育的正能量。

（2）自习管理教师

培养学生自习规划的意识和能力，督促学生对自习课规划的落实；统筹年级自习教室安排；安排年级自习值班老师；负责自习学生的考勤、教育、安全和各种突发情况的处理，重点关注自习课的纪律和学生良好自习习惯的养成。

（3）课程评价管理教师

明确课程评价的目的是促进学生的发展，有提醒、督促、监控过程性评价和终结性评价的职责；经常提醒教师及时上传过程性评价，经常提醒家长关注过程性评价分数的变化及学生学习过程的记录；按时收集学段诊断成绩及考试双向细目表，并及时上传至考试测评系统网，对诊断做出科学的数据分析；注意搜集过程性评价中存在的问题，以个案研究、跟踪分析为手段，研究过程性评价和终结性评价对学生学习质量的调控，并提出完善建议。

（4）小学段管理教师

对学生的规划和自主学习提供指导，强化对自主学习周的规划和落实；帮助学生充分利用小学段时间实现查漏补缺；吸纳数学学习特别优异的学生进入小学段数学IV讲座；提高援助课程的针对性和实效性，对需要帮助的学生提供切实有效的学习帮助；帮助学生充分理解游学在开阔眼界、体验文化、获取知识等方面的意义，指导学生对游学线路进行适合自己的选择；关注学生自律意识和研究意识的培养。

4. 自主管理学院

设置多样化的学生自主管理岗位，让学生获得成长与发展的主动权，并让学生在自主管理与服务他人的过程中勇于担当；锻炼学生沟通协调、统筹规划等多方面的能力，发掘个人的潜力和特长；策划并组织开展一系列活动，引领学生的发展，服务学生的需要，反馈学生的诉求，排解学生的困惑。

5. 年级活动

开展多姿多彩的学科活动，营造浓厚的学习氛围，让学生在充满朝气的精神氛围中学习；以"养成教育"为支点，突出"兴趣"、"习惯"、"规范"教育；以"适应"、"提升"、"坚持"等为月主题，培养学生的自律意识和自我管理能力。

6. 家长

通过网络、家长会、家长学校、论坛等多种途径，帮助家长了解学校、年级、课程改革；成立年级家长代表大会，教师真诚、适时地和家长沟通，形成家校教育共同体；举行"一对一"家长会，教师、家长、学生面对面，深入分析孩子的特点；邀请家长参与颁奖等年级活动；倾听家长的声音，请家长对年级工作提出合理化的建议。

五、教育案例

2013级初一新生入学教育课程方案

为了创造适合每一位学生发展的教育，帮助学生了解十一的历史和现状，理解学校的制度和文化，结识新的同学和老师，掌握一些紧急救护的常识，提高生存能力，并有机会展示自己的个性和风采，尽快融入十一，迈好中学第一步，我们为学生制定了各种各样的"美味大餐"：有必选课程，还有自选课程。必选课程包括十一解密、十一梦想、紧急救护和拓展课程，自选课程里设置了社团展示、电影欣赏和名家讲堂等。

	课程名称	课程目标	课程简介	课程实施
必选课程	十一解密	了解、熟悉十一文化，解密十一	十一印象、十一历史、十一探秘、十一速绘、《学生手册》学习、模拟走班上课、校园吉尼斯	魏小林、王伟、常晟、陈朦、辛晓莲、周国华

必选课程	十一梦想	帮助同学尽快适应新的学习、生活环境，接纳新的同学、老师，增强团队沟通与合作的能力以及对初中生活的兴趣	跳绳比赛、厨艺大比拼、中学门仪式	夏崐、张东云、张潇文、田艺伟
	紧急救护	普及自救和互救常识，培养安全意识和生存能力，促进团队意识与合作意识	自救和互救相关知识、自救和互救模拟演练、地震疏散演练	文春宇、罗寰宇、王星懿、殷顺勇
	拓展课程	培养中学生的意志力、团队协作能力，让其更好地适应初中生活	破冰起航、拓展项目、文艺汇演、篝火狂欢、焰火欣赏	何玉玲、卓小丹、朱荣峰、南晓军、罗寰宇、唐雯
自选课程		学会自主规划课余时间，发展兴趣爱好	电影欣赏、名家讲堂、社团展示	李继、刘婕、刘静

备注：学生需完成入学教育课程四门必选和三门自选，然后方可获得社会实践2学分

初二年级

一、学生特点

随着学科门类和难度的增加，初二学生在学习上往往会出现"两极分化"现象；经过一年的初中生活，初二学生熟悉了学校的走班选课、自主管理等机制，对初中生活的适应进入了相对稳定期；初二是青少年生理迅猛发育的最高峰，学生处于初中阶段的逆反期、动荡期和狂风暴雨期，青春期问题突出。

二、教育目标

1. 利用选课走班、数学分层教学等教育机制激发学生的学习潜能，提升学生的学习效果；明确学习目标，指导学习规划，实施目标激励，促进优秀学生卓越学习目标的达成；唤醒学习能力相对薄弱学生的学习潜能，解决其目标意识薄弱、自信心不足、学习焦虑等问题，避免"两极分化"现象。

2. 做好青春期心理教育工作，重视学生异性交往、逆反、学习焦虑等问

题的解决，通过丰富多彩的青春期教育主题活动帮助学生顺利度过青春期的
关键期。

三、教育重点

1. 实施目标激励或理想目标引领，引导和促进学生树立学业目标意识。
2. 利用学科竞赛、优秀学长报告等年级活动，形成学科良性竞争氛围。
3. 帮助暂时落后的学生找回自信，减少"两极分化"现象。
4. 走进学生的心灵，做学生真挚的朋友和值得信赖的心灵导师，帮助学
生顺利度过青春期的关键期。

四、实施方式

1. 学科教师

充分发挥自己的智慧与力量，让学生获得知识的同时进入更广阔的天地；
做好优秀学生的培养和领军工作，抓好中间学生的习惯养成和目标激励，对
学困生做好辅导和落实工作；应该将学科教育融化在学科教学之中，采用具
有学科特质的手段，在潜移默化中养成学生的个性和品质。

2. 导师

掌握每个学生的学业情况，为每一个学生提供学业上的有针对性、个别
化的指导，帮助学生克服学业上的困难，做学生学业进步的有力支撑者；深
入了解初二学生在青春期的狂风暴雨特征，让学生心灵里掠过众多涟漪，却
不留一条永久性的皱纹。

3. 分布式领导

（1）课程管理教师

指导学生理性看待学科分层和分类，尤其是要使学生明白数学、物理分层
的目的和意义，让学生所选的课程和自己的学习能力相匹配，明确所选课程对
自身发展方向的意义，促进学生学业成绩的提高；指导学生在丰富的学科课程
资源中根据自身实际情况选课；指导学科教师和导师耐心细致地做好工作，以
便最大限度地满足学生学业成绩进步的需求。

（2）自习项目组

初二学生对自习场所的选择、自习纪律的遵守等已经有了清楚的认识，

已经知道个人行为不能影响他人。自习项目组这个阶段的主要任务是帮助学生进行合理的时间分配和学科规划，帮助学生提高自习时间的利用效率，在学生自律意识形成的基础上，向自主学习的内涵指导方面迈进一步。

（3）课程评价管理教师

初二课程评价管理的重点应该向促进优秀学生的培养倾斜，研究和制定促进优生培养的课程评价方式；利用过程性评价和终结性评价促进学生学业成绩和自我管理的进步，执多元评价的标尺，实现有宽度、有深度、有高度的教育。

（4）小学段管理教师

初二的小学段管理应该向内涵管理和策划管理发展，进一步让学生明确小学段的价值和意义，让小学段真正成为学生自主规划、自主执行、自主检测、自主补充的小学段；帮助学生从"集体小学段"向"个人小学段"推进，让小学段真正成为每个学生个性化学习的时段；进一步精心设计游学课程及其任务，使学生在游学过程中收效最大化。

4. 自主管理学院

自主管理学院肩负的使命应该有所变化，要在原来强化自我管理的基础上，向前开拓一步，向着自主创造发展。让学生从老师意图的执行者，变身为自己意图的实现者、创造者，为学生提供广阔的发展平台，全面提升学生的自我管理能力，并在自我管理中锻造自律能力，学会承担责任。

5. 年级活动

年级应重视过程性评价结果的使用，通过奖学金评选、表彰会、学科活动、年级刊物等，树立学生榜样，促进学生心灵和精神的成长，活跃学生的思维，培养学生各方面的素质和能力，让学生获得全面发展。

6. 家长

充分发挥家长代表大会的作用，在教育目的、教育理念、教育方法、教育途径、教育资源等方面与家长做好沟通和协调，取得家长的理解、支持与合作，充分发挥家庭的教育功能，构建学校、家庭教育的互动模式，促进每个学生在和谐的大教育环境中健康成长、可持续发展。协助处理好学生和家长的关系，加强对家长的指导。

五、教育案例

青春期系列教育活动

1. 青春交流驿站

（1）活动目的

青春期是个体由儿童向成年人过渡的时期，是一个发展、变化的时期。我们的青春交流驿站，将帮助大家解决青春期遇到的困惑，带领大家顺利度过青春期。

（2）活动内容

青春交流驿站为大家搭建问题解决的平台，欢迎投稿说出你心中的困惑（如异性交往、同学关系、与父母相处……），我们会为你找到解决问题的资深专家，与你面对面交流，倾听你的心声。

（3）专家团队成员

心理咨询师、高年级学长、教育顾问、青春期教育专家。

2. 学长讲堂

（1）活动目的

通过各类优秀学长的讲座，指导学生寻找适合自己的目标和实现目标的方法。

（2）活动流程

①邀请我校毕业的优秀大学生（重点讲目标、习惯、素质）。

②邀请我校国际部和本部高中学生（侧重讲目标和国际部课程、坚持、高效学习的方法、初二积累的重要性）。

③邀请应届转入二四学制的优秀学长（重点讲初二奋斗的过程）。

④完成"目标档案"中"高中、大学目标"部分，也可以继续思考，寻找目标。

3. 我心中的偶像

（1）活动目的

在各行业、各领域中寻找自己感兴趣或和自己职业目标相关的榜样人物，树立自己的职业目标。

（2）呈现内容

"偶像墙"。制作"我的偶像墙"一面，准备各种颜色和形状的便利贴，可以贴上偶像的照片，写清偶像的名字、作为偶像的理由或感言等，并署名。

（3）活动流程

①和语文学科相结合，开展"我心中的偶像"演讲活动，将演讲稿张贴在语文学科教室。

②优秀演讲稿年级统一张贴展示，同步在年级刊物《正能量》和家长交流平台上发表。

③完成"目标档案"中"职业目标"部分，也可以继续思考，寻找目标。

初三年级（2011级适用）

一、学生特点

初三学生的学习兴趣基本稳定，学习成绩也相对稳定，毕业和升学的压力使每个学生都有很强的升学紧迫感。初三学生的心理趋于稳定，但一些学习成绩不理想的学生存在学习焦虑问题，还有一些学生的意志品质亟待提高。

二、教育目标

1. 指导学生迅速进入初三学习状态，做到人人有目标、人人有计划、人人有措施，形成刻苦学习、努力钻研、寻求适合自己的最佳学习方法的良好氛围。

2. 做好学生心理辅导工作，让学生正确对待中考的压力，开展初三教育主题活动，让顽强拼搏、持之以恒既成为一段时光，也成为一种精神状态。

3. 追求合格毕业与优秀升学的统一实现，促使学生优秀做人、成功做事、全面发展、多向成才。

三、教育重点

1. 利用课堂教学，对知识框架进行梳理，对知识点进行落实，真正的课堂必须培养出能思考、会创造的人，初三的课堂在让学生获得学业成绩显著提升的同时也不要忘记这一点。

2. 从学生主体出发，全面关注学生的健康发展，培养学生自我管理、自主规划、合作竞争的意识，帮助学生完成自我定位，选择合适的高中并坚持为之奋斗。

3. 要想得到一块湿地，只注入水是不够的，学生中考的成功是一项综合工程，学校、教师和家长要形成教育合力，促成教育效果最大化。

四、实施方式

1. 以教研组为中心，聚焦于课堂教学的落实，从学生主体出发，加大优秀生培养、学困生辅导和个性化指导的力度，高质量完成各项教育教学任务。

2. 认真做好自修课、晚自习的组织管理工作，做好学生个性化的指导，强化学生自主管理的意识，让学生做到自习时安静有序，合理规划时间，提高学习效率。

3. 指导学生做好小学段的规划，并督促落实，帮助学生充分利用小学段时间查漏补缺，加强弱势科目的学习和提升。

4. 充分发挥年级家长代表大会的教育功能，建立学校、家庭、社会互相配合、相互促进的德育网络。

5. 加强与学校心理咨询室的合作，用真诚、关爱和平等的态度对待面临困惑的学生，帮助学生的心灵成长。

6. 树立十一学校品牌意识，培养学生的综合素养，使更多学生荣获十一学校荣誉毕业证书，促进学生多向发展。

五、教育案例

磨砺意志 圆梦初三
——初三入境教育活动

1. 设计意图

即将升入初三，有些同学会不以为然，认为离中考的日子还很长，有的是时间，但是，"集腋成裘，聚沙成塔"，须知学习和复习都是一个循序渐进的积累过程；有的同学很茫然，后悔自己过去不是特别用心，结果成绩也不太理想，似乎一切都有些晚矣；还有的同学过分紧张与担忧，担心同学会超过自己，担心诸多问题，等等。

"鼓起勇气，认真规划"是进入初三前要做的非常重要的教育主题，因此在7月进行完初二期末考试后，要进行初三入境教育活动。

此活动案例的设计要突破年级教育工作的难点，鼓舞学生的士气，引导学生充满信心地进入初三的生活。

2．活动目的

（1）通过活动中自己克服困难的过程，培养学生坚忍的毅力和应对困难的竞争力、思维能力和处理方式。

（2）通过活动的完成，培养学生的自信心，增强学生承受压力与挫折的心理品质，激发学生的想象力，开发学生的非智力因素。

（3）在活动过程中，培养学生的创造性和团队协作精神，让学生克服孤僻、自傲、脆弱、责任心差等心理弊端。

3．活动流程

（1）活动方案设计、准备阶段

老师们开展头脑风暴，设计活动方案，联络相关公司和团队准备实施过程。

方案通过后，在班里由带队老师进行动员，让学生对活动的目的、意义、过程、注意事项、安全措施等加以了解。

（2）活动阶段（以2012年7月9日初三入境教育为例）

7:00	起床	
7:30	早餐	
8:00	准时乘车出发，前往京北大峡谷；穿越注意事项讲解，安全教育	领队负责清点学生人数，检查个人物品（午餐）
9:30	到达起点，分组（3组），选择组长、副组长、旗手、小组护卫队	以班级为单位，进行穿越活动
10:00	穿越开始，全程设置节点10个（大事记），由学生自己设计、制作纪念卡片；全程摄像、拍照记录每个精彩瞬间	机动车辆到达援救地点（残长城下的村子）；每个班级2名领队带队，负责本班学生的行走节奏、体力状况、团队配合
12:30	到达京北大峡谷，午餐，午休	午餐地点由总负责人统一安排
13:00—14:00	整队，出发	领队安排学生将饭后垃圾清理干净，检查学生个人随身物品是否遗落；乘船前告知学生注意事项，并协助学生渡河；渡河前，再次进行安全指导，并说明注意事项

15:30	到达停车场地，登车返回学校	任意抵达终点的前六个班为一大组，人齐后即可返回
17:00	第一梯队返回学校	
18:00	第二梯队返回学校	

4. 活动总结和表彰阶段

（1）表彰完成全程活动的同学。

（2）表彰在活动过程中有一切优秀表现的同学，如帮助他人、团队协作好等。

（3）完成活动感想（400字左右）。

四年制高一

一、学生特点

四年制高一学生处于从初中课程到高中课程的过渡阶段，具有提前进入高中的自豪感，同时也面临高中学习的适应问题；学生追求独立、自主和选择，理性思考和判断力需要引导；少数学生因没有升学目标而产生茫然感。

二、教育目标

四年制高一学生面临两大过渡：一是从初中课程到高中课程的过渡，一是从班主任到导师到无导师的过渡。因此，四年制高一的教育目标是提升学生的自主学习意识，帮助学生适应高中课程并获得优异的学业成绩；提升学生的自我管理意识，使学生形成良好的自律能力；引导学生认识自我，形成初步的职业规划和人生规划。

三、教育重点

1. 利用走班选课、分层教学、小学段等教育机制培养学生的自主学习能力，促进学生的学业成绩获得跨越式进步；利用少年学院、枣林村书院、学科竞赛、学科奖学金等激励机制，促进学生学术精英意识的形成和高远学业目标的确立。

2. 利用自主管理学院、学生项目组等学生自主管理机制培养学生的自我管理能力，帮助学生适应不同教学班、不同团队里的学习与生活。

四、实施方式

1. 学科教师

注意挖掘一切资源激发学生的学科学习兴趣；充分发挥学科细目在学生学科知识体系建构中的积极作用；充分利用学科竞赛、大学先修课等方式促进学业成绩优异的学生百尺竿头更进一步；拥有学科教育的观念，让学生通过对学科知识、学科哲理及学科智慧的感受和领悟，促进健康人格及优良品行的形成。

2. 导师

对学生进行生涯规划指导、心理疏导、学业指导，特别是要对学生的学科学习进行有针对性、个别化的帮助和指导，确保每一个学生都获得学业方面的自我成功；悦纳学生个性世界的多样性，把握学生心灵成长的季节性，包容学生在四年制高一这一过渡阶段的适应不良，发挥导师关怀的教育力量。

3. 分布式领导

（1）教育顾问

创造性地开展工作，营造四年制高一学习氛围浓郁、整体积极向上的小宇宙；把学生提前进入高中的自豪感转化为内在学习动力和外显学习行为；同时也可以通过惩戒、处分等方式促进学生自律意识的形成。

（2）咨询师

帮助学生发现学习潜能，树立学业目标；引导学生进行职业规划和人生规划，为每个学生装上自我发展的发动机，促进学生的个别化成长。

（3）课程管理教师

指导学生在丰富的学科课程资源中根据自身实际情况选课，以便最大限度地满足学业成绩进步的需求，同时让学生感受到学业课程个别性和多样性的魅力。

（4）自习项目组

帮助学生提高自习时间的利用率，并让学生明白真正的自由从自我规范而来，自主意味着选择过程的自由，同时也意味着对自我选择负责。自习项目组要通过科学、人性化、有效的管理制度，促进学生自律意识的形成。

（5）课程评价管理教师

利用过程性评价促进学生学业成绩和自我管理的进步，充分运用评价结果，促进优秀学生走向卓越。多执几把评价的尺子实现多元评价，实现有经度、有纬度的教育。

（6）小学段管理教师

帮助学生充分利用小学段时间查漏补缺，提高弱势科目的学习效果；引入首都重点大学教育资源，达成优势科目的卓越目标；对小学段学生的规划和自主学习提供指导，对需要学科帮助的学生提供帮助。

4. 自主管理学院

自主管理学院给鱼一方池塘，让学生进入广阔的管理与服务天地。四年制高一自主管理学院根据师生需要设置相应的岗位，让学生化高度的民族责任感和历史使命感为刻苦学习、勇于担当、服务他人的踏实行为。

5. 年级活动

通过教育沙龙、表彰会、年级刊物、外国文化日等活动课程，培养四年制高一学生的学术精英意识、现代公民精神和多元文化视野。

6. 家长

以理解者、陪伴者、引领者的角色出现在孩子的生活中，给孩子自主管理的时间与空间，帮助孩子形成自我规划和自我管理能力，获得学业成绩和个体成长的双丰收。

五、教育案例

小学段学生主题讲座

每学期两个学段，学段之间安排了两周的小学段。小学段是学生根据上学段诊断评价情况自主弥补或者拓展的阶段。在这个阶段里，部分学生会围绕共性的问题开展讲座。讲座的话题由学生与任课教师商量确定，承担讲座的学生小组准备以后先试讲给老师听，老师提出建议学生再修改；然后由学部发布讲座海报告知学部全体学生，听讲座的学生全是在网上报名，自愿参加。

四年制高一小学段学生主讲学科讲座一览表

科目	讲座主题	时间	地点
语文	从容写就一类记叙文	11月6日	科技楼406室
	你会读微型小说吗	11月8日	科技楼411室
	唐诗可以这样读	11月13日	科技楼411室
	宋词是情花，我是蜜蜂	11月15日	科技楼411室
数学	应用函数性质，解决不等式恒成立问题	11月5日	科技楼412室
	函数图像变换	11月7日	科技楼412室
	函数性质及应用	11月12日	科技楼408B室
	数学竞赛相关问题探究	11月14日	科技楼408B室
英语	电影欣赏	11月6日	科技楼407室
	语法讲座（从句）	11月8日	科技楼409室
	语法讲座（倒装和省略）	11月13日	科技楼二层报告厅
	英文歌曲欣赏	11月15日	科技楼二层报告厅
物理	对摩擦力的认识与探究（上）	11月5日	科技楼305室
	微积分的初步应用（上）	11月7日	科技楼305室
	对摩擦力的认识与探究（下）	11月12日	科技楼305室
	微积分的初步应用（下）	11月14日	科技楼305室
化学	原子结构（上）	11月5日	科技楼112室
	原子结构（下）	11月7日	科技楼112室
	元素周期表与元素周期律（上）	11月12日	科技楼二层报告厅
	元素周期表与元素周期律（下）	11月14日	科技楼二层报告厅

高一年级

一、学生特点

高一年级学生理性思辨能力有所提升，自主选择和自我管理能力仍需锻炼和强化；挖掘潜能、追求卓越的意识仍需增强；部分学生职业规划茫然，内驱力不足；学业成绩差距拉大，个别化教育亟须加强；正处在心理上脱离父母的断乳期，自我意识明显增强，在心理和行为上表现出强烈的自主性；学生的感情变得内隐，这个特点常阻碍着学生与老师及父母相互了解。

二、教育目标

1. 帮助学生适应高中课程，养成良好的自主学习习惯，提升自主学习意识和自主学习能力，并获得优异的学业成绩。

2. 激励学生认识自我潜能，树立做卓越学生、做未来精英的意识，激发学生勇于担当的使命感和责任感。

3. 引导学生确立清晰的职业规划，并进行相应的职业调查与实习，理清实现规划的路径。

4. 从个别化教育入手，指导学生科学有序地安排每个时段的学习与生活，进一步强化自律能力，让每一名学生充满信心、积极上进。

三、教育重点

1. 让四高二学生与起点高一学生组成一对一的选课指导关系，既能让起点学生尽快熟悉选课方法和流程，又能促进四高二学生反思自己的课程选择，从而增强选课的理性意识，确保自己所学课程为未来发展提供强力支持。

2. 高一学生应在校园活动、学科竞赛、社会实践等平台上展露风采，保持团队卓越。因此，各项教育的定位应放在高水准上。

四、实施方式

1. 学科教师

应有"人人都是班主任"的意识，每一位学科教师都是引领学生成为卓越学生和未来精英的导师，应激励学生追求高远目标，确保高一学生达到所选课程规定标准的上层水平，对暂时掉队的学生必须通过个别化教育及时弥补；高度关注学生的心理健康，将学生人际交往、意志品质、社会评价等非学科教学的内容纳入日常教育中，使学生享受快乐而有崇高意义的学科教育。

2. 导师

对学生的生涯规划进行深层指导，让学生明确自身特点与生涯规划的联系，以未来的职业魅力激发学生的内驱力，引导学生向该领域的精英人物接近；针对学生个性特点做心理教育，在每一个学生的心灵行程中留下温暖的足迹；主动联系学生家长，让家长成为正能量的传播者和激励者。

3. 分布式领导

（1）教育顾问

能够准确预知学生的发展特点和各方面的需求，通过学生喜闻乐见的形式传播追逐梦想的力量；擅长个别化沟通与交流，增强学生理性分析环境与自身的能力，促进学生反思能力的形成；尽力帮助学生消除成长过程中的困惑；为屡次违纪学生寻找到适合个体特点的自律方式。

（2）咨询师

坚定已有生涯规划学生的决心和信心，为他们提供职业考察和实习的机会；帮助生涯规划茫然的学生认识自身特点，让他们参与相关活动，接触不同职业，从而发现适宜自己生长的领地；针对学生普遍的困惑，举办各类话题沙龙，如文理分科问题、小学段的感受和反思、怎样保持热情和动力，等等。

（3）课程管理教师

根据四高一的发展情况指导学生在丰富的学科课程资源中根据自身实际情况选课，以便最大限度地满足学生成为学业卓越者的需求；同时协调相关老师对暂时落伍的学生开设援助课程，以便这些学生尽快达到课程标准中等以上的水平。

（4）自习项目组

引导学生对自习做细致的规划，并对执行情况及时进行小结和反思；以学生中自习效率高的同学为范例指导其他同学形成良好习惯；通过圆心的直线有无数条，对同一知识点的掌握方式也是多种多样的，让自习制度成就自主学习的个别化风采。

（5）课程评价管理教师

利用过程性评价促进更多学生成为各个方面的卓越者；及时提醒教师对学生的日常表现、学习情况进行数据统计和描述评价；指导学生和家长阅读、分析评价数据，并从中找到动力和弥补领域。

（6）小学段管理教师

确保小学段为学生自主安排，而且成为学生发展优势、提升能力和素质的关键期；让卓越和优秀学生从小学段中得到巨大收获，让需要弥补的学生在小学段期间实现超越。

4. 自主管理学院

设立图书、保洁、财务、邮差、博客写作等志愿者岗位，吸引学生自愿申报，培养学生为学部、团队、他人服务的意识和领袖能力；以文字、图片、影视等方式征集、评选、展示学生的学习生活，让追求优秀和卓越成为高一学生的价值观念。

5. 学部活动

通过生涯规划激励学生追求卓越，增强内驱力和执行力；通过咨询师沙龙、学生讲座、年级刊物、特色文化日等活动课程，营造积极进取的文化氛围；通过体育、艺术、军训等专项活动，培育学生的团队意识、责任精神和包容胸怀。

6. 家长

以引领者的角色帮助孩子制定生涯规划，尽力提供实际了解相关职业的机会；激励孩子发挥潜能，成为某些领域的佼佼者；指导和督促孩子制订与执行学段计划。

五、教育案例

咨询师开展的教育活动

高一学生开始思考自己的将来，但因为目标不清晰或者其他原因，常常面临内驱力不足的问题。为帮助学生解决生涯规划和学习生活中的困惑，高一咨询师团队通过专题沙龙、讲座、座谈、个别咨询等方式为学生提供多样化帮助。下面是咨询师发布的指导公告。

时间	我的问题与困惑	问题解决方向	解决方式
第1周	我没有学习动力，怎么办？	确定学习目标，激发学习动力；了解高中生活和学习，制定学习目标和规划，制定学期学习规划	老师辅助和自我设计；毕业生、年长同学经验分享
第2周	不会规划怎么办？	学习如何规划自己的学习，学会在学习过程中调整，学习如何自主学习	在自己的学习过程中探索，寻求老师的帮助；参加咨询师专题沙龙

第3周	考试时常常不能发挥自己的水平，怎么办？	学习如何复习、总结、巩固、提高，同时要有一个良好的心态面对考试	在自己的学习过程中探索，可以参加咨询师的专题讲座
第4周	双休假日怎么过？	明确高中假期的特点，假日学习规划指导和建议	参与毕业生、年长同学经验分享，寻求咨询师的个别指导
第5周	我没有信心，怎么办？	相信自己的能力，发挥自己的优势，培养自信心和持之以恒的精神	与咨询师面谈，参加咨询师专题沙龙
第6周	我不能坚持，怎么办？	培养持之以恒的精神	与咨询师面谈，参加咨询师专题沙龙
第7周	我压力太大，怎么办？	培养抗压能力，变压力为动力，培养心理素养	与咨询师面谈，参加咨询师专题沙龙
第8周	我总被其他事情诱惑，怎么办？	培养抗干扰能力	与咨询师面谈，参加咨询师专题讲座
第9周	我的效率很低，怎么办？	思考高效学习的方法，会规划，培养高效做事的习惯	与咨询师面谈，参加咨询师专题沙龙
第10周	我该怎样反思？	会调整，会反思	与咨询师面谈，参加咨询师专题讲座

高二年级

一、学生特点

大多数学生开始思考自己的人生目标，未来的专业方向不断明晰，因而学业有较好的发展；高二学生中形成了一支比较优秀的学生领军团队，学部需要在各个方面给他们创造条件，高位引领，进一步拓宽他们的视野和发展空间；少数学生以自我为中心，适应稍慢，自我管理能力稍弱，在学业上已出现较大差距，需要全体教师从品德、意志、体质、情感、学法等多方面进行引领。

二、教育目标

高二年级是学生高中学习的黄金时期，也是学生形成积极健康的世界观、人生观、价值观的关键时期。学部的总体教育目标是：抓住一切可能的机遇，创造一切可能的条件，分类推进，促进全体学生的全面发展。

三、教育重点

1. 培养学生踏实的学风，用专业引领学生的学习目标，并激发学生学习的内在动力。

2. 通过多种方式促进学生自我认知、自我规划，理清实现梦想的途径。

3. 培养学生的规则意识，使学生自觉遵守学校的各项规定，懂得遵守规则是现代公民的基本素养。

4. 培养学生谦逊质朴的品质，使学生待人真诚、礼貌而不傲慢，做事踏实、认真而不浮夸。

四、实施方式

1. 学科教师

教师心中的歌要通过学生唱出来，教师的渊博学识不是通过课堂讲授，而是通过学生的学业进步体现出来。通过大学先修课、学科竞赛、自主研修等各种方式让学业成绩优异的学生得到个性化的进步；积极敏锐地发现学生在学业、身体、心理、情感、思想等方面的问题，及时予以关心、鼓励和引导。

2. 分布式领导

（1）咨询师

对学生进行学业指导和生涯规划指导，帮助学生在学业和人生规划方面既明确定位又获得飞升；通过对学生的个别化指导和帮助，为学生的学业成功和身心健康发展保驾护航。

（2）教育顾问

营造适合学部学生心灵成长的精神家园，对学生队伍的学风建设和精神面貌进行引领；对年级重点问题学生做到心中有数，并通过面谈、与学科教师协作等方式予以关注和指导；及时发现学生群体中具有危害性违纪行为的苗头，迅速扭转在学部具有不良影响的学生的行为，并通过惩戒、处分等方式帮助教育违纪的学生。

（3）课程管理教师

指导学生在丰富的学校课程资源中根据自身实际情况选课，以便最大限度地满足自身发展的需求，让每一个学生缔造适合自己的课程体系。

（4）自习项目组

在已经形成一些卓越团队的基础上，促进更多卓越团队的形成；让高效的自习风气在高二年级蔚然成风；让个性化学习方式成为学科优异学生进一步提升的催化剂。

（5）课程评价管理教师

课程评价不是静态事物，而是动态过程，利用课程评价促进学生良好学习习惯的形成，促进学生学业的进步和自我目标的达成。

（6）小学段管理教师

高二学生基本能够对小学段进行合理、有效的规划，小学段管理教师要利用小学段时间对学生的自主学习效果进行反馈，给学困生提供援助课程。

（7）自主管理学院

根据师生的需要设置相应的岗位，让学生各方面的能力得到锻炼，从四面八方伸出自己的"枝叶"，在服务他人中学会做事，学会做人，在自我管理中成长。

3. 学部活动

通过教育沙龙、表彰会、专题讲座、学部刊物征文、辩论赛等活动课程，进一步培养学生志远意诚、思方行圆的品质。

4. 家长

用真诚、信任、关爱和平等的态度和孩子交往，无须为他们的将来过分担心，因为职业和人生规划让他们现在就生活在将来之中，家长知道他们现在是谁，但不知道他们将来是谁，因此作为陪伴者和激励者即可。

五、教育案例

关于违规使用手机

1. 教育思路

（1）手机是现代化信息交流的媒介之一，使用手机是现代社会公民生活活动的组成部分。学校和年级不反对学生使用和用好手机。

（2）学校为保证正常和高效的教育教学活动，要求学生在规定的时间和规定的地点使用手机，特殊情况下，经过教师批准可以使用手机。这是符合学生利益的科学举措。

（3）学生违规使用手机的现象，不可能根本杜绝；我们也不追求根本杜绝。纠正这一错误问题，有两个主要目的：一是通过管理、教育，培养学生尊重规则、尊重自身利益、主动维护规则的公民情操；二是尽可能促进学生集中注意力到学习、成长上来。

（4）这是一场持久战，老师们今天紧明天松，学生对规则的必要性、合理性就会质疑，在学生眼中我们的教育就是虚伪的。直到高三毕业，都不能放松这个方面的教育。

2. 教育方案

（1）正面引领。全体导师要集中时间，讲解《学生手册》中有关手机使用的各项规定，使学生人人懂得规则制定的目的、合理性，人人懂得遵守规则的具体做法，并且签署遵守规则的诚信约定。集中教育讲解在开学初、小学段至少进行两次。

（2）全员施教。级部要求全体教师针对学生违规使用手机的错误现象，人人监督，个个施教，不留死角，刮起强大持久的共管之风，强化学生的规则意识。杜绝一阵风、一盆水的短线行为，要求教师坚持到底。

（3）教育流程。滥用手机，属于严重违纪现象。第一次，要批评教育，扣行圆分；第二次，要下达诚勉通知；第三次，要进行惩戒教育，教师（家长）保管手机一个月。在惩戒期内再次违犯，则需要纪律处分。扣分和处分，都不是目的，反复告知和教育的目的，在于促使学生尽快自主维护公共规则。

3. 教育过程

（1）导师通过升学初的一切机会，积极宣讲学校重要规则的意义、内容、操作流程，做到告知和提醒。

（2）对每天学生违规使用手机的时空，建立无缝隙监控。早晨由第一节课教师负责，课堂上由任课教师负责，自习课由白天自习教师负责，晚自习由值班教师负责，下午4点30分以后，由教务员、教育顾问负责。

（3）答疑室、休闲区可以使用手机，但是也有教务员定时巡查，避免学生浏览非法网页。

（4）小学段，由教育顾问对经常违规使用手机的学生进行诚勉谈话，鼓励学生与违纪行为告别；实施新一轮重要规则的告知解读教育。

（5）第二个学段，继续坚持对违规使用手机的全员管理和全面监督。

（6）第二个学段检测前，及时对教师严格强调，直到放假离校都不能放松对违规使用手机现象的管理。在检测考试、评优讲卷的过程中，严格遵守制度，扣分累计到下一学段。

4. 收获体会

（1）学生违规使用手机，主要原因是年龄小，好奇心强，随意性大，自控能力弱。

（2）让学生理解和认同校规的合理性，是教育取得成效的前提。

（3）杜绝违规使用手机、让学生不再使用手机，都不是我们教育的目的，我们教育的目的在于，让学生学会管理自己的时间，不在"玩手机"上浪费时间。

（4）这是一个教育抓手，重要的不在于抓"玩手机"本身，而在于我们反复抓、抓反复，逐渐培养学生的规则意识、自控能力、时间意识、全局观念。

高三年级

一、学生特点

高三学生社会意识已接近成熟，并逐渐形成自己的人生观和价值观，对社会现实问题有自己的独立见解。他们更多地开始考虑个人前途的问题，这一特点使高三学生做事的盲目性减少、计划性增强，特别是表现在学习上。高三学生对升学和专业的选择进入预备期，随着备考时间的减少，他们会有越来越强烈的升学愿望，思想压力和心理上的波动都会比较突出，紧张、焦虑会成为困扰他们情绪的主要问题。

二、教育目标

1. 学业引领。帮助学生认识自我，正确规划，有效落实，让学生对自己的学业成绩有清楚、明确的定位，从而获得进一步提升的内驱力。

2. 目标引领。帮助学生对升学目标既准确定位又探索更高的维度，化追求卓越目标为强大的学习内驱力。

3. 价值引领。帮助学生确立正确的价值观和人生观，使学生具有宽广的胸怀、坚忍的毅力、卓越的追求，从而成为未来杰出的现代公民。

三、教育重点

1. 通过课堂教学、主题活动、环境激励等各种措施提升学生的学业成绩。

2. 激励学生建立明确而且通过努力可以实现的学业目标；帮助学生围绕目标制定翔实且可操作的规划，进而督促自己不断前行；帮助学生找到真正的问题，加快前进的脚步。

3. 树叶先于花朵，先于果实，专业填报是学生未来职业的"树叶"，学校要整合各种资源为学生的职业填报提供指导，为学生成为某一领域的领军人物和杰出人才奠定基础。

4. 社会责任感反映了一个人的精神境界，通过"成人仪式"等活动让学生的社会责任感内化，将"十一学生"塑造成一个值得信任的卓越品牌。

四、实施方式

1. 学科教师

积极钻研业务，不断提高自己的专业水准；充分利用课堂促进学生学业成绩的提升；把落实进行到底，让学生形成踏实的学风；帮助学习成绩落后的学生找回自信，让师爱如阳光般不分差别地铺洒。

2. 分布式领导

（1）教育顾问

营造良好的学习氛围、促进整体积极向上的学部环境；随时关注学生身心健康的发展以及思想情感的波动；帮助学生深化奋斗意识、责任意识和合作意识。

（2）咨询师

帮助学生发现学业潜能，明确升学目标；引导学生做好适合自己的可操作的学习规划，并且定期举办个性化工作坊，解决学生在学习规划以及人生目标方面出现的问题和困惑。

（3）课程评价管理教师

利用过程性评价促进学生学业成绩和自我管理的进步，建立适合高三的评价体系。

（4）自主管理学院

行走于大地，不忘高空，让学生即使在紧张的高三备考中也不失高度的社会责任感和使命感，更加关注学生的理想和抱负，使他们成为思想成熟、责任感强的未来杰出人才和行业精英。

3. 学部活动

（1）高三年级入境教育活动——30公里拉练

30公里拉练的入境教育活动旨在锻炼学生坚毅的品质，使之能够进一步体味即将来临的高三生活，培养他们面对困难不退缩的勇气和战胜自己的信心。在完毕之后应让学生结合语文学习进一步进行反思，真正将不屈精神融入自己的内心。

（2）定期表彰

通过定期表彰，激励学生不断挑战自我，把每一次总结都看成一个新的起点，激励自己不断前行。

（3）成人仪式

由校团委、学部学生会主要负责的"成人仪式"，将把学生的感恩意识、责任意识转化为为实现理想而奋力拼搏的精神动力。

4. 家长

建立家长代表大会，整合家长资源的教育作用，为家长提供升学信息和亲子关系指导，让"高三家长"这个特殊的群体充分感受到来自学校的温暖，让家长成为高三学生科学的陪伴者、有效的减压者和成功的见证者。

五、教育案例

找寻内心的发动机，追求自己的理想
——2011级高三学生参访活动纪实

1. 活动目的

（1）教育追求的价值与真谛是把人当作教育目的本身，着眼于人的内在发展要求。帮助学生就是帮助他们发挥潜质，让他们知道自己想要什么。

（2）咨询师访谈、理想高校参访，让学生用教师、学长、同学、环境，更用自己的心与行动等综合因素，合力实现考入心仪高校的近期目标，享受尽自己最大的努力坚持、坚忍追梦、圆梦的过程。

（3）在高三、高考、十八、成人的关键时刻，给予学生一种精神力量。学生有追求，有理想，才能在心上长出灵芝草。

（4）考入理想高校非终点，鼓励学生开阔胸怀、视野，站在更高的起点，获得更大的平台、空间，实现为社会做更多、更大贡献的理想抱负。

2. 高校参访基本流程

（1）咨询师调研及结果统计（记录摘选，共调研30人）

		黄启皓	卫耘怡	马艺文
主问题	你对高二的学习和生活有比较清晰的规划、目标吗？如没有，能聊聊为什么吗？	有。学习保持第二，练字排版更好，校团委书记出色	有总体目标和规划，但不具体，计划总赶不上变化	知识能常上位总结；知识扎实，高二结束可参加高考
子问题	1 你目前最大的困惑是什么？（有什么应对之策吗？）	感冒，注意锻炼后不立即骑车回家等细节问题	付出与回报不成正比，只能持续努力，加大付出	无
	2 你觉得你面临的最大挑战是什么？（有什么应对之策吗？）	在学习时间加长后兼顾工作	自我期望高，不能达到就较急躁；看书，与家长交流	时间安排，争取高二上学期结束社团活动
	3 你最应保持的品质是什么？	乐观	坚持、执着、思考	乐天派、效率高
	4 你在新学期对自己最底线的要求是什么？想做的最大突破是什么？	别出前10名，学习、工作都特别好	状态稳中有进展，即使成绩波动，也要相信自己	每天锻炼和整理知识至少各1小时，英语阅读增加词汇量
	5 你对上个学期的学习做过反思吗？（反思出的问题在新学期有规避方法吗？）	数学方法不灵活，找到不同归纳方法，如几何和导数的不同	有反思习惯，在做事时时刻提醒自己要注意的事项	反思尚不够
	6 经过高一的学习，有值得固化下来的方法与习惯吗？	周末去图书馆，在学校学习	不放过思考的机会	上课精力集中，晚上11点前睡觉
	7 你的优势和弱势科目是什么？有什么扬长补短的打算？	优势：文综，弱势：语文、英语	优势：语文、英语；弱势：数学，不稳定	优势：数学；弱势：英语
	8 家长对你的期望值是怎样的？	考北京大学或更好的学校	希望自己快乐	考理想大学，尤其是好科系
	9 你最大的学习动力是什么？	实现人生价值，像周恩来那样	感觉自己无知，能实现价值	未来生活好，能有人记住自己
	10 你有未来大学的目标吗？	北京大学	有范围，但未确定	中国人民大学、中国政法大学

结果汇总（按选择理想高校的人次排名，依次为人大、北大、清华）

人大	北大	清华	其他
24名	22名	10名	6名（复旦、港大、北外、北师大、对外经贸大学、中财）

（2）征询、参访、咨询问卷及问题汇总

高校简介	1. 北大、清华的核心价值观是什么？对我们高中阶段有何借鉴意义？
	2. 为什么选择北大、清华？北大、清华的优势和特点是什么？
	3. 你们最喜欢北大、清华的哪些方面？北大、清华的生活给你们的人生带来了怎样的影响？
	4. 北大、清华人应该是怎样的？
	5. 北大、清华的生活节奏如何（学习、课余安排是怎样的）？
	6. 你们认为北大、清华对文科生来说有何区别？
专业及就业	7. 北大、清华有哪些比较好的院系、专业？
	8. 就业率较高的专业有哪些？
	9. 相对冷门的专业是什么？它们具体都学习什么？
	10. 你们的高考分数如何？报的什么专业？哪些专业相对比较好考上？
	11. 如何选择适合自己的专业？
	12. 高中学习到怎样的程度就可以报北大、清华？例如，在年级一般什么排名能考上？
自主招生	13. 参加北大、清华自主招生需要做哪些准备工作？
	14. 报道说北大、清华在自主招生中加入了体质健康测试。您认为在中学期间必要的准备是什么？
高中学习方法与高考复习	15. 你们何时立志考北大、清华？怎样才能找到内心的发动机？
	16. 你们如何调整考前恐惧、焦虑等心态？如何解决知识遗忘问题？
	17. 备考时各科复习时间如何分配？一模前后有何不同？
	18. 你们备考和高考的重要体会是什么？
	19. 反思你们的高中学习，请给我们提一两条最重要的建议。

（3）填写参访登记表（使活动更安全规范）

北大、清华参访情况统计表（2013年4月13日周六中午12:30在西门发车）		
姓名	来回坐校车与否（坐画√，去但不坐车画×；不去写明"不去"）	联系方式
卫耘怡		

李天哲		
……		

（4）打印来自北大、清华十一学长的感悟，提前了解，以便更深度地交流（摘选）

1．北大、清华的核心价值观是什么？对我们高中阶段有何借鉴意义？ 我觉得到现在北大很少会真正固定或限制规定一个统一的"价值观"，而这样的行为后面最大的底色就是"自由"吧，所以可能我比较认同（但不等于就是）的核心价值观是蔡元培校长的"思想自由，兼容并包"，不过也有严复校长提出的"爱国，进步，民主，包容"。如果再仔细研究校史，应该还会有层出不穷的价值观。总之，这里是价值观的大杂烩，你应该学会选择自己的价值观，而不是被赋予价值观。 对高中生的借鉴意义：虽然高中有应试教育的限制，但还是要多读书，多思考，多与更有思想的人交流分享，多享受生活，多发现自己真正想要什么，想成为什么样的人，不管未来就业在哪里，先成为一个精神独立完整的人吧。……（张雨皙　北大法学院）
11．如何选择适合自己的专业？ 一看兴趣是什么，二看自己擅长什么，三看自己的需求是什么，最好三者能结合起来。……（吕欣桐　北大元培学院）
13．参加北大、清华自主招生需要做哪些准备工作？ 笔试的话，首先平常的学习、复习要保证好，然后注意研究往年考试的题目，请老师做一些相关的指导。面试则要注意关注时事热点，现场保持镇定，表现自如、大方得体就好。……（吕欣桐　北大元培学院）
15．你们何时立志考北大、清华？怎样才能找到内心的发动机？ 高三一开学的摸底考试，考了个年级第二，从那时候开始便再也没有放弃。此前一直都是想考人大来着……当时是觉得，既然我有这个能力，为什么不背水一战？我觉得内心的动力在于你有多在乎北大。我清楚地记得，我高三一模时考了601.5分，比海淀区划的北大线低了不少。因为临近报志愿，我不得不开始对我最初的选择重新做了考虑，当时是心如刀绞，痛苦万分，也许有一部分是出于对一直以来的努力的不舍吧。反正后来我妈还是支持我考北大，就坚持到最后啦。……（苑文杰　北大国际关系学院）
19．反思你们的高中学习，请给我们提一两条最重要的建议。 心态平和，整体的生活状态要好，不要怕，不要烦，不要多想，不为过去懊悔，不为将来烦忧，好好做事情吧，重复地去做一件事情吧，做事情的时候最踏实。 嘻嘻，文综好好背，趁早背，狠狠背！……（郝伊然　北大国际关系学院）

3．活动效果

（1）参访反馈（58人参访反馈问卷填写，仅摘选参访收获一项说明）

你认为参访收获大吗？

大（46人）	比较大（12人）	一般（0人）
其中18人明确表示通过参访，有了明确的目标和动力；24人表示对专业的了解更加深入		
（1）基本确定了自己的努力方向和专业，目标更明确了 （2）了解了各专业的学习内容和特点 （3）很大很好，有了更明确的目标，动力很足 （4）终于能真正明白大学生活的全貌了，对志愿专业都有更深入的思考 （5）学长的学习过程非常激励我 （6）起点并不比直升差，有努力就有成效 （7）深受刺激，强烈激发我的学习欲望 ……	（1）对专业有了较系统的了解，交流环节很好，但校园参观还不充分 （2）清楚了大学生活并不轻松 （3）得到了高中学习经验，但未遇见最理想学科的学长 （4）对专业了解深入，但仍不能更理性看待 （5）希望见到更多专业的学长 （6）希望他们能回十一继续指导 ……	

（2）学生成绩记录对比，找准问题，消灭弱势科，达到平均分，发扬优势科

姓名	考试	位置	总分	语文	数学	英语	历史Ⅱ	地理Ⅱ	政治Ⅱ
	期中考试								
	班平均分								
	总位置及各科位置								
	进退情况								
	提升发扬科目								

（2014年2月正式实施）

北京市十一学校学科德育纲要

随着学校课程改革的深入推进，校内组织结构、学校文化生态、年级管理模式都发生了重大变化，行政班随选课而消失，实行分布式领导，传统的教育模式发生重大调整，学科教师作为教学班班主任从学科教学走向学科教育，成为学校德育的重要践行者。为进一步贯彻落实党中央关于培育和践行社会主义核心价值观的指导意见，实现学校"培养志远意诚、思方行圆的社会栋梁和民族脊梁"的育人目标，特制定《北京市十一学校学科德育纲要》（以下简称《学科德育纲要》）。

一、总目标

学校着力于培养志存高远、诚信笃志、思想活跃、言行规范的社会栋梁和民族脊梁。

二、基本原则

学科德育是指把道德教育渗透于学科教学过程中，从而实现学科教学与品德教育相结合的一种德育形式，学科德育通过知识教学来帮助学生道德成长。学科德育是一种间接教育、隐性教育、浸润式教育，不设立显性的、脱离教学目标的独立的德育目标。学科德育遵循以下基本原则。

1. 学科德育的目的是促进学生价值观念的确立、学习态度的改变，以及正确的道德观念和行为方式的形成，促进每一个十一学生的成长，从而实现学校的育人目标。

2. 学科教学与学科德育如影随形，"没有无教育的教学，也没有无教学的教育"（赫尔巴特语）。教学和教育从来都是不可分割的有机整体，只有教师站在教育的高度看教学，学生才能把学科知识内化成个体生命的性格特征。

3. 学科德育要体现学科特点，每个学科都有其独特的肤色。要利用不同学科知识的独特内涵培养学生健全的人格、积极的人生态度、高尚的道德情操。

4. 学科德育要体现差异性原则，根据不同学科、不同教学内容、不同年龄阶段的学生，采用适宜的学科德育途径和方法，以达到知识与道德、教学与教育、教书与育人的统一。

5. 正确处理学科知识与学科德育的关系，学科德育不是形式主义和贴标签，避免为了德育而德育。

学科德育并不以直接的方式展开德育教学，而是以学科知识为载体，以渗透式、浸润式等方式促进学生成长。

6. 学科德育是系统工程，从课程设置、课程实施到课程评价，应系统思考，系统设计。

7. 教师本身是学科德育的重要资源。一切种子经过埋葬才有生机，知识经过老师的沉淀和提升方更彰显教育的色彩。学科教师也是学校育人价值的引导者，要充分发挥言传身教的作用，收到"学为人师，行为世范"的榜样效果，而不是价值灌输。

《学科德育纲要》按学科编写，明确各学科的德育目标、德育重点和德育实施方式，对承担学科德育的学科教师提出具体的指导意见。

语文学科

一、学科特点

语文，是人文社会科学的一门重要学科。语文学科是知识与道德、教学与教育、教书与育人的和谐统一。语文学科是通过培养学生的听说读写能力，通过教师的指导，来丰富学生的情感，提高学生的思想认知境界，陶冶学生的情操，激发、增强学生的思维能力的，并以此作为传承人类文明的基础平台。

二、学科德育目标

语文学科中的德育，要依托语文课堂、语文作业、文本解读、读写训练来实施。从"感恩与悲悯"、"欣赏与接纳"、"善良与真诚"、"自知与敬畏"、"理性与沟通"几个方面着手，让学生合理地认识真实的自己，学会用同理心去理解和欣赏周围的人，并进一步形成正确的价值观、高雅的审美观和积极的人生观。

三、学科德育实施途径

1. 从课程的设置方面实施德育的潜移默化

在制定基础语文课程时，将学生在中学阶段应该思考和学习的人文主题全部列出来，然后将之组织成单元，精选富有思辨性和启发性的美文来熏陶学生的人文情怀。

在教材编订过程中，选择适合学生阅读、高品位、有思想内涵、有时代特色、语言典范的经典作品。

2. 从语文学科教室的设置入手

（1）每一个语文学科教室都是一个潜移默化影响学生情怀的地方。

（2）每一个语文学科教室都承担着某个道德主题，如鲁迅教室的"立人"。

3. 课堂中的德育

课堂是学习乃至生活的场所，因此，如何在课堂教学中渗透德育，是最为关键的。

利用课堂教学培养学生热爱祖国语言文字、热爱传统文化、热爱大自然、热爱生活、尊重人类多样性文化的情怀，提高学生的文化品位，培养学生积极的人生态度、崇高的思想境界和高尚的道德情操。

提倡学生阅读，尊重学生的阅读体验；提倡书写规范和口头表达规范；提倡在平常的写作和表达训练中，注重真实的、源于生活的写作与表达。

在教学设计上，将情感、价值观培养作为重要的目标，在师生交流、读写训练中一以贯之地体现道德情感教育。

在课堂上进行文本分析的同时，关注社会现实，关注学生感兴趣的话题，鼓励学生深入探讨，鼓励多元化的解读和表达，传达宽容和接纳的正能量。

开展形式多样的阅读交流活动，开展各种文学类的讲座，帮助教师提升文学理解能力和语言表达能力，提升文化品位，提升素养。

四、学科德育案例

案例1：守望传统

例如，在学习李密的《陈情表》时，可以把毕淑敏的《孝心无价》放到一起来比较阅读。同时可以给学生介绍中国古代的孝文化。围绕"孝"这个主题，可以进行四项活动：辩——二十四孝有没有价值，思——为了高考该不该隐瞒父亲死讯、"我"需不需要"虎妈"和"狼爸"，读——鲁迅《我们现在怎样做父亲》，写——随笔《现在我们怎样做孩子》。经过这样同主题的比较阅读，可以让学生全方位地认识"孝"这种品质。同时让学生对中国"孝"文化中的主要观点进行梳理，并对当代社会中父母和孩子角色的互换与争议性新闻事件进行探讨，给"孝"文化赋予时代特色和当下性。

案例2：培养学生"悲悯与感恩"的情怀

在培养学生"悲悯与感恩"的情怀时，我们先是展示一封写给汶川地震中受伤的小朋友的信："天将降大任于斯人也，必先苦其心志，劳其筋骨，饿其体肤……你们经历过这样的磨难，一定要坚持，克服困难，以后才能成为国家的栋梁之才。"这样冠冕堂皇的语言显然是没有投入感情的。后来我们把情境设置成这样：你最好的朋友不幸遭遇了车祸，你给他发短信时如何安慰他？首先你一定是同情他的遭遇，然后在生活小事方面交代他一些注意事项，最后表达愿意提供帮助并且希望他早日康复。之后，我们又拿出一篇散文——巴金先生的《小狗包弟》，设置情境：假如你处于这样的环境中，你会如何处理你家的宠物狗？你会不会舍弃弱小的它？现实生活情境的设置，可以让学生设身处地地选择自己的做法，从而激发他们的悲悯心、同理心、恻隐之心。

案例3：以高中基础语文课程为例

现在我们共编辑了8册《基础语文》，每一册的第一单元均是围绕人文主题来构织的。这几个单元涉及的都是学生应该深入了解且应不断被熏陶的领域。

（1）书卷多情似故人——培养热爱读书的情怀。

（2）精神的殿堂——培养思辨、质疑的思维品质。

（3）探索与创新——培养对未知的探索精神与创新精神。

（4）科学与文明——培养理智的判断品质，探索科学的双面性与它对文明的破坏或促进作用。

（5）宗教与信仰——了解他人在想什么。你可以不信某个宗教，但是你必须了解这个宗教，这样才能与信仰它的人平等和谐地相处。

（6）生命之光——培养热爱一切生命的情怀。

（7）传统与现代——思考传统的价值与现代文明的弊端。

数学学科

一、学科特点

数学是人类文化的重要组成部分，是研究数量关系和空间形式的科学，具有学科本身的严谨性、逻辑性等。数学在提高人的抽象能力、推理能力、想象力和创造力等方面具有独特的功能。随着计算机技术的迅速发展，数学的应用范围得到空前的拓宽。数学也为其他科学提供了语言、思想和方法，是一切重大技术发展的基础，是人们生活、劳动和学习必不可少的工具。

二、学科德育目标

1. 结合有关教学内容，介绍我国数学发展的历史，介绍我国古代科学家的杰出成就，介绍现代中国人对数学发展的巨大贡献，激发学生的民族自尊心、自信心、自豪感和爱国热情，弘扬和培育学生的民族精神。

2. 结合有关教学内容，使学生了解科学技术突飞猛进的发展，数学各分科之间、数学与其他自然学科之间的相互交叉渗透，特别是它与信息技术的结合，激励学生从小树立远大理想，并把远大理想和现在的学习生活统一起来，为牢固树立正确的价值观、人生观打下坚实的基础。

3. 在漫长的数学知识发生、发展过程中，人类积累了一整套数学的科学思维规律和处理问题的方法，这些规律和方法无不充满着辩证唯物主义的思想。让学生掌握辩证思维方法，并逐步树立科学的世界观。

4. 依据数学学科的特质，有目的地培养学生诚实守信、实事求是、言必有据的科学态度和坚忍不拔、一丝不苟、严肃认真、独立思考、勇于创新等优良品质。

5. 结合有关教学内容，揭示数学美的内容、形式和本质特征，对学生进行审美教育，使学生逐步感受美、欣赏美、创造美，培养高尚的审美情操。

三、学科德育实施途径

1. 营造氛围——培养学生的学科精神。

2. 榜样引领——培养学生的拼搏精神。

3. 自主研修——让学生教育学生，让学生引领学生。

4. 树立典型——培养学生的进取意识和竞争意识。

5. 学以致用——把学科知识引申到生活当中。

6. 审美提升——使学生感受学科之美，提升审美能力。

7. 团队合作——培养学生的团队精神，让学生学会学习，学会合作。

8. 信息技术——运用信息和数字化技术，培养学生的学科兴趣。

9. 思维训练——利用学科知识培养学生严谨、精确的数学思维。

四、学科德育案例

案例：教师教学计划

德育意义：培养学生的规划意识

初中数学Ⅲ教学规划表（部分）

学期	学段名称	周次	必修课程内容	自主研修课时	前测课时	教师精讲课时	后测课时	合计课时	学段课时数	学期课时数
七年级上学期	第1学段	第1—8周	基础摸底测试		1			1	34	114
			绪论			3		3		
			第一章　有理数			21	1	22		
			第二章　整式的加减			7	1	8		
	小学段A	第9周	考试周：试卷讲评			1		1	9	
		第10周	援助课程：第一章和第二章基础过关训练			4		4		
			培优课程：数学探究活动、信息技术培训			4		4		
	第2学段	第11—18周	第三章　一元一次方程			15	1	16	49	
			第四章　图形的初步认识			13	1	14		
			第五章　相交线与平行线			13	1	14		
		第19周	考试周：试卷讲评			1		1		
		第20周	培优课程：数学探究活动、信息技术培训			4		4		

七年级上学期	寒假	第21—24周	寒假复习作业：前五章复习	10				10	22	114
			寒假自主研修作业：第六章 二元一次方程组	12				12		
七年级下学期	第3学段	第1—8周	寒假复习作业检测				1	1	42	127
			第六章 二元一次方程组		1	3		4		
			第七章 不等式和不等式组	4	1	4	1	10		
			第八章 整式的乘除	11	1	4		16		
			第九章 因式分解	6	1	3	1	11		
	小学段B	第9周	考试周：试卷讲评				1	1	9	
		第10周	援助课程：第六—九章基础过关训练			4		4		
			培优课程：数学探究活动、信息技术培训			4		4		
	第4学段	第11—18周	第十章 三角形	6	1	2	1	10	42	
			第十一章 分式	7	1	4	1	13		
			第十二章 全等三角形	9	1	3	1	14		
		第19周	考试周：试卷讲评				1	1		
		第20周	培优课程：数学探究活动、信息技术培训			4		4		
	暑假	第21—27周	暑假复习作业：第六—十二章复习作业	10				10	34	
			暑假自主研修作业：第十三章 实数和二次根式、指数和对数	24				24		

英语学科

一、学科特点

英语学科既是一门包罗万象、涉猎广泛的知识学科，又是一门集人生哲理与人类成长经验于一体的文学学科，同时还是一门融合多元文化理解和交流的工具学科。《英语课程标准》明确提出："英语课程承担着培养学生基本英语素养和发展学生思维能力的任务……初步形成用英语与他人交流的能力，进一步促进思维能力的发展，为今后继续学习英语和用英语学习其他相关科学文化知识奠定基础。"英语课程的学习，既是学生通过英语学习和实践活动，逐步掌握英语知识和技能，提高语言实际运用能力的过程，又是他们磨砺意志、陶冶情操、拓展视野、丰富生活经历、开发思维能力、培养合作精神、发展个性和提高人文素养的过程。因此在教学中，要充分挖掘教材内在的思想教育因素，不失时机地对学生进行思想教育；在情境中巧妙地渗透学科德育的内容；通过丰富多彩的课堂教学活动促进学生情感品质的形成。

二、学科德育目标

英语学科德育目标是帮助学生强化责任意识、规划意识和规则意识，培养学生勤思好学、开放包容的学习品质，提升学生自主探究与实践的能力，为学生形成正确的价值观和人生观打下良好基础。

英语学科德育的核心是培养具有中国灵魂、世界眼光和多元文化理解能力的一流人才；为学生借鉴外国先进科学技术，传播祖国文化，增进中国和世界的相互理解奠定基础；促进学生思维的发展，丰富学生的认知方式，为学生参与知识创新和科技创新储备能力；为学生未来的发展提供更多机会，使学生更好地适应世界多极化、经济全球化以及信息化。

三、学科德育实施途径

1. 课程设置

为满足不同学生对英语学习的不同兴趣和不同需求，英语学科在主干课程（初中英语入门、初中英语）之外，开设了多样化的分类自选课程，涉及英语听说、词汇、语法、写作，以及原著阅读、原声电影和时事传媒等。

（1）课程内容围绕学生的生活实际，根据学生身心发展的特点，从更多角度，以各种渠道，多方面进行德育渗透。

（2）注重对学生正确价值观和人生观的培养。

设计开发人文方面和体现人性光辉的话题和内容。例如，Personal Traits 模块：如何欣赏他人的优点；Legends and Stories模块：愚公的坚持精神；Interpersonal Communication模块：更好地与人交流的技巧；Keeping Healthy 模块：如何养成健康的生活习惯。诸多模块的学习都渗透着正确价值观和人生观的培养，为学生身心的社会性发展奠定基础。

（3）强化学生的规划意识、规则意识。

每学期第一周告知学生本学期的学习规划，具体到每周学习任务及一学期学科活动简介和安排等，让学生能够提前规划个性化学习，渗透规划意识。

紧密结合走班选课的特点，指导学生自我管理。主要内容有：目标规划教育，如与人生目标相关的话题；习惯养成教育，如Rules话题，让学生熟悉不同场合的规则，养成遵守规则的习惯；时间管理教育，如与课外活动相关的话题（如Free Time Activities）；物品管理教育，如与生活环境相关的话题，让学生学会规划物品，增强条理性；等等。

（4）培养学生勤思好学、开放包容的学习品质。

培养学生勤学苦练、勇于实践、乐于探究、善于合作、开放包容等优良的学习品质，如To be a Good Learner，Polite Communication，Adventure，Inventions，Customs等模块。

（5）强化学生的责任意识。

选择与责任并存。通过Volunteering and Charity，Environmental Protection，Social Behavior等话题的学习，培养学生对自己的言行负责、为他人服务、为社会做贡献的主人翁责任感。

（6）良好的师生关系是学科德育有效实施的保证。学高为师，德高为范。教师要以对知识的热爱、对文化的尊重以及坚忍不拔的毅力影响学生。

2. 课堂教学

（1）与学生一起创造一个和谐的德育环境。一个充满爱、尊重与信任的课堂，处处洋溢着诚实、宽容、无畏、自律、助人、合作的气氛。

（2）目标明确、内容鲜活、富有创造性的活动，教师得体的仪态、言行，无不引导着学生形成优良的学习和生活习惯。

（3）尊重学生的需求，调动内驱力，促进个性化发展，为高效的自主学习提供支持。学生可以根据自己的学习特点和需求，自主选择不同的学习区域（独立学习区域、两人学习区域、小组学习区域等），选择适合自己的学习资源和方式，实现个别化成长。

（4）注重对学生创新能力的培养。通过多样化任务的设计，激发学生的灵感，培养学生的创新能力。如进行Daily Routines学习时，让学生录制《我的一天》视频。

（5）注重对学生合作精神的培养。不同课型，同一个班的学生可以进行不同的分组，以完成不同的任务，如口语活动组、作文互判组、典范表演组等，通过灵活的、有目的的分组，培养学生的合作精神。

3. 学科活动

不断扩大德育渗透的范围，利用学科特色活动，激发学生的兴趣，培养学生的情操。如开展英文经典图书、影片分享活动，开设学生讲堂，开展口语展示活动，举办演讲、配音、歌咏比赛，举办圣诞Party，设立外国文化日，设立学科奖学金，开展功勋表彰活动等，让学生在分享知识的同时，以不同方式、从不同角度展示自己的奇思妙想、学习激情和创新能力，弘扬美德。

4. 诊断评价

各课程要坚持评价的激励性、及时性、开放性及个别化，涉及态度、习惯、策略、成果等指标，以不同形式帮助学生自觉进行反思和诊断，促进学生潜能的发挥，培养每一位学生的自信心和可持续发展能力。

5. 学科教室

（1）提供丰富的阅读资源，让学生与大师对话，让名家名作触手可及。

（2）学科教室布置舒适，宣传海报积极向上，德育渗透潜移默化。

四、学科德育案例

案例：挖掘教学材料中的德育意义

《英语听说》

学习任务：学生阅读一段伊索寓言，从选段中观察和学习其所包含的句子种类。

德育意义：让学生认识团结一心的重要性。

《英语写作》

学习任务：生活中你要感谢谁？为什么？为他/她制作一张"Thank-you Card"吧，并送给他/她。

德育意义：让学生学会感恩。

《英语原著阅读》

学习任务：阅读《夏洛的网》。

德育意义：让学生感受友谊、爱。

《英文原声电影》

学习任务：观看影片 *Cheaper by the Dozen*，*Ratatouille*，*The Pursuit of Happyness*，*The Patriot*，*Hachi*，*John Q*，*Cast Away*，*Robin Hood*: *Prince of Thieves*。

德育意义：课程选材来自校园家庭、战争历史、喜剧动画、温情励志、人性自然等各方面的经典影片，让学生在赏析中感受英美文化，陶冶情操。

物理学科

一、学科特点

物理学是研究物质结构、物质相互作用和运动规律的自然科学，由实验和理论两部分组成。物理学实验是人类认识世界的一项重要活动，是进行科学研究的基础；物理学理论则是人类对自然界最基本、最普遍规律的认识和概括。

物理学体系严谨，结构紧密，科学性极强。学生在学习中会受到良好的科学素养的训练，其中实验教学是物理教学的重要组成部分。通过实验教学，能够培养学生严格操作、认真实验、实事求是的态度，使学生树立爱护仪器的主人翁精神和团结协作的优良品德。而有重点地介绍中外科学家发现重要定律和原理的过程，则可培养学生锐意进取、百折不挠的精神。

物理课程不仅应该注重科学知识的传授和技能的训练，注重将物理科学的新成就及其对人类文明的影响等纳入其中，而且应重视对学生终身学习愿望、科学探究能力、创新意识以及科学精神的培养。物理课程的构建与实施都需要注重让学生经历从自然到物理、从生活到物理的认识过程，让学生经历基本的科学探究实践，注重物理学科与其他学科的融合，使学生得到全面发展。

二、学科德育目标

1. 启发学生领略自然界的奇妙与和谐。

2. 培养学生对科学的求知欲及参与科技活动的热情，使学生乐于参与观察、实验、制作、调查等科学实践活动。

3. 引导学生养成实事求是、尊重自然规律的科学态度和科学精神。

4. 让学生有将自己的见解公开并与他人交流的愿望，有主动与他人合作的精神，敢于提出与别人不同的见解，也勇于放弃或修正自己的错误观点。

5. 培养学生可持续发展的意识，让学生能在个人力所能及的范围内对社会的可持续发展有所贡献。

6. 培养学生将科学服务于人类的意识。

三、学科德育实施途径

1. 从课程设置和资源构建入手

十一学校初中物理Ⅲ和高中物理Ⅲ有校本教材，这些教材在设计时增加了不少与实际生活紧密相连的内容，并选用对学生有意义、学生感兴趣的题材作为主要的问题情境载体展开问题的分析与讨论。

教材中的概念和规律，一般是通过观察和实验概括总结的，因此教学中可重点进行科学态度和形象思维方法的教育。

物理知识的理解与应用，大多可以联系生产技术和社会主义建设。可利用这些内容进行爱祖国、爱社会主义教育。

2. 从课程教学入手

学生处于成长发展的时期，常常会产生许多莫名其妙的想法，经常会出现价值困惑，教师需利用课堂主渠道，充分挖掘"学科德育"教学内容，对学生成长的烦恼与困惑做价值引领。

备课：要准确找出教材固有的思想教育因素，准确把握学生的脉搏，使知识点或训练点同学生的思想实际恰当结合。

组织教学：要投入真情，强化思想交流和情感交流，抓住契机，针对学生关注的热点、疑点，或画龙点睛，或进行"强刺激"，使学生受到心灵的震颤。心灵震颤往往会使学生在课堂教学中所认识的道理、激发的情感、萌发的信念，转化为道德行为习惯。

科学探究：变大量演示实验为学生动手实验，引导并教育学生研究物理学的过程离不开实践，使学生在物理问题的实践研究过程中，养成尊重事实、诚实的品德。

3. 从学科活动入手

优化德育环境，多途径实施学科德育。在介绍某些内容时，可利用图表、挂图、视频、科学DIY、小组活动、研究性学习，也可采用"走出去"的办法，将校内外活动相结合进行。

4. 从学科教室布置入手

学科教室摆放学科著作、人物传记以及前沿杂志等，方便学生及时动手探究和查找资料，了解科学的历程，体验科学家的艰辛。学科教室里还可以粘贴部分人物传记和名言、警句，对学生潜移默化地进行德育。

5. 从师德入手

学科德育对科任教师的素质也提出了更高的要求。科任教师要有较强的育人意识和渗透意识，要不断提高自身的素质。教师美好的心灵和情感的投入对学生有着特殊的感召力。教师的人格力量，包括教师个人的思想、情感、品质、学识、水平等，对学生具有很大的影响力。教师的思维方式和风格潜移默化地影响着学生，甚至教师的穿着打扮、言谈举止都是一种潜在的教育力量。学高为师，身正为范，教师要有师德，师德也是对学生有潜移默化影响的德育材料。

6. 从评价管理入手

教师对学生提出明确的要求，认真地观察，细致地记录，客观地评价，其实就是德育。

7. 从个别化辅导入手

每个学生都是独特的生命个体，他们对学科内容的理解往往也存在个性差异。教师在课堂教学之后，宜根据学生在课堂上的表现及作业完成情况，因材施教，分类推进进行辅导。任何一项工作，只有扎实地去研究，去思考，才会做好，才能有的放矢，落到实处。这其实也就是对学生进行"学科德育"的体现。

四、学科德育案例

案例 1

在两年制初二年级开展"走进科技殿堂　品味科技人生"主题活动。

德育意义：在学生心中种下科学的种子，点燃学生想象力的火花。

案例 2

2013年王亚平等宇航员太空授课相关内容和视频已经成为教材编写和课程实施中的重要素材。

德育意义：培养学生的爱国热情和对祖国的自豪感，培养学生学习学科知识的激情。

化学学科

一、学科特点

《普通高中化学课程标准（实验）》明确指出："高中化学课程应有助于学生主动构建自身发展所需的化学基础知识和基本技能，进一步了解化学学科的特点，加深对物质世界的认识；有利于学生体验科学探究的过程，学习科学研究的基本方法，加深对科学本质的认识，增强创新精神和实践能力；有利于学生形成科学的自然观和严谨求实的科学态度，更深刻地认识科学、技术和社会之间的相互关系，逐步树立可持续发展的思想。"

二、学科德育目标

基于化学学科的教学特点，化学学科的德育目标主要集中在帮助学生建立公民意识、环保意识、科学态度、独立思考和创新精神等几个方面，对学生公民意识的培养主要集中在责任意识、规则意识、合作意识等方面。

三、学科德育实施途径

1. 从课程设置入手

（1）在课程设置中注意对环保意识的渗透。对于与生产、生活结合紧密的章节（如工业合成硫酸、硝酸），在介绍内容的同时，关注能够与环保相结合的知识点；进行物质合成等实验（如氯气的制备、二氧化硫的制备等）时，通过正确的实验装置搭建过程中必须考虑环境污染问题，渗透环保意识；在教材中加入"绿色化学"相关内容的介绍，在习题设置过程中加入部分涉及"绿色化学"概念的习题。

（2）在课程设置中注意对学生科学态度的培养。在实验教学的设计中明确实验步骤和操作细节，注重严谨的定量概念的渗透，培养学生科学严谨的态度。

（3）在课程设置中注意对独立思考和创新精神的培养。在教材思考讨论部分将知识以问题的形式呈现。

2. 从课堂教学入手

（1）在课堂教学过程中及时发现学生情绪上的问题，个别问题可以课下谈心，集体性问题可以课上利用几分钟时间用小故事或名言警句，及时对学生进行简单的情绪疏导和引导。

（2）在课堂教学过程中通过教师的言传身教，利用教师的榜样力量使学生建立正确的价值观。

（3）在课堂教学过程中建立学生的合作意识。在教学过程中有意识地通过小组合作的形式建立学生的合作意识，可以通过小组成员共同完成小组介绍和展示、习题讲解时先由小组讨论、实验由小组合作完成、学习任务由小组共同完成、测验成绩进行小组平均分比较等多种方式，建立小组的团队关系，帮助学生找到归属感，形成合作意识。

（4）在课堂教学过程中建立学生的规则意识。化学实验教学前明确对违反纪律和卫生情况不合格的学生的要求，建立规则，在学生实验过程中如发现有违反的学生，必须按要求进行惩戒，保证学生的安全及环境卫生，并使学生建立规则意识。课堂教学中可以选择合适的题目，让学生承担讲解的任务，由其他同学打分，使学生意识到准备认真是对其他同学负责，也可结合小组合作的形式，让每位组员承担课题的一部分，引导每位组员意识到自己准备充分也是对小组内其他同学负责，建立学生的责任意识。

（5）在课堂教学过程中培养学生的独立思考和创新精神。应鼓励学生发问，学生提出好的问题应及时鼓励，抓住学生思想中的闪光点，并在过程性评价中予以加分，鼓励学生独立思考。部分教学中现象描述与实验结果不一定相符，此时，应鼓励学生大胆设想，并通过自行设计相关实验对猜想进行验证，提出自己的合理分析，并动手验证，得出结论。高层教学中还可以加大实验教学的难度，可以只给出实验目的和实验试剂、仪器，鼓励学生自行设计合理的实验方案并动手操作。通过以上方法并结合实际教学情况培养学生敢于质疑的能力，培养学生独立思考和创新的精神。

（6）在课堂教学过程中培养学生的科学态度。实验教学中涉及实验现象和数据记录时，要教导学生如实记录，不能随心所欲，比如天平只能测准到0.1g时，不能记录为0.01g，引导学生建立实事求是、科学研究的态度。

（7）在课堂教学过程中渗透环保的理念。以教师为榜样，无论是演示实验还是学生动手实验，都必须严格要求环保。对涉及环保问题的知识内容和习题合理利用并适当引导。

3．从学科活动入手

（1）利用学生的研究性学习培养学生独立思考和创新的精神。教师只为学生提供资源，鼓励学生自己从基础化学教学和身边的化学问题中寻找探究的题目，自己查找资料、确认实验方案，自己分析和解决实验中遇到的问题。

（2）利用学生的研究性学习培养学生的科学态度。决不允许学生在研究性学习过程中伪造数据。

（3）利用学生的研究性学习培养学生的公民意识。研究性学习以小组合作的形式进行，通过学生分工合作，老师及时督促结果，引导学生合作，培养学生公民意识中的责任意识和合作意识。

4．从学科教室布置入手

（1）学科教室摆放模型和合适的图书，方便学生及时动手探究和查找资料，促使学生独立思考、敢于质疑。

（2）学科教室里粘贴一些小故事和名言警句，潜移默化地对学生进行德育。

5．从个性化培养入手

（1）对于个别能够进行自主研修的学生，及时与他们谈心并向他们渗透学习是为自己负责的责任意识，培养学生的内动力。

（2）对于个别在课堂上明显表现出情绪或学习问题的学生，必须及时关注，及时交流，了解学生的情况，并进行合适的指导。

历史学科

一、学科特点

历史学科在学科德育方面起着举足轻重的作用，它包容性很强，不但能拓宽学生的视野，而且能够促使他们逐步形成正确的人生观和世界观。一个人用什么样的态度对待自己、对待他人、对待人生、对待社会、对待世界，怎样去准确把握事物的本质和发展规律、认清时代潮流和趋势，需要具备系统的世界观、人生观和价值观。长久以来，历史一直被作为明得失、鉴未来的重要方式之一。就历史课的学科德育而言，应该坚持"三轻三重"的原则，即：轻理论，重史实；轻说教，重体验；轻感性，重理性。

二、学科德育目标

1. 培养学生尊重人的生命、尊严、基本权利和幸福的人文情怀。

2. 增强学生的公民素质，促使他们做合格的现代公民。

3. 让学生明确人生和职业目标，并将之与国家责任、民族使命联系在一起。

4. 让学生了解历史文化，理解中华民族独特的精神气质，增强民族认同感。

5. 让学生多元包容地看待并尊重、珍惜世界文明之间的差异。

三、学科德育实施途径

1. 从明确目标、制订计划入手

历史学科德育内容很广泛，必须明确目标，制订计划，进行系列教育。历史学科德育的方法是按照学生的年龄特点、认知规律，循序渐进。

结合中国古代悠久历史的学习，激发学生的民族自豪感和自信心。中国古代先进的农业、手工业、科学技术、绚丽的文化等都会激发学生强烈的民族自豪感。我们采用活动式、体验式等教学方式收集中国古代农业、手工业方面的世界之最；引导学生收集、学习、欣赏汉唐时期的史学、诗歌、宗教、书法、绘画和雕塑等文化艺术方面辉煌灿烂的成就，让学生深刻体会到我国古代文明给人类社会带来的重大变化，了解中国曾是世界上最先进、最发达的国家之一，从而形成强烈的民族自豪感，激起为中华民族伟大复兴而奋斗的精神。

结合中国近代屈辱历史的学习，培养学生的民族责任感和使命感。通过创设丰富而鲜活的情境，让学生感受近代中国的屈辱和中国人反侵略求民主的精神；思考、探究中国被动挨打的原因；初步理解资本主义国家完成工业革命后实力增强，急于寻找原料市场，对外侵略扩张的根本目的；理解晚清中国生产力、政治制度及综合国力的落后乃是导致近代中国任人宰割的根本原因；感知中国近代的屈辱与抗争，理解发展才是硬道理、中国解决所有问题关键要依靠自身的发展，从而增强学生的民族责任感。

结合中国现代及世界历史的学习，让学生发展、联系地看待历史与现实，加深对祖国的热爱和对世界的了解，从历史中汲取智慧，养成现代公民应具备的人文素养，以应对新世纪的挑战。

2. 从课堂教学入手

立足于历史课堂，充分利用教学素材，培养学生现代公民的素质。所谓公民素质，是指"人"的全面素质，特指与一个国家法律制度、政治制度相适应的品德、知识、技能、情感。责任教育、法制教育、公德教育和人格教育是公民素质教育的主要内容。历史教育关注人事（做事）、人心（做人）、人文（生命品质），引领学生的"精神成长"。

在学习历史的过程中，我们不但能够欣赏到世界上各种人群和各种文化，而且能够欣赏到他们共通的人性和共同的难题。我们会习惯于从他人的视角来看待事物，在研究他人、他文化的过程中，更好地理解自身。我们能够逐渐了解并审视其他价值观体系，理解全人类的抱负。最重要的是，理解世界上各种文化的历史有助于培养学生宽容、欣赏和尊敬的态度，这些都是在一个日趋多元化而又相互依赖的社会获得良好发展所需要的。

3. 从学科活动入手

合作意识和创新、求实的精神是现代公民必备的素养之一。丰富多彩的历史课堂活动，有助于学科素养的形成。教师引导学生自主查找资料进行自我解惑；采用"智慧园"、"交流园"、"创造园"等形式，让小组成员相互解惑；让历史与信息技术课合作，使学生分组学习，收集资料，制作并展示、交流课件。这些活动可以激发学生的兴趣，培养他们的合作精神，使他们完成自我教育。师生都能从历史中获得启示和教益，彰显理性和人文价值。

4. 从学生自我学习、自我反思入手

在小班化的教学方式中，教师特别注意培养学生"自主、合作、探究"的学习方式，将单一的说教式的课堂教学模式转变为学生自主学习的学习模式。比如，在开展"破解彩陶之谜"的活动中，教师给大家出示尖底小口瓶的图片，让学生针对"小瓶的用途"发表自己的看法。学生畅所欲言，然后教师呈现物理专家和历史专家对尖底小口瓶用途的不同看法，然后小组合作查阅资料，交流想法，合作设计陶器，并标明陶器的用途及形状的象征意义，促进学生自我学习、自我反思，培养学生求真、创新的科学态度。

四、学科德育案例

案例 1

学习《中外历史人物评说》中《拿破仑》一课时，学生提出：教材中的拿破仑驰骋沙场，戎马一生，称霸欧洲，成为一代雄狮。在他带给法国辉煌荣耀的同时，法国人就没有非议吗？毕竟那么多普通平民死于战场，他们心甘情愿用自己的生命代价成就一个人的伟业吗？为解答这个问题，教师摘选了林达的《从拿破仑回归雨果》一文中的一段话："拿破仑死后，有一个时期法国人不愿意想到拿破仑。与其说是政治原因，还不如说是征服的狂热过去后，每家每户对战死亲人的怀念，变得刺痛而具体。那么，一个国家的上百万战争受难者，巨大的生命牺牲代价，要多长时间才能够将这样的伤痛抹去呢？……在拿破仑的灵柩穿过凯旋门45年之后的1885年，这个似乎是专为武士建造的凯旋门下，第一次举行了一位作家的葬礼。这位作家就是维克多·雨果。这一天，举国哀悼。也许，这是大革命以来，法国人第一次全体静默，第一次有机会共同反省和思索。……在雨果的一部部作品中，站在最受瞩目位置的，是弱者，是没有阶级、地位、血缘、道德等任何附加条件的弱者。他把社会如何对待弱者作为一个社会是否进步的标志，放在了世界面前。45年前，巴黎人倾城而出为其送行，经过凯旋门下的，还是一个站在云端的'伟人'；45年后，他们相随送过凯旋门的，是为法国所有弱者呐喊的一个作家。几千年欧洲文明的积累，才最后在法国完成这样一个转变。"我们一起学习、理解、分析拿破仑的对外战争给法国人带来荣耀的同时也造成极大的精神创伤。当雨果把如何对待弱者作为一个社会是否进步的标志，放在了世界面前的那一刻，"法国人终于明白，不是因为有了拿破仑，而是因为有了雨果，巴黎才得救了，法国才得救了"。因为法国终于实现了从崇尚专制武力到追求平等民主的和谐转变。

案例 2

《百家争鸣》一课，教材中写道："它是中国历史上第一次思想解放运动，是中国学术文化、思想道德发展史上的重要阶段，奠定了中国思想文化发展的基础。其中儒道思想的影响尤为深远。"在教学中，为了让学生更好地理解中国传统文化的精髓，并从中汲取有利于成长的思想营养，教师首先给学生提供了柏杨《中国人史纲》中的一段话："在这种社会结构巨变之下，思想学术界呈现出百花怒放的奇观。这些怒放的百花好像生长在火山灰上一样。火山爆发时的震撼固然惊天动地，甚至造成大量伤害，但它喷出的火山灰却是世界上最肥沃的土壤……中华人的思想已进入无涯的空间，充满了想象力，奔腾驰骋，彩虹四起，处处是活泼的灵性和丰富的生命。大黄金时代是中华人最兴奋的时代。"然后提问：为什么柏杨说"处处是活泼的灵性和丰富的生命。大黄金时代是中华人最兴奋的时代"？再引导学生学习充满活泼灵性和丰富生命的"百家文化"。我们还补充了孔子的名言：子曰"君子庄敬日强"、"三军可夺帅也，匹夫不可夺志也"、"发愤忘食，乐以忘忧，不知老之将至"……提供了老子的名言："夫唯不争，故天下莫能与之争……"品味了冯友兰所说的道家"游于逍遥，论以齐物。超乎象外，得其环中"的精髓。让学生理解中国的儒家思想是在社会这个尺度上，要求人担当；道家思想是在生命层面上，要求人超越。担当是我们的一份社会职责，超越是我们的一个生命境界。鼓励学生既要积极追求进取，勇于担当，在社会上有所为，面对困难挫折时又能有超越胸怀，从而从容面对自己的人生。

案例 3

讲第二次鸦片战争的起因时，我们讲到原因之一是清政府没有履行《南京条约》里面的承诺——开放广州，而是阻碍英国人进广州城，我们的教科书把这称为"反入城斗争"。讲到这里时，教师提出了一个问题：不平等条约是否需要遵守？这个问题一提出，就引起了轩然大波，许多同学热情激昂地表达了"爱国主义"的立场。有人说，对我们有利的时候就遵守，不利的时候就不遵守；有人说，我们弱小的时候就遵守，强大的时候就撕毁；有人说，我们明里遵守，暗地里不遵守；等等。只有很微弱的声音说，只要我们承诺了，不管怎样都应该遵守。这个微弱的声音遭到了许多同学的嘲笑。

这时，教师又提出了一个问题："二战"以后，为了防止军国主义复活，包括中国在内的战胜国与日本签订了《旧金山和约》，日本承诺放弃制造核武器和航空母舰等。事实上，对战败国来说，所有的战败条约都是不平等条约，如果今天日本以《旧金山和约》是不平等条约为理由撕毁条约，你觉得合适吗？同学们陷入了沉思。进而，教师再追问：如果全世界都认可不平等条约可以不遵守，世界会更美好吗？经过一段时间的讨论，我们达成了以下几点认识。

（1）不遵守不平等条约的国家，即使短期占了便宜，从长远来看仍然吃亏，因为信用破产会增加自己与其他国家打交道的障碍，从而不利于本国发展。

（2）不遵守不平等条约即使能够让该国获益，但对世界整体利益来说是极大的损害。一旦这种风气蔓延，国与国之间就没有规则可言，每个国家都可以根据自己的利益需求用机会主义的态度来对待条约，世界就将走向丛林状态。

（3）不平等条约的废除，只能通过国际公认的合理程序来解决，譬如，中英通过谈判来解决香港问题。

地理学科

一、学科特点

地理学是研究地理环境以及人类活动与地理环境相互关系的科学，具有综合性和地域性特点，是一门跨自然科学与社会科学的基础性课程。课堂教学需要把所学知识与社会实践相联系，把课本内容与身边事物相衔接，做到理论与实践相结合，让学生养成学以致用的意识。地理学科能帮助学生科学认识人口、资源、环境与社会协调发展的关系，从而树立可持续发展的观念；培养学生的创新意识、实践能力和严谨的科学精神；让学生形成关注生活、关心社会的人文情怀；培养活跃的有责任感的合格公民。

二、学科德育目标

1. 初中阶段

初中阶段地理主要包括地球与地图、世界地理、中国地理和乡土地理。让学生掌握基本的地理常识，培养学生基本的地理技能，为他们后续的学习奠定基础。在学习过程中帮助学生树立正确的人口观、资源观、环境观和可持续发展的观念。根据教学内容的特点，初中地理学科德育的目标具体有以下四点。

（1）增强学生对各种自然和人文现象的好奇心，提高学生学习的兴趣以及对环境的审美情趣。

（2）让学生从我做起，建设环境友好学校，关心家乡的环境与发展，关心我国的基本地理国情，增强热爱家乡、热爱祖国的情感。

（3）促使学生尊重世界不同国家的文化和传统，增强民族自尊心、自信心和自豪感，理解国际合作的意义，初步形成全球意识。

（4）让学生初步形成尊重自然、与自然和谐相处、因地制宜的意识及可持续发展的观念，增强防范自然灾害、保护环境与资源、遵守相关法律法规的意识，养成关心和爱护地理环境的行为习惯。

2. 高中阶段

高中阶段地理主要包括自然地理、人文地理和区域地理。让学生掌握基本的地理概念、地理原理和地理规律，培养地理思维和地理能力，提升地理素养。在学习过程中帮助学生树立正确的人口观、资源观、环境观和可持续发展的观念。根据教学内容以及学生的认知心理特点，高中地理学科德育的目标具体有以下四点。

（1）在地理教学过程中激发学生探究地理问题的兴趣和动机，养成求真、求实的科学态度，提高地理审美情趣。

（2）促使学生关心我国的基本地理国情，关注我国环境与发展的现状和趋势，增强热爱祖国、热爱家乡的情感。

（3）让学生了解全球的环境与发展问题，理解国际合作的价值，增强国际理解力。

（4）增强学生对资源、环境的保护意识和法制意识，使之形成可持续发展观念，增强社会责任感。

三、学科德育实施途径

1. 初中地理学科德育实施途径

（1）课程建设

我们以国家课程为基础，设计了具有十一学校特色的地理课程。在《初中地理课程指南》的指导下，开展了深受学生喜爱的初中地理活动课堂。根据预设专题内容，精心设计种类多样的学习方法渗透学科德育，如绘制主题地图。注重实践教学活动，开展了横跨国内三大区域的游学课程和寒暑假的境外游学课程，让学生深度体验多元文化。并且注重职业考察、学生社团、科创项目、地理学科竞赛等实践项目，给予学生多元发展的平台，挖掘学生深层次的需求。

（2）学科教室建设

以中国地理、世界地理、天文星球、地理技术四大主题，建设学科教室，营造地理学的文化氛围，让学生在方寸之间感受寰宇的宏伟。

（3）课内外活动

基于校内设施开展的活动。比如，学习中国土地利用类型时，组织学生开展学校土地利用类型调查；学习地图三要素知识时，带领学生开展校园寻宝活动。

（4）实践活动

地理学习中一个非常重要的方法就是深入实地，让学生在调查中不仅学到知识，同时实现情感、态度、价值观上的收获。组织学生深入政府部门、厂矿企业、博物馆等，使他们增加知识，拓宽视野的同时，培养兴趣，激发学习动力。

2. 高中地理学科德育实施途径

（1）创设情境，开设活动课程

让学生在做中学，在做中领悟，在做中养成。开发适合学生特点的活动课程，让学生在活动中形成观念，养成习惯。

（2）挖掘地理知识蕴含的教育价值，实现学科渗透

地理学具有整体性和地域性的特点。区域地理自然环境要素之间、社会环境要素之间、自然与社会要素之间相互影响、相互作用、相互制约，构成了环境的整体性。环境各要素之间存在千丝万缕、牵一发而动全身的联系。整体性让学生学会用联系的观点、发展的观点、矛盾的观点来看待问题，不以偏概全，不钻牛角尖，形成全面综合地分析问题的习惯，学会科学的思维方法，养成科学的思维方式。

地域性让学生看到事物的丰富性、差异性，认识到具体问题需要具体分析，不能一刀切，不能生搬硬套，形成因地制宜、可持续发展的观念，并且学会包容与理解、沟通与交流，将尊重差异与保持特色相统一。

（3）综合地理学科与其他学科，激发无穷的教育力量

地理学横跨自然科学与社会科学，是一门实践性、时代性、综合性很强的学科，它不仅告诉学生地理知识，而且还明显地容纳了诸如语文、物理、化学、政治、历史、生物等学科的内容。提炼地理知识蕴含的其他学科的内容，对激发学生综合思考的意识、培养学生综合运用知识解决问题的能力是很有价值的。

（4）学科教室建设

给学生提供探索地理知识的书籍、图画、地图、模型，留下学生学习活动的相片、作业、作品，使之成为学生成长的精神家园。

四、学科德育案例

1. 初中案例：地势地形活动课

环节一：两人（或三人）一个小组，一张中国地形图。以小组为单位，进行地势和地形的学习。

德育目标：培养学生小组合作、分工、沟通的能力。

环节二：以中国地形图为底图，一个小组一套橡皮泥，在中国地形图上完成学习活动内容。

环节三：对照中国地形图，用橡皮泥制作中国地势现状，制作出中国三级阶梯模型（先在底图上绘出三级阶梯的界线），并标注出名称（用纸片）。

环节四：在模型上，制作出三级阶梯界线的七条山脉，并标注出名称（用纸片）。

环节五：在模型上，制作出珠穆朗玛峰及中国最主要的山脉（选三条），并标注出名称（用纸片）。

环节六：在模型上，制作出中国四大高原、四大盆地和三大平原，并标注出名称（用纸片）。

环节七：每个小组作品留影。评出制作最好的两幅作品，奖励小组成员。还原橡皮泥，将之再合成三个不同颜色的橡皮泥，将纸片扔入垃圾桶，清理桌面。

德育目标：培养学生的审美情趣、环保意识，增强学生的责任感。

2. 高中案例：用环保作品装点学科教室

内容：在每年的重要环境保护日，组织学生举办各种形式的宣传活动，然后把活动作品或者过程张贴在学科教室内外的展板上。

世界环境日，为每年的6月5日，是影响比较大的国际性节日。

2012年世界环境日主题：绿色经济，你参与了吗？

中国主题：绿色消费，你行动了吗？

2013年世界环境日主题：思前，食后，厉行节约

中国主题：同呼吸 共奋斗

2014年世界环境日主题：提高你的呼声，而不是海平面

中国主题：向污染宣战

活动形式：制作宣传画、制作文化衫、开展校园宣传活动、开展社团活动、撰写小论文、制作符合主题的徽标、开展社区调查等。然后把活动作品陈列在学科教室里，一年一年积累下来，形成独具特色的环境保护文化，让学生在这样的环境中受到潜移默化的影响。

思想政治学科

一、学科特点

政治课是为中学生健康人格和优良品质的培养奠定基础，使学生成为合格的公民，帮助学生过积极的社会生活，坚持正确价值观念，以及引导学生

将独立思考与积极实践相统一的一门综合性的必修课程。

初中思想品德课以生活为主要教育内容，注重认知、体验、感悟等生活形式的统一。通过学科活动把学生培养成学习活动的主体、个体生活的主体和社会活动的主体，具有思想性、人文性、综合性和实践性的特点。

高中思想政治课通过引导学生紧密结合与自己息息相关的经济、政治、文化生活，经历探究学习和社会实践的过程，切实提高学生参与现代社会生活的能力，使学生初步形成正确的世界观、人生观、价值观，为终身发展奠定思想政治素质基础，具有政治性、理论性和社会性的特点。

二、学科德育目标

1. 健全人格的培养

以满足成长中的学生发展需求为出发点，以中学生的生活为基础，通过设置与学生生活紧密联系的情景、引导学生自由讨论、共同分享等途径使学生形成自尊、自爱、自信、自强的健全人格，逐步形成自我认识的能力以及良好的思维品质。

2. 道德意识的培养

以生活中的案例分享和课后实践相结合的形式，使学生树立基本的道德观念，形成良好的个人道德品质和行为规范，能够正确面对社会生活中的各种道德现象，自觉遵守社会公德，最终使学生树立正确的世界观、人生观和价值观。

3. 合作意识的培养

通过小组合作讨论、小组学习、参与校内外学科活动和社会活动等方式培养学生良好的合作意识，使学生成为具有关心他人、服务他人意识的社会人。

4. 公民意识的培养

注重学生国家意识、民主意识、法律意识、环境意识等公民意识的培养，引导学生树立家庭和社会责任感，学会处理自身与他人、与团队、与国家和社会的关系，使学生具备依法享受和行使公民权利、履行公民义务的能力，成为合格的社会公民。

三、学科德育实施途径

1. 课程设置

课程是教育教学活动的基本依据、实现政治课教育目标的基本保证，政治学科在遵循不同阶段学生生活的逻辑，密切联系学生生活的基础上，研发了初中思想品德课程、高中思想政治Ⅰ·话题赏析课程、网络课程、初中游学课程等课程及相关的校本教材。

课程内容从生活实际出发，从学生思想品德发展的现状、问题和需要出发，尊重学生已有的生活经验。面向学生逐步扩展到整个生活世界，从封闭的教科书扩展到所有对学生有意义、学生有兴趣的题材，并在课程的研发中力求体现多重价值，整合多种学科内容。其中初中游学课程包含了品德教育、科学教育、社会文化教育等多方面的内容，高中思想政治Ⅰ·话题赏析课程包含了经济与政治、文化与哲学两大模块内容。在直接传授各科知识体系的同时采取潜移默化的方式影响学生。

2. 学科教室

学科教室设置学科标语、知识树、智慧长廊、思辨墙等，营造学科氛围，培养学生成为拥有自由之精神、独立之人格的人，做自己思想的主人。

学科教师及时更新国内外重大事件、标题新闻及时政评论，了解国家最新的局势变化，引领学生关注社会、关注国家。

3. 课堂教学

课堂教学是学科教育的主阵地，是对学生进行教育的基本途径。通过课堂教学渗透教育，引导学生掌握系统的科学知识、辩证唯物主义和历史唯物主义的基本观点以及社会主义的道德规范，这对于提高学生的思想认识，形成他们的道德观念，奠定他们人生观和世界观的基础，都具有极为重要的作用。为了实现这一教育目标，政治学科精心设计了课堂的内容和形式，将学科教育建立在学生所需掌握的科学知识之上，使学生在学习中培养合作意识、互助精神以及家庭和社会责任感。

课堂形式多样，课堂让学生做主，课堂是他们的。分小组"承包"话题任务，让学生独自上网搜集资料，分组研讨，最后展示各组的研究成果。让学生在分享和研讨中感受集体的力量，也体会合作的重要性。

4. 学科活动

结合学科特点，培养学生的感恩意识、合作意识、学习意识。组织多样化的学科活动，精心设计单元主题探究活动，让活动触动学生的心灵，让学生经历思—行—思的提升，注重活动的实效性。通过一系列教育活动，帮助学生树立诚信人格教育，弘扬和培养学生的民族精神，增强学生的法律意识、环境意识和竞争意识，使学生能够成为自我选择、自我约束，为自我行为和未来发展负责的合格的社会人。

初中思想品德课程选取并整合学校里的各种优势资源，将它们纳入其中，增强学生对真实学习生活的感受，让思想品德课程更具有"真实性"、"生活性"，回归学生的生活实际，使学生在校园活动中体会集体荣誉，学会与他人沟通的方式，培养团队意识和良好的行为规范。

高中思想政治Ⅰ·话题赏析课程以及相应的网络课程注重通过对社会现实问题，以及社会矛盾问题、道德两难问题的讨论，引导学生关注现实、关注社会，学会理性地看待社会现状，形成正确的人生价值取向。

高中思想政治Ⅱ课程注重课堂活动的有效性，通过时政评论、读书交流等形式引领学生成为有责任、有担当、有情怀的公民。

5. 学科奖学金

初中思想品德课奖学金分为"时政精英"和"探究合作"两种。高中思想政治课奖学金分为"睿智"奖、"领袖风采"奖和"学科优胜"奖三种。

通过评选活动，促使学生关注国家与社会命运，有敏锐、深刻的思想，有独到的见解与主张，独立思考、敢于质疑、大胆创新，有良好的学科素养，有科学的学习方法，在学科学习与活动中展示个人风采，彰显个人魅力。

四、学科德育案例

案例1：辩论课：思想有多远，行动就有多远吗

有学生提出了自己的观点："我认为这个问题的答案应该是否定的。有以下两种阐述观点的途径。第一种是用数学集合的思维做出排除，第二种是用反证法加上一个命题推出全部事件的矛盾。"这体现出学生逐步养成了良好的思维习惯和多角度看问题的能力。

案例2：模拟联合国活动：国际热点磋商

针对不同的突发事件，查阅现实资料，努力成为真正的"代表"，为了各自"国家"的利益不断辩论、研讨。

德育意义：让学生在更为全面地了解国际社会矛盾现状的同时，也更为深刻地体会到了国家各项经济、政治、文化、军事政策的含义和重要意义，切身感受到了国家力量和国家利益的重要性。

案例3：真实体验：关注"两会"

在探讨了"两会"的相关内容以后，让学生根据所学的有关提案的知识，从主人翁的地位出发，结合校园生活中的真实案例，为我校提出促进学校发展的提案和议案，提案要在小组内讨论决定，交由全班共同听取并表决是否通过。

德育意义：充分挖掘课程的潜力，实现对学生的公民教育。通过倾听、妥协、互助……学生开始明白任何一项决定背后的深刻原因，学会如何与他人交流与合作，从新的角度审视每一个决策者，以及身边的一项项决策，从感性吐槽走向理性思考，将用自己的力量改变生活作为一种可能，从而不断增强自己的社会责任感与公民意识。

生物学科

一、学科特点

生物学科是自然科学中的一门基础学科，是研究生物的结构、功能、发生和发展规律以及生物与周围环境的关系等的学科。

二、学科德育目标

1. 在科学学习层面，培养学生乐于探索生命的奥秘、实事求是的科学态度以及一定的探索精神和创新意识；培养学生的生物学科素养，让他们形成用生物科学知识解决生活中问题的意识和能力。

2. 在培养合格公民的层面，促使学生热爱大自然，珍爱生命，理解人与自然和谐发展的意义，提高环境保护意识；在热爱自然的基础上，形成积极的爱祖国、爱家乡的情感，增强振兴祖国和改变祖国面貌的使命感与责任感。

3. 在个人幸福生活的层面，生物教学促使学生珍爱生命，学会感恩，形成健康生活的意识和能力，学会对自己负责任。

三、学科德育实施途径

1. 课程设置

在编写课程纲要时，将生物学研究的基本方法贯穿始终，从初步认识观察法，到观察法在研究中的递进应用，最后达到熟练掌握的程度，将能力训练有梯度地渗透在教学中。将发展学生的科学研究能力作为一条主线，对培养学生的科学态度、创新意识和能力有着积极的意义。

2. 学科活动

生物课堂成为学生获取知识和展示自我的舞台。对于那些在生物学习方面特别突出的学生，学科组搭建平台，鼓励他们更深入地学习和拓展学习，比如，鼓励学生参加生物实践和竞赛类的社团，指导学生参加科学创新等高层次的实践活动。生物学科个别化教育推动学生自信心的建立，有助于学生对生物学科的喜爱和可持续发展。

3. 生物实验

在生物实验过程中，通过准确选择实验仪器和材料、正确组装实验装置、正确实施实验操作程序、认真观察与记录实验现象、根据实验结果做出实验结论等环节，培养学生善于合作、勤于思考、严谨求实、勇于创新和实践的科学精神。

4. 生物科技

科学技术日新月异，从复制到克隆技术、细胞亚显微结构的揭秘、"分子生物学"的诞生、仿生学的广泛应用、新物种培育技术的层出不穷，使学生了解生物学领域的迅猛发展以及它对国民经济发展的巨大促进作用，从而开阔学生的眼界，提高其学习兴趣。

5. 学科评价

在学科评价中我们也设计了渗透德育的环节，比如，每学期学生要任选一个自己感兴趣的主题，完成一份综合研究报告。我们给的参考题目如下：
①关注某种动物的生存状况（选择自己感兴趣的一种动物，做专题研究），

用所学的有关动物的知识，解释人类活动所引起的环境的变化，以及这种变化对该动物的生存所造成的影响。②综合运用所学的有关人体健康的知识，选择一个具体的话题，尝试分析环境和生活习惯等与人体健康的关系。

四、学科德育案例

案例

在"动物与环境"单元的教学中，将动物对环境的适应和动物的进化，作为整体思路贯穿始终，建构了"动物对环境的适应和生物进化"的思想主线，不仅使得学习有了灵魂，还有利于学生运用它解释更多的现象，同时，也能引导学生关注生物的生存状况，关注生物圈的发展现状。

在"人与生物圈"单元的教学中，围绕人体与健康展开教学，关注日常生活中行为习惯与健康的关系，帮助学生树立科学的健康意识，学习有用的生物学。例如，通过"探究酒精对水蚤心率的影响"让学生领悟酗酒等生活习惯对健康的危害。在"动物的运动"单元的教学中，让学生了解运动对于促进健康的意义；在"营养与健康"单元的教学中，让学生关注合理膳食与食品安全对于健康的意义。

在"植物与环境"单元的教学中，将植物与生物圈的关系、植物与人类的关系融入一个个实践中。比如，通过收集种子的活动，让学生体会种子、植物与人类生活的关系，培养学生爱护植物的情怀；通过了解藻类、苔藓和蕨类与自然和人类生活的关系，让学生深刻理解生物多样性的重要意义；通过亲自动手养殖一盆花，培养学生热爱生活的情趣和能力，以及爱护花草树木的情感。

德育意义：在生物课堂中，在每一节课、每一个单元中，着力培养学生某一方面的情感、态度与价值观，通过这些小目标一个个的达成，我们期待看到学生更加热爱生活，更加环保，生活方式越来越健康。

艺术学科

一、学科特点

艺术学科融艺术修养、品德培养、文化熏陶和舞台表演于一体，综合了音乐、美术、戏剧、舞蹈、影视、书法、篆刻等艺术形式和表现手段，对学生的生活、情感、文化素养和科学认识等产生直接或间接的影响，以提升学生的人文情怀和艺术审美素养为目的。

艺术学科是素质教育的重要组成部分，具有人文性、综合性、创造性和实践性，是实施美育的主要途径。不仅具有陶冶学生情操、培养学生创新精神和实践能力的作用，同时还可以培养学生开拓贯通和跨域转换等多种能力，从而促进学生的全面发展。

二、学科德育目标

弘扬民族文化，尊重多元文化，力求体现素质教育的要求。注重艺术课程与学生生活经验的紧密关联，使学生在积极的情感体验中发展观察能力、想象能力和创造能力，提高审美品位和审美能力，增强对自然和人类社会的热爱及责任感，形成创造美好生活的愿望与能力。让学生通过艺术课程的体验不断了解自己，发现自己，找到未来职业发展的目标，增强对自然和人类社会的热爱及责任感，提高与人相处的能力，养成团结、谦让、包容、关爱他人以及服务他人的美德。

引导学生了解和认识美的本质以及美与人类社会活动的关系，从而逐步养成发现美、鉴赏美、创造美的人格特征和生活态度，达到陶冶情操、净化品质、完善人格的目的。

三、学科德育实施途径

1. 从课程设置入手

专业艺术课程涉及音乐、美术、影视、舞蹈、文学等相关内容，分别是：音乐剧《音乐之声》《嘎达梅林》《歌舞青春（英文版）》《花木兰》，话剧《青春派》《雷雨》《哈姆雷特》，京剧《三岔口》与《贵妃醉酒》，影视编导与制作、古典音乐赏析、造型基础、中国画、油画、书法、摄影、版画、水彩画、动漫、音乐基础、影视音乐鉴赏、中外美术作品鉴赏、声乐、流行音乐创作、专业戏剧、交响乐、童声合唱、民乐、舞蹈。艺术课程设置考虑不同年龄段学生的接受和理解能力，制定出有选择性的课程内容，通过课程内容和作品本身对学生进行良好的德育渗透，以增进学生对高雅艺术的鉴赏力和表现力。

2．从社团建设入手

组建金帆合唱团、金帆交响乐团、民乐团、舞蹈团、专业戏剧团、十一影视传媒基地，为学生搭建成长的平台。金帆交响乐团侧重培养学生的交响乐演奏水平，培养学生的团队精神，提高学生对高雅艺术的鉴赏力与表现力，提升学生的艺术素养。金帆合唱团通过排练、演出、交流等形式，促进学生基础知识及相关音乐文化的学习，培养学生的基本技能，课程内容涵盖歌唱、乐理、视唱练耳、作品分析与处理等。民乐团通过演奏国内优秀的民乐作品，通过独奏、重奏及合奏作品的训练，培养学生的艺术鉴赏力与表现力，增强学生对民族音乐的热爱。舞蹈团通过肢体训练、基础训练、表演训练有效地增强学生的身体技能，提高学生的艺术综合能力。通过社团活动，对学生进行审美教育。

3．从学科活动入手

通过戏剧秀、艺术节展演、艺术沙龙、校园器乐大赛、每月一展、文化日活动、日常文艺活动等丰富的校园文化，增强学校的艺术氛围。

4．从学科教室入手

通过建设特色学科教室，构建教室的力量，让每一个教室成为学生碰撞交流、体验美、发现美、创造美的天地，让每一个教室成为学生喜欢的地方，高位引领学生，潜移默化地渗透学科德育。

5．从评价管理入手

完善评价机制，发挥评价的力量，将评价与个别化结合起来，从多角度激发学生的内动力。

四、学科德育案例

案例：锻造综合能力的夏天茹

个人档案：

（1）连续两届《花木兰》导演。

（2）《青春树》导演、《歌舞青春》导演、《嘎达梅林》导演。

（3）60周年校庆时《青春没有墙》的编剧和演员。

（4）在《雷雨》中饰演繁漪。

（5）校长奖学金、鲁晓威导演奖学金获得者。

夏天茹在艺术课上的挑战是选择了导演这个职位，导演给她带来的挑战是她需要对剧本负责，帮助编剧把剧本转为舞台艺术形象等。在剧组活动中她学会了规划自己的学期目标，帮助同学们高效排练。她所在的剧组有很多调皮捣蛋的男生，与他们相处时她不羞涩，懂得拿捏分寸，身先士卒，主动和男生练习台词，取得他们的倾慕和信服，巧妙地把剧组的所有同学凝聚到了一起，表现出了较强的领导力。同时，夏天茹同学的艺术天赋也有了施展的舞台，她不仅擅长演讲，而且还将在艺术体操中学到的舞蹈用到了艺术课中。

体育学科

一、学科特点

体育是以身体练习为基本手段，通过传授体育运动知识、技能来增强学生体质、增进学生健康、丰富校园文化生活的学科。在体育运动中不断产生和积淀的规范学生行为和思想的体育文化是体育工作的指导思想和灵魂，对提升人的道德素质、社会化程度起到非常重要的作用。体育精神是由体育运动孕育出来的意识形态。它超出了体育运动本身，内化为人类的一种信念和追求。体育是一种国际语言，甚至不需要翻译，不需要解释，它承载了友谊与团结、和平与公平、关爱与尊重等精神内涵，有利于塑造学生的健康人格和良好精神风貌。

二、学科德育目标

1. 通过体育活动中共同的行为标准和公平公正的竞赛规则，培养学生积极、协作、负责、公平竞争、自制自律的精神。

2. 通过提升学生的体育面貌、体育风范、体育心态、体育期望等来实现体育精神的教育和熏陶。

3. 通过运动过程中教师有意识的提示、引导、要求等，使学生的思想受到感染，从而达到教育的目的。

4. 通过体育课"开始部分、准备部分、基本部分和结束部分"的结构培养学生遵守纪律、服从命令、克服困难、不断进取的精神。

5. 通过团队体育运动，增进学生间的友谊，培养学生的合作意识、团队意识、沟通能力和人际交往能力。

三、学科德育实施途径

1. 田径运动

田径中耐久跑能培养学生刻苦耐劳、顽强勇敢的精神。跳高、跳远和障碍游戏，可以使学生心境开朗，体验生活的喜悦，体验战胜自我的感觉。大肌肉群活动，比如跑、跳、投项目比赛能让人体验激烈的情绪，并学会控制情绪，正确对待比赛的胜败，培养高尚的体育情操。学生通过努力拼搏取得成功，还可以增强自尊和自信。合作跑和障碍跑等活动能使学生获得扮演角色的经历，体验与同伴间的交往，达成"我"对"我们"的适应，即个体对团队的适应，以及人与人之间的合作。

2. 基本体操

通过基本体操教学，培养学生的组织纪律性，让他们掌握必要的实用技能，全面锻炼身体，发展时空感觉、空间定向和自我调控能力。它对调节情绪、焕发精神、增强团队意识都有积极的作用。

3. 支撑跳跃

通过支撑跳跃教学，培养学生良好的心理素质和意志品质。该项练习，可使学生不断地克服胆怯心理和畏难情绪，逐步树立自信心，培养勇敢、顽强、果断克服困难等意志品质，同时对培养和发展学生的空间定向能力也有积极的作用。

4. 单杠、双杠

单杠、双杠教学，可以加强对学生心理素质的训练，特别是对女生克服胆小、害怕心理，提高勇气和胆量有重要的作用。可在单杠练习过程中，逐步培养学生勇敢、顽强的精神和克服困难的决心。还可通过单杠练习中的保护与帮助，培养学生的安全意识、责任意识和相互交往能力。

5. 球类运动

球类运动比赛过程的复杂多变，能提高学生神经系统的灵活性，进而提高大脑的分析综合能力和应变能力。竞争对抗的游戏形式，能提高学生参与的兴趣，培养学生的体育情感，以及顽强拼搏精神，提高学生的自信心和心理调控能力。比赛中的配合，可以培养学生的团队精神，提高学生正确处理人际关系的能力，形成学生热情、开朗的性格，进取的精神和合作、交往的能力。

6. 武术

武术首先具有磨炼意志，培养道德情操的功能。武术界历来用"夏练三伏，冬练三九"、"拳打千遍，身法自然"等武谚激励学武者躬行实践，并持之以恒地锻炼。武术可以培养学生勤奋刻苦、果敢顽强和坚忍不屈的意志品质，可以培养学生尚武崇德、尊师重道、讲礼守信、见义勇为、不凌弱逞强等高尚道德情操。

7. 健美操运动

健美操运动是在音乐的伴奏下进行的，音乐可以给学生的动作和心灵带来生机和活力，使学生心情愉快、消除精神紧张，使学生的心灵和情操得到陶冶，身心得到全面协调的发展。健美操大部分时间都是集体进行的，有助于学生增进友谊，增强群体意识、合作意识，培养参与运动的兴趣和良好的锻炼习惯，为今后的学习、生活和工作打下良好的基础。

8. 体育舞蹈

体育舞蹈是塑造青少年形体美、姿态美、气质美的重要手段，能够培养青少年的高尚情操，其德育意义具体表现在以下三个方面：①帮助青少年正确认识社会生活；②帮助青少年树立正确的人生观；③培养青少年舞蹈欣赏的能力，陶冶他们美的情操。

9. 游泳

游泳，能培养学生勇敢、顽强、坚忍不拔、吃苦耐劳、处事果断、自尊、自信、相互帮助、合作等优良品质。

10. 户外活动

马术、滑雪等户外活动，可以提高学生在不同环境下的生活技能和适应能力，增进学生间的合作与交流，提高学生的人际交往能力。

技术学科

一、学科特点

技术学科各课程是以提高学生的技术素养为主旨，以设计学习、操作学习为主要特征的基础教育课程，是国家规定的中学生必修课程。技术学科是一个基础的学习领域。

1. 技术课程是一门立足于实践的课程

技术课程立足于学生的直接经验和亲身经历，立足于"做中学"和"学中做"。技术课程以学生的亲手操作、亲历情境、亲身体验为基础，强调学生的全员参与和全程参与。每个学习者通过观察、调查、设计、制作、试验等活动获得丰富的"操作"体验，进而获得情感、态度、价值观以及技术能力的发展。

2. 技术课程是一门高度综合的课程

技术课程具有高度的综合性，是对学科体系的超越。它强调各学科、各方面知识的联系与综合运用。学习中，学生不仅要综合运用已有的语文、数学、物理、化学、生物、历史、社会、艺术等学科的知识，还要融合经济、法律、伦理、心理、环保、审美等方面的知识。学生的技术学习活动不仅是已有知识与技能的综合运用，也是新的知识与能力的综合学习。

3. 技术课程是一门注重创造的课程

技术的本质在于创造，技术课程是一门以创造为核心的课程。它通过信息的获取、加工、管理、表达和交流，通过技术的设计、制作和评价，通过技术思想和方法的应用及实际问题的解决，为学生展示创造力提供广阔的舞台，是培养学生创新精神和实践能力的重要载体和有效途径。

4. 技术课程是一门科学与人文融合的课程

技术是人类文化财富的一种积累形式。任何技术在凝结一定的原理和方法、体现科学性的同时，都携带着丰富的文化信息，体现着一定的人文特征。技术课程不仅用技术内在的神秘感、创造性和独特力量吸引学生参与，而且用技术所蕴藏的艺术感、文化性、道德责任打动学生的心灵。

二、学科德育目标

1. 提升学生的信息素养、合作意识。信息素养是信息时代公民必备的素养。技术课程以进一步提升学生的信息素养为宗旨，强调通过合作解决实际问题，让学生在信息的获取、加工、管理、表达与交流的过程中，掌握信息技术，感受信息文化，增强信息意识，内化信息伦理，使学生发展成为适应信息时代要求的具有良好信息素养的公民。

2．为学生营造良好的信息环境，打造终身学习的平台。充分调动家庭、学校、社区等各方力量，整合教育资源，为中学生提供必备的软硬件和积极健康的信息内容，营造良好的信息氛围；既关注学生当前的学习，更重视学生的可持续发展，为学生打造终身学习的平台。

3．强调问题解决，倡导学生运用信息技术进行创新实践。技术课程强调结合中学生的生活和学习实际设计问题，让学生在活动过程中掌握应用信息技术解决问题的思想和方法；鼓励学生将所学的信息技术积极地应用到生产、生活乃至信息技术革新等各项实践活动中去，在实践中创新，在创新中实践。

4．让学生形成和保持对技术问题的敏感性和探究欲望，领略技术世界的奥秘与神奇，关注技术的新发展，具有对待技术的积极态度和正确使用技术的意识。

5．让学生熟悉从事技术活动必须具备的品质，能够安全而又负责任地参加技术活动，具有良好的合作和交流的态度，养成严谨、守信、负责、勤俭、进取等良好品质。

6．让学生体验技术问题解决过程的艰辛与曲折，具有克服困难的勇气和决心，培养不怕困难、不屈不挠的意志，感受解决技术难题和获得劳动成果所带来的喜悦。

7．让学生认识技术的创造性特征，形成实事求是、精益求精的态度，培养富于想象、善于批判、敢于表现个性、勇于创新的个性品质。

三、学科德育实施途径

1．课程设置

技术学科多样化的课程设置注重课程内容载体的开放性和灵活性，使得学生的个性得到了解放。教师可以根据自己的特长和所教班级实际情况，确定合适的形式多样的学习活动和设计载体，以满足学生的个体差异需求；应该鼓励学生根据自己的实际情况，选择适合自己的制作对象，从而使不同的学生都得到富有成效、富有个性的发展。

2. 课堂教学

（1）注重学生兴趣的培养和个性化的教育

①提高学生的参与程度。

在技术教学活动中，要特别强调学生的全员性和全程性参与，即每个学生都要学习技术课程，都要参与技术活动，都要经历技术活动的全过程。要有意识地拓宽学生的视野，培养学生的主动探究精神和创造精神。要做到这"两全"，教师必须在教学中激发和保持学生对技术问题的强烈兴趣，以吸引他们主动而积极地参与设计过程。

②引导学生生成多种设计方案。

技术问题及其解决方法是多种多样的，在设计过程中，要积极引导学生从多角度思考，用多种技术思想和方法去分析问题，生成解决问题的多个方案。

（2）重视技术思想和方法学习的指导

①正确认识学习技术思想和方法的重要意义。

在教学中加强技术思想和方法的学习指导，是实现技术教学通识化的一项重要举措，是对历次改革寻求技术通用性的重大突破。

②让学生在实践中领悟技术的思想和方法。

教师要结合技术思想和方法教技术，让学生在实践中运用技术思想和方法学技术。

（3）重视技术试验的教学

试验是技术设计过程中的一种重要方法，是把科学知识的技术原理物化为技术成果的一条基本途径。技术试验有多种方法，常用的试验方法有对比试验法、析因试验法、性能试验法等。

要努力创造技术试验环境，鼓励学生积极进行技术试验，避免出现"口头设计"、"黑板试验"现象。

教师要指导学生正确对待技术试验的失败，帮助学生分析失败原因，总结经验。可以用历史上发明家百折不挠进行试验的典型事例激励学生，鼓励学生树立克服困难的信心，锤炼出不怕挫折的意志。

（4）倡导学习方法的多元化

要针对不同的学习内容和学生差异，选择模仿、合作和研究等不同的学习方式，让学生共同研讨、归纳，从而培养学生团结协作的精神，促进学生在教师指导下主动地、富有个性地学习。

要积极渗透研究性学习的方式，改变以往的教学过于偏重接受学习的倾向，促进课内外的沟通，加强学生学习的自主性，提高学生的技术探究能力。

3．评价方式

（1）加强设计的过程性评价

设计过程是学生手脑并用的过程，过程性评价可以促进这种发展。鼓励学生注重对技术的探究，有利于他们形成规范的操作行为，实现情感、价值观的体验。

（2）注重学生完成任务情况的讲评

技术学科主要以任务驱动的方式教学，对于学生完成情况应及时评价、讲评。对优秀作品及时表扬，让学生有成就感，对技术产生兴趣。对于抄袭的应通过技术手段加以鉴别，如果是首次，给予学生暗示，并告知危害性，在评价中予以提醒。下次再犯，可面谈。

4．学科活动

（1）每学期举办一次技术课程开放日

技术学科每学期举办一次技术课程开放日，在这一天，选过技术课的同学和没选过技术课的同学可以一起设计并制作一些作品，增进思想交流和同伴间的友谊。同时，这一活动对于各课程的宣传有重要的作用。

（2）每学期举办一次技术节

技术学科每学期举办一次技术节，在这一天，全校各个技术学科功能教室形成一个个技术集市，展示学生的优秀作品。同时，进行各种对抗赛，这对于学生个性创意的展示、对于学生间思想的交流都可以起到重要的作用。

（3）各类型的技术大讲堂

技术学科定期举办技术大讲堂，向学生宣传前沿技术，例如机器人前沿技术讲座、3D打印技术的探究等，不仅可以开阔学生的技术视野，同时也为学生的未来发展提供方向。

（2014年9月正式实施）

北京市十一学校课程办工作手册

一、课程办公室简介

课程办公室位于学校图书馆一层南侧，承担着全校各项课程推进的协调、沟通和实施工作，主要负责全校选课、排课、过程性评价以及保障这些工作高速、正常运转的数字云平台的支持，学科功能教室（除硬件、电教部分外）的建设、服务与协调，学生用书印刷的招标、结算，体活课的组织、管理，教师基本功大赛、教学展示活动，马术、滑雪、击剑等基地课程及皮划艇、马球等新课程的开发等多项课程的推进和实施。

二、服务理念

当学校行动纲要中把课程作为学校最重要的产品的时候，我们课程的服务对象就明确定位为我们的学生。我们要通过每一次踏实、务实的工作，为服务对象提供让他们心服口服、舒心的服务。

三、主要信息

工作人员：_____
办公地址：北京市海淀区玉泉路66号北京市十一学校图书馆一层南侧
办公电话：_____

四、时空坐标系

学年	工作项目名称	开始筹备时间	实施时间	
			开始日期	完成日期
全学年	学生用书的印刷	随时	根据课程研究院审批，随时印刷；寒假、暑假封闭编写后，大批量印刷	
	学生用书的结算	按季度	按季度结算；寒假、暑假印刷后结算	
	学科功能教室（除硬件、电教部分外）的建设、服务与协调	随时	开学前学科教室准备工作协调、沟通；平时随时沟通，保证一线教学	
	公共学科课程建设、相关沟通与协调	随时	平时随时沟通、协调，保证公共学科正常教学	
	学科外聘教师每月的薪酬统计	每月15日	每月15日统计好上交人力资源部	
	教材、教辅资料征订中学生用书部分的审核	随时	学期末，教材征订前	
	体活课的组织、管理	每年7月、1月	在每学期排课工作就绪，教师课表确定后，组织全校教师报课，做好开课的准备工作	
	教导处日常文件收发	每日	每日	每日
	初中教师基本功大赛	11月	11月	次年7月
	初中教师理化生实验技能培训与展示活动	4月	5月	7月
	课程委员会会议	随时	随时	随时
	学科功能教室文具配备	1月	3月	7月
	承接部分校内会议	随时	随时	随时
第一学期	排课选课	9月	12月底	1月中
第二学期	排课选课	3月	6月末	8月末

五、岗位职责

姓名		岗位名称	课程助理	工作地点	图书馆一层104
直接上级	教导主任	岗位定员	1	联系方式	
岗位职责	1. 学校学生用书的印刷 2. 学校学生用书的印刷结算 3. 体活课的组织、管理 4. 教材、教辅资料征订中学生用书部分的审核 5. 学科外聘教师每月的上课课时数统计上报 6. 学科功能教室（除硬件、电教部分外）的服务与协调 7. 公共学科（技术、艺术、体育）课程建设、沟通与协调 8. 负责教导处各种重要合同、协议的存档、管理 9. 完成领导安排的其他工作				

姓名		岗位名称	课程助理	工作地点	图书馆一层104
直接上级	教导主任	岗位定员	1	联系方式	
岗位职责	1. 文件收发 2. 课程委员会会议组织、协调 3. 初中教师基本功展示活动相关沟通、协调 4. 全校公共学科的排课选课及相关沟通与协调工作 5. 承接部分校内会议的沟通、协调工作 6. 完成领导安排的其他工作				

六、具体工作事项

1．课程助理1

1.1 学生用书印刷

这是保证学校课程改革顺利实行和实施正常教学的重要环节。

1.1.1 工作问答

问：教师编写的学生用书和课程细目可以申请印刷的条件是什么？

答：有提交课程研究院审批、签字的学科印刷申请单。

问：教师编写的学生用书和课程细目申请印刷需准备哪些材料？

答：①将信息齐全的学科印刷申请单交至课程办备案。②将印刷资料内容的电子版交至课程办，并确定印刷校对教师。

问：教师编写的学生用书和课程细目申请印刷的步骤是什么？

答：步骤如下：①学科、课程负责人审批。②课程研究院审批。③填好学科印刷申请单内要求填写的完整信息。④将学科、课程负责人，课程研究院签字同意印刷的学科印刷申请单（纸质）交到课程办备案。⑤将印刷资料内容的电子版交至课程办。⑥校对印刷小样，确认无误后开始印刷。

问：学生用书申请印刷的关键点是什么？

答：①将学科、课程负责人，课程研究院签字同意印刷的学科印刷申请单（纸质）交至课程办备案。②及时校对印刷小样，及时确认定稿。

1.1.2 工作流程图

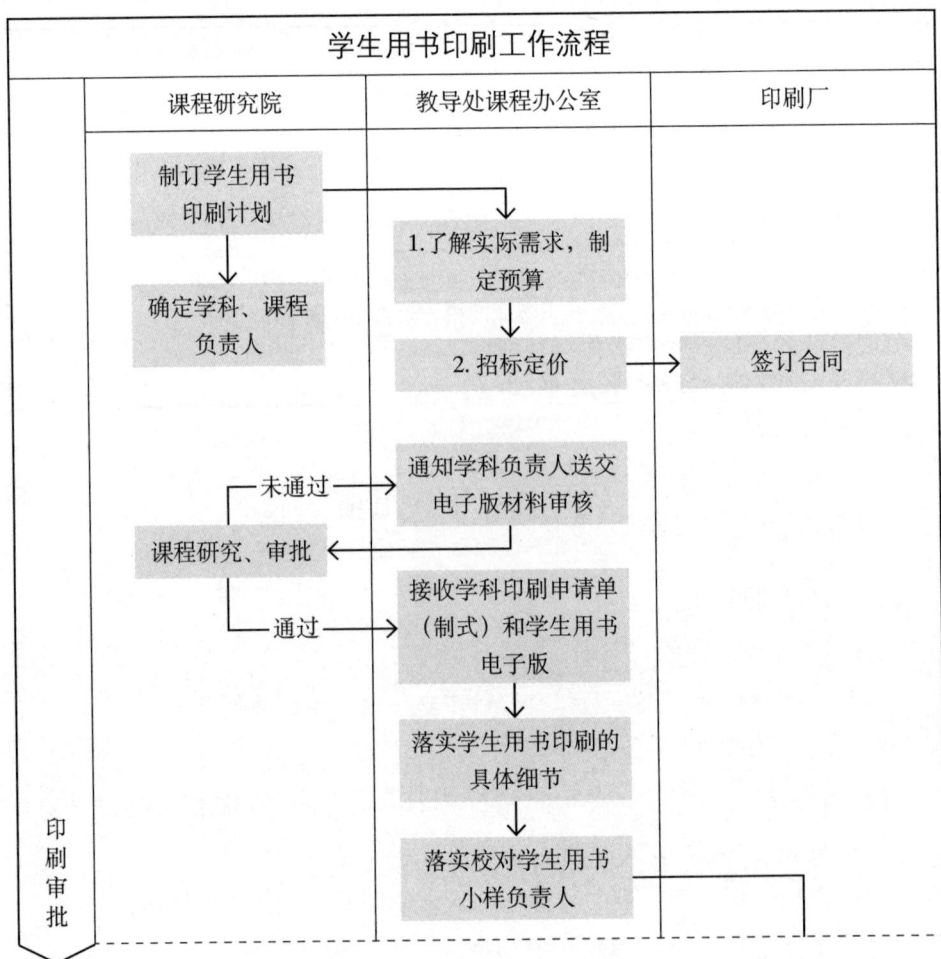

学生用书印刷工作流程

印刷中	书稿小样审核 ←──	修改 ──→ 主编或指定的校对负责人核对 ←── 出印刷小样

以下为流程图内容：

- 出印刷小样 → 主编或指定的校对负责人核对
- 主编或指定的校对负责人核对 →（修改）→ 书稿小样审核
- 书稿小样审核 →（通过）→ 印刷申请单签字确认印刷
- 印刷申请单签字确认印刷 → 按时按要求完成印刷
- 按时按要求完成印刷 → 3.质量检查
- 3.质量检查 →（不合格）→ 按时按要求完成印刷
- 3.质量检查 →（合格）→ 印书送交图书馆签收
- 印书送交图书馆签收 → 完成学生用书印刷工作

左侧阶段标注：印刷中 / 印刷完成

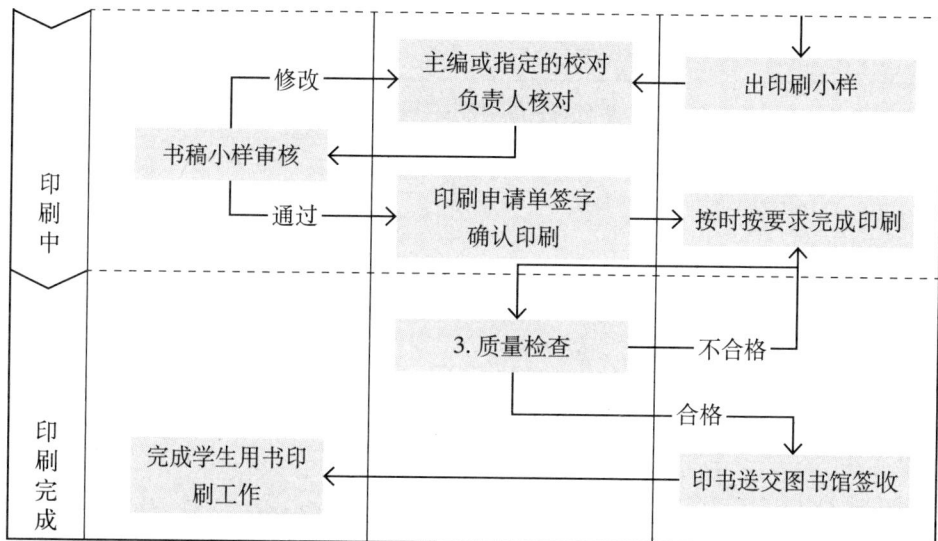

1.1.3　工作关键点

招标定价。成立招标定价小组，由教导处、课程研究院、财务、总务价格管理员相关人员组成，所有印刷相关物品，都必须经过招标定价，根据十一学校招标工作流程、十一学校财务制度形成价格审批文件，杜绝回扣。

1.1.4　对接部门

课程研究院、图书馆、印刷厂。

1.1.5　参考文件

学科印刷申请单。

1.2 学生用书印刷结算

这是保证学校资金高效使用的重要环节。

1.2.1　工作问答

问：什么时候结算？

答：固定在寒假、暑假完成学生用书印刷后。确认用书质量没有问题后即结算。

问：结算是以什么方式进行的？

答：课程研究院、图书馆审核完印刷结算内容、数量后，课程办负责配合学校财务室完成最后的结算。学校以支票形式付款。

1.2.2 工作流程图

学生用书印刷结算流程			
图书馆	印刷厂	课程办	教导处

审核

课程办： 和印刷厂约定结算时间

印刷厂： 印刷厂向课程办提供结算期内的明细表

课程办： 根据明细表逐一逐项审核

课程办： 将审核好的表格给图书馆负责老师核对书目和数量

图书馆： 将核对过的书目和数量结果反馈给课程办

否

课程办： 是否通过

是

否

课程办： 将核对无误的明细表、结算金额上报教导主任审批

教导处： 是否通过

是

课程办： 与会计室、财务沟通结算细节

课程办： 与印厂沟通（发票、额度、账户、账号、支票等）具体相关信息

印刷厂： 印刷厂根据要求开具发票

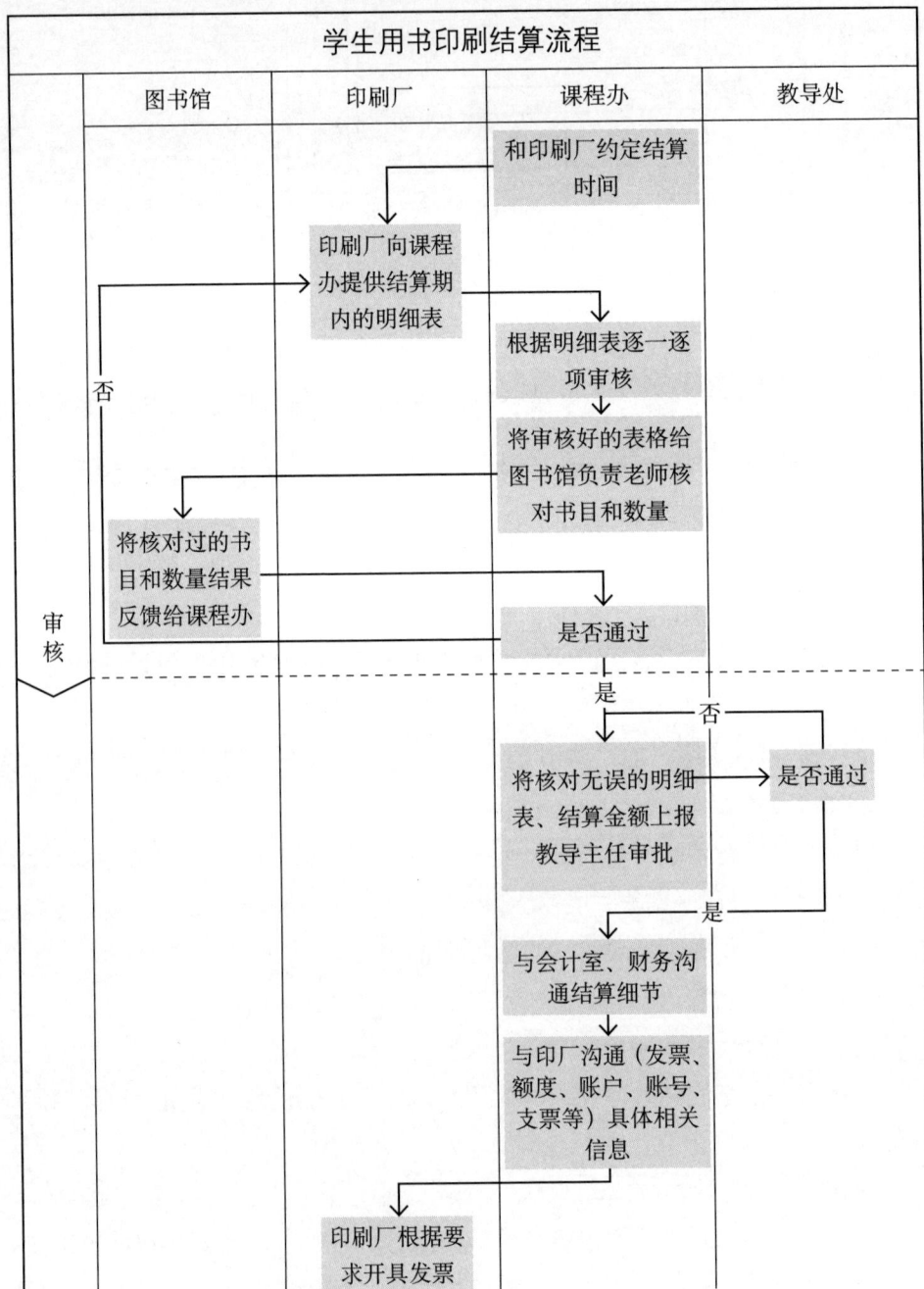

结算中			按学校"一支笔"相关财务制度签字 ↓ 将发票交至财务室换取支票	
结算完成			↓ 将支票交给印刷厂（签字）	

1.2.3 工作关键点

检查印刷质量，核对印刷数量、价格。

1.2.4 对接部门

课程研究院、图书馆。

1.2.5 参考文件

学生用书印刷结算表。

1.3 体活课的组织和管理

体育+1课程为学生提供更多优质、高效的活动课，为学生阳光、健康发展提供保障。

1.3.1 工作问答

问：体活课程什么时候开设？

答：每周一到周五的第二节至第九节。

问：我非常愿意为学生开设体活课，但我不是体育老师，我能开设吗？

答：可以。只要你喜欢和学生一起在户外活动，又擅长跳绳、踢毽等体育活动项目，非常欢迎你为学生开课。

问：对开设体活课的项目有要求吗？

答：对开设游泳课的老师，根据国家相关规定，需要有救生证、深水合格证等证件。

问：从什么途径我能及时了解体活课的申报等相关课程信息？

答：在每学期排课、选课工作就绪后，我们会通过OA系统发布具体的课程申请信息。请你关注OA系统，并按照课程申报的时间安排，及时申报。

问：如果体活课上课的时候，我的学生没来，我该怎么办？

答：体活课和其他课程一样，是正课，一定要做好学生的考勤记录。如果课上学生没来，请及时告知学生所在学部的教务员老师。

问：如果遇到刮风、下雨、下雪等恶劣天气，我该怎么办？

答：上课前要做好预案，并在第一次上课时和学生商量确定遇到刮风、下雨、下雪等恶劣天气时的集合地点，做到有备无患。

问：体活课课程评价的内容有哪些？

答：包括两方面的内容：学生出勤情况和课上参与活动的情况。

1.3.2 工作关键点

组织老师完成平台报课，体活课实施过程中进行课程管理。

1.3.3 参考文件

体活课月份课时统计表。

1.4 教材、教辅资料征订中学生用书部分的审核

这是保证教学有序实施的重要环节。

1.4.1 工作问答

问：学生用书可以根据需要征订吗？

答：学科根据课程的需要，可以为学生选择一本教辅。原则上，非中考、高考学科使用学科教师编写的学生用书已经能够满足教学需求，不再单独为学生选择教辅资料。

1.4.2 工作流程图

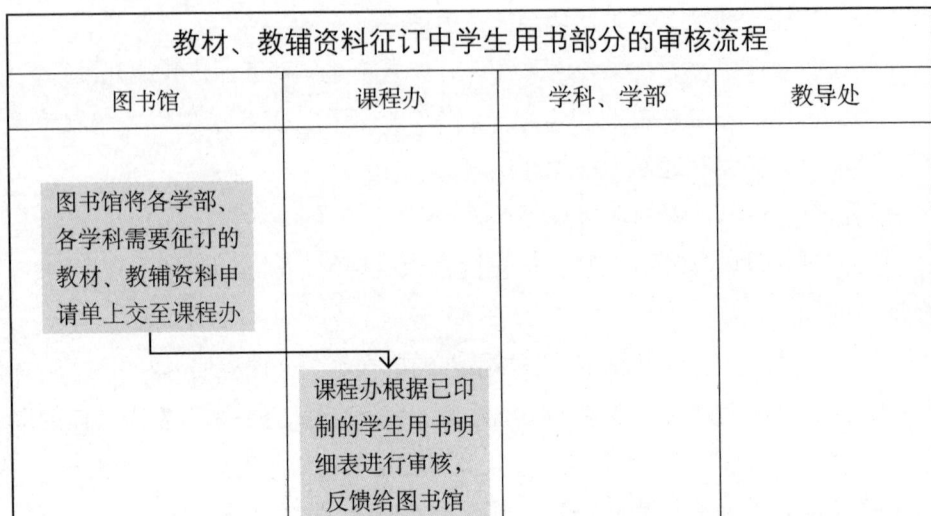

教材、教辅资料征订中学生用书部分的审核流程			
图书馆	课程办	学科、学部	教导处
图书馆将各学部、各学科需要征订的教材、教辅资料申请单上交至课程办	课程办根据已印制的学生用书明细表进行审核，反馈给图书馆		

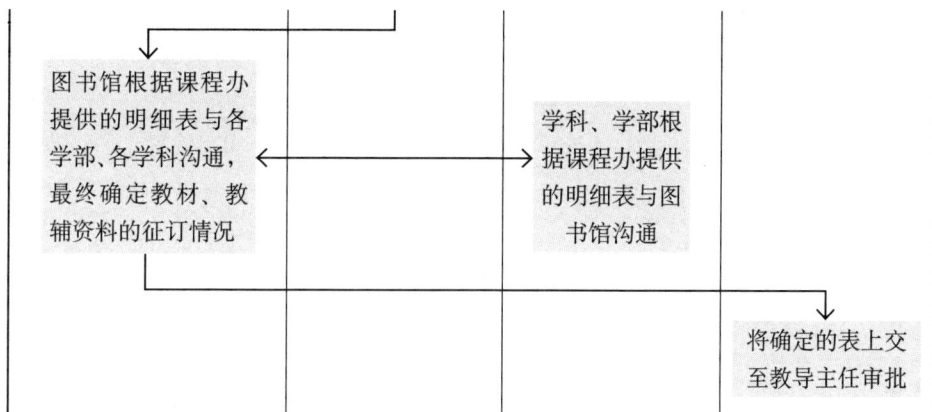

图书馆根据课程办提供的明细表与各学部、各学科沟通，最终确定教材、教辅资料的征订情况	学科、学部根据课程办提供的明细表与图书馆沟通	
		将确定的表上交至教导主任审批

1.4.3　工作关键点

严格执行教委、学校的征订要求和标准。

1.4.4　对接部门

各学科、图书馆。

1.5　学科外聘教师每月的上课课时数统计上报

1.5.1　工作问答

问：学科外聘教师的信息如何确定？

答：每学期开学初，人力资源部会提供本学期学科外聘教师的名单。根据名单，与各课程负责人落实相关的课程信息。

问：什么时候统计上报课时数？

答：每月15日，要准时上报。

1.5.2　工作流程图

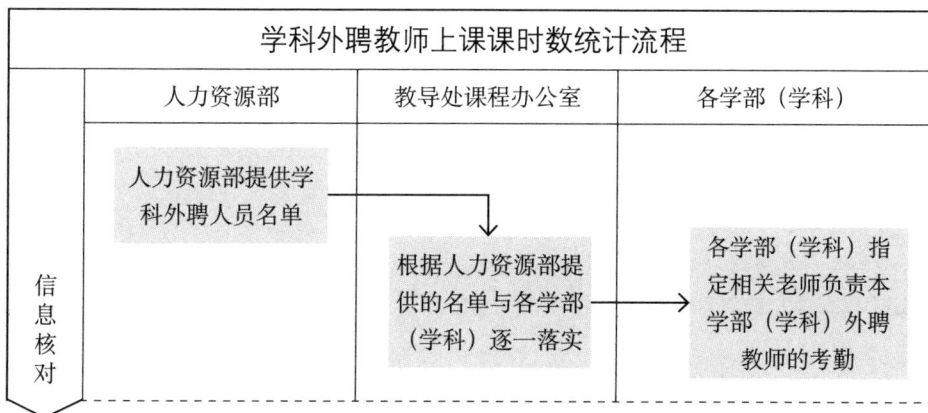

学科外聘教师上课课时数统计流程

	人力资源部	教导处课程办公室	各学部（学科）
信息核对	人力资源部提供学科外聘人员名单	根据人力资源部提供的名单与各学部（学科）逐一落实	各学部（学科）指定相关老师负责本学部（学科）外聘教师的考勤

| 信息统计 | 人力资源部发布统计信息 | 联系、督促各学部（学科）指定的负责人统计外聘教师的上课课时数 → 将上报的各学部（学科）外聘教师的上课课时数汇总、做表 | 各学部（学科）指定相关老师负责统计本学部（学科）外聘教师的考勤 |
| 信息上报 | 报送至人力资源部 | 将做好的汇总表打印出纸质文本，相关负责人审核、签字 | |

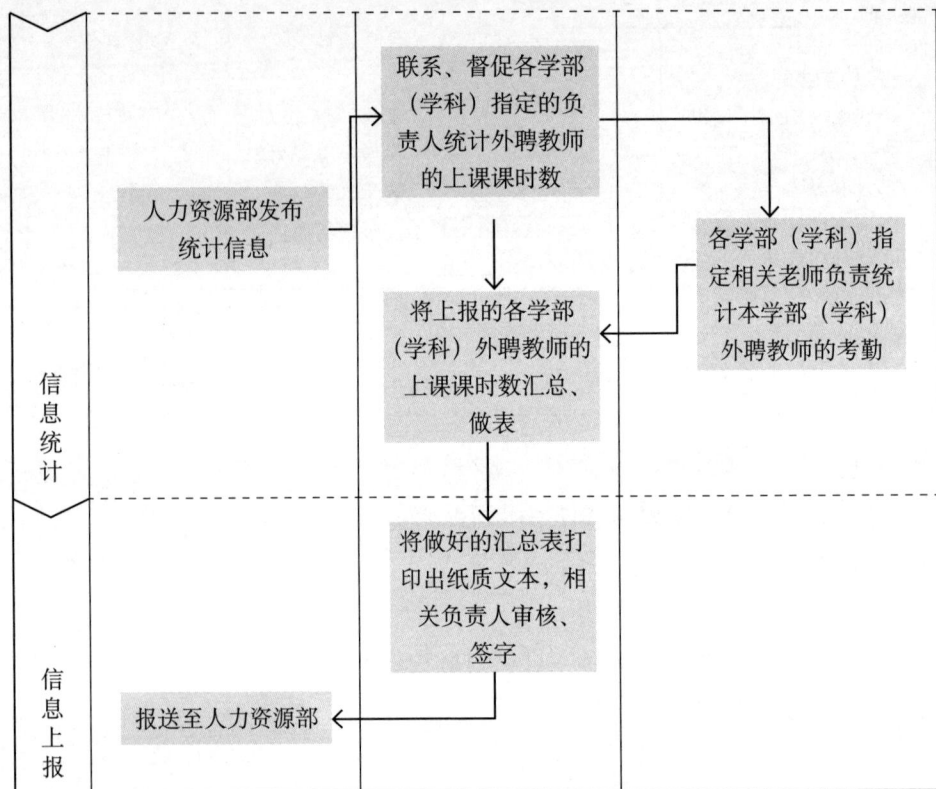

1.5.3　工作关键点

保证各课程负责人按时、准确上报信息。

1.5.4　对接部门

人力资源部、课程负责人。

1.5.5　参考文件

外聘教师月份课时统计表。

2．课程助理2

2.1　文件收发

这是教导处课程办公室日常重要工作之一，它将上级部门的重要通知、精神、任务安排及时传达给相关部门及人员。课程办公室应做好督办工作，确保各项任务按时完成。

2.1.1 工作问答

问：文件来源于哪里？

答：日常文件由党政办公室发出。

问：什么时候接收文件？

答：每日实时登录OA办公系统查收文件，确保相关文件及时下达，避免任何延误。

问：接收文件的方式是什么？

答：每日通过OA办公系统接收文件。

问：文件负责办理人员如何指派？

答：课程办公室接收文件后，提交给教导处副主任，由教导处副主任签字指派相关负责办理人员。

问：文件负责办理人员如因特殊原因没能及时登录OA办公系统查收到相关文件，应如何防止延误的发生？

答：课程办公室接收文件后，以电话形式通知负责办理人员及时登录OA办公系统查收相关文件。

2.1.2 工作流程图

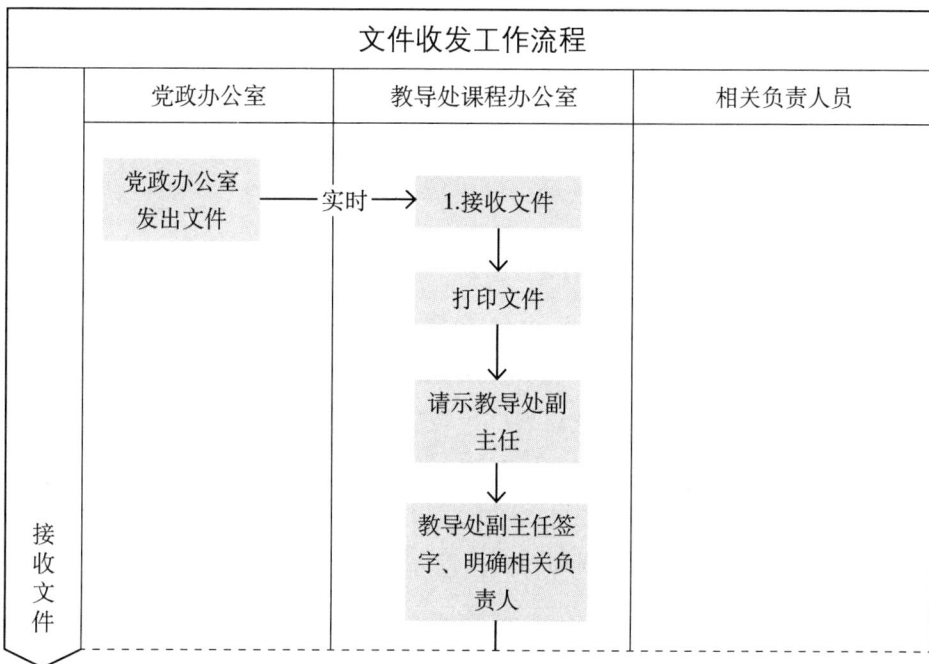

文件收发工作流程		
党政办公室	教导处课程办公室	相关负责人员
党政办公室发出文件 —实时→	1.接收文件	
	↓	
	打印文件	
	↓	
	请示教导处副主任	
	↓	
	教导处副主任签字、明确相关负责人	

接收文件

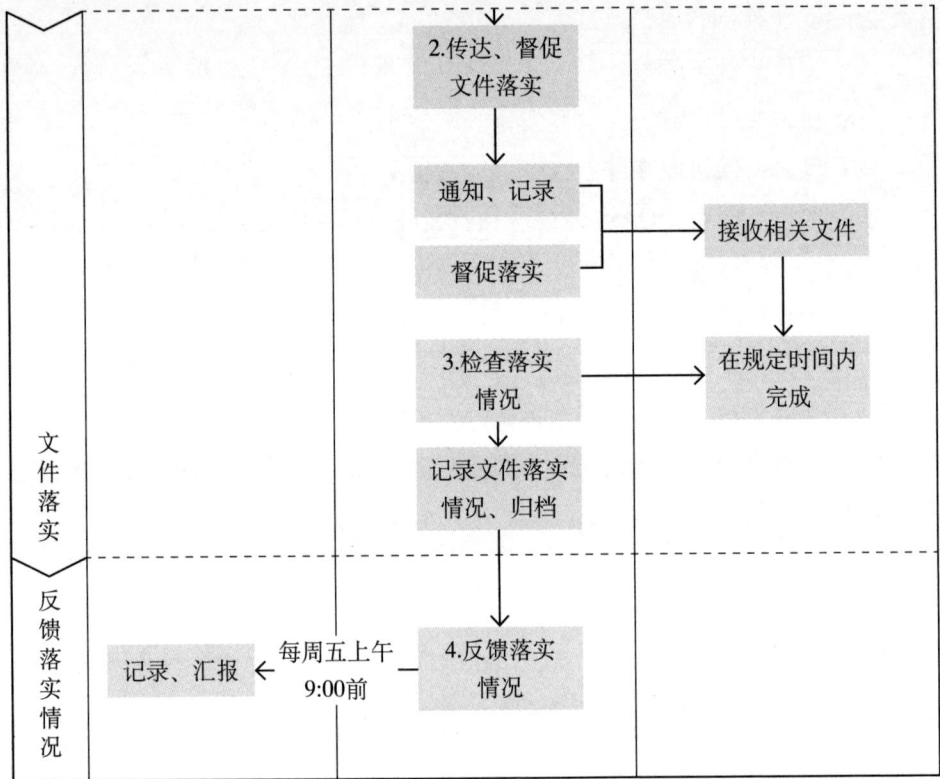

2.1.3 工作关键点

每日实时登录OA办公系统查收文件，第一时间明确负责人。及时传达并督促文件落实，避免任何延误。

2.1.4 对接部门

党政办公室、相关负责老师。

2.1.5 参考文件

2014年教导处收文目录、教导处文件办理记录。

2.2 课程委员会会议的组织、协调工作

课程委员会会议由教导处课程办公室协调组织召开，课程办公室负责做好会议的各项准备工作，保证会议有序、顺利地召开。

2.2.1 工作问答

问：会议发言顺序采用何种方式决定？

答：参会发言人抽签决定发言顺序。

问：参会发言人会前需做哪些准备?

答：参会发言人必须在会议开始前半小时到达会场拷贝课件、试播课件。

问：课程委员会成员因特殊原因无法参会是否需要请假?

答：会议有专人负责记录考勤，如因特殊原因无法参会，请提前请假。

问：参会发言人的课件是否可以分享?

答：会议结束后，课程办公室会对会议的所有资料进行整理、留存，并通过OA办公系统发给全校进行分享。

2.2.2 工作流程图

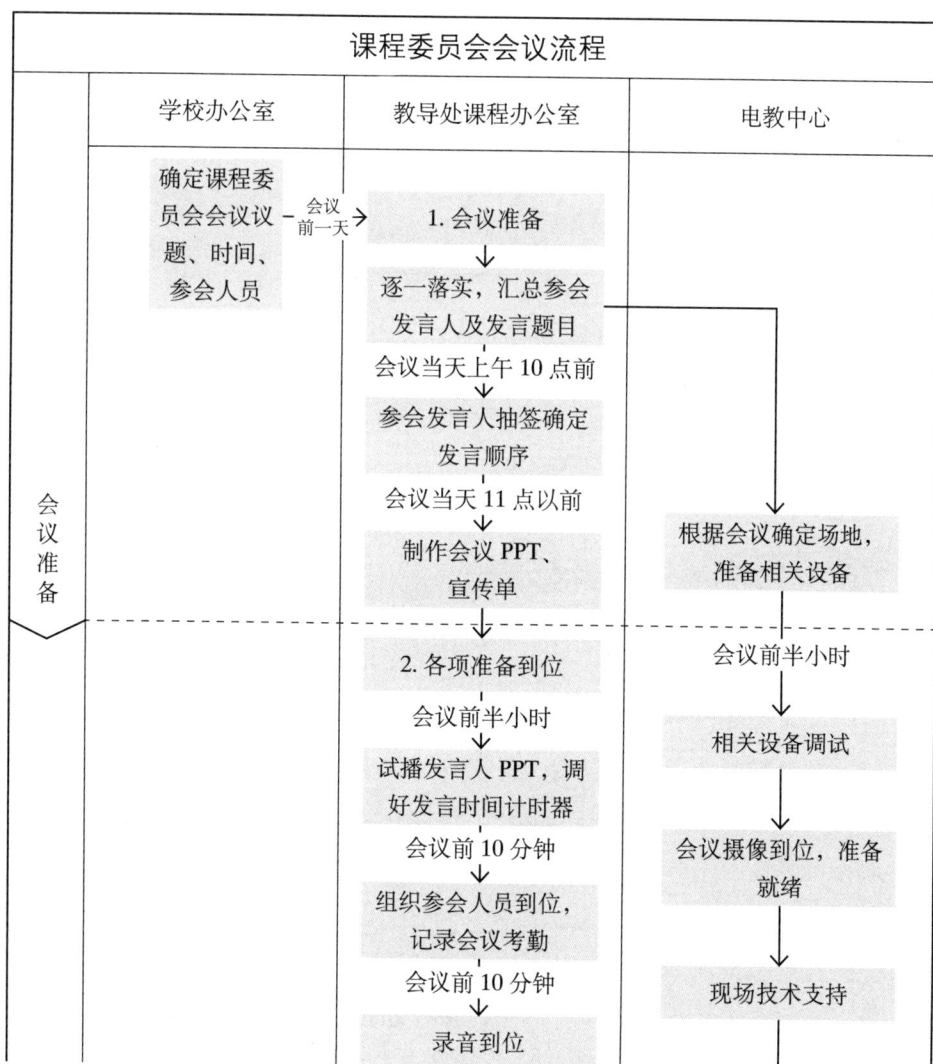

课程委员会会议流程

	学校办公室	教导处课程办公室	电教中心
会议准备	确定课程委员会会议议题、时间、参会人员 — 会议前一天 →	1. 会议准备 ↓ 逐一落实，汇总参会发言人及发言题目 会议当天上午 10 点前 ↓ 参会发言人抽签确定发言顺序 会议当天 11 点以前 ↓ 制作会议 PPT、宣传单	根据会议确定场地，准备相关设备
		2. 各项准备到位 会议前半小时 ↓ 试播发言人 PPT，调好发言时间计时器 会议前 10 分钟 ↓ 组织参会人员到位，记录会议考勤 会议前 10 分钟 ↓ 录音到位	会议前半小时 ↓ 相关设备调试 ↓ 会议摄像到位，准备就绪 ↓ 现场技术支持

会议当天

所有发言结束 → **3. 收集选票，统计得票** → 会议结束 → **会议发言PPT汇总打包**

设备整理

会议结束

4. 全部资料收集 → **将录音音频打印成文本资料留存** → **所有会议资料打包留存** ← **将会议摄像刻成光盘** → **会议资料分享** → **为获奖发言人发奖品**

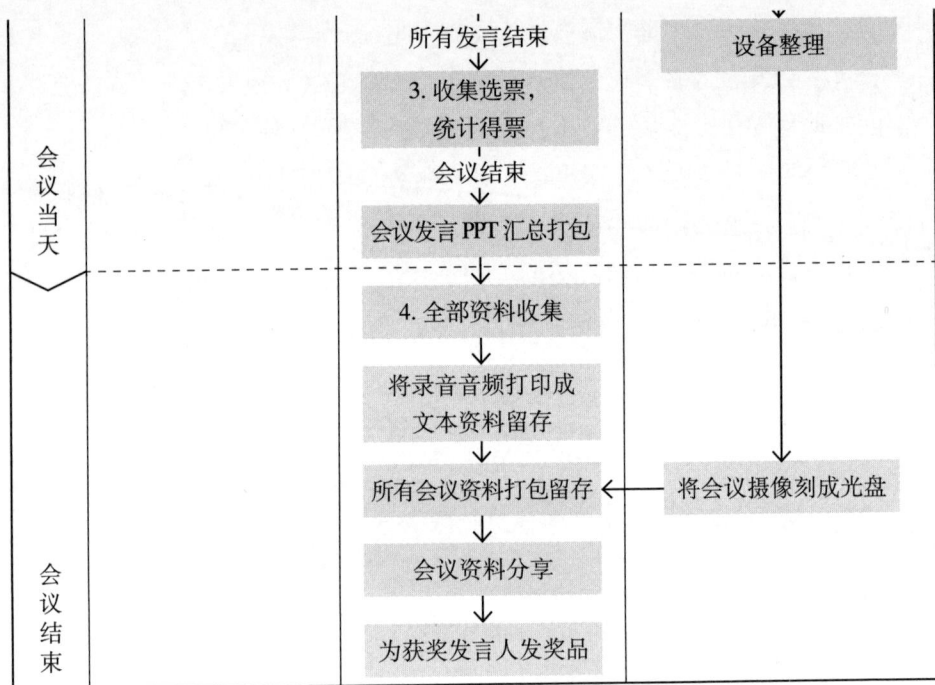

2.2.3 工作关键点

确定课程委员会会议议题、时间和参会人员。参会发言人必须在会议开始前半小时到达会场拷贝课件、试播课件，保证课件播放正常。

2.2.4 对接部门

学校办公室、课程委员会、电教中心。

2.3 初中教师基本功展示活动相关沟通、协调工作

这是由教导处课程办公室协助初中学部完成的一项重要工作。通过与相关各部门有效的沟通、协调，确保初中教师顺利完成基本功展示活动。

2.3.1 工作问答

问：参加基本功说课展示活动有哪些具体要求？

答：具体要求由中教科统一下发，课程办公室接收后将于第一时间在OA办公系统中发布，请参赛教师密切关注OA办公系统的具体通知，提前做好各项准备。

问：参加基本功笔试活动有哪些具体要求？

答：具体要求由中教科统一下发，课程办公室接收后将于第一时间在OA办公系统中发布，请参赛教师密切关注OA办公系统的具体通知，提前做好各

项准备。

问：何时可以知道说课题目？

答：中教科将于规定时间内在行政办公网上公布说课题目，课程办公室接收后将于第一时间在OA办公系统中发布，请参赛教师密切关注OA办公系统的具体通知，提前做好各项准备。

2.3.2　工作流程图

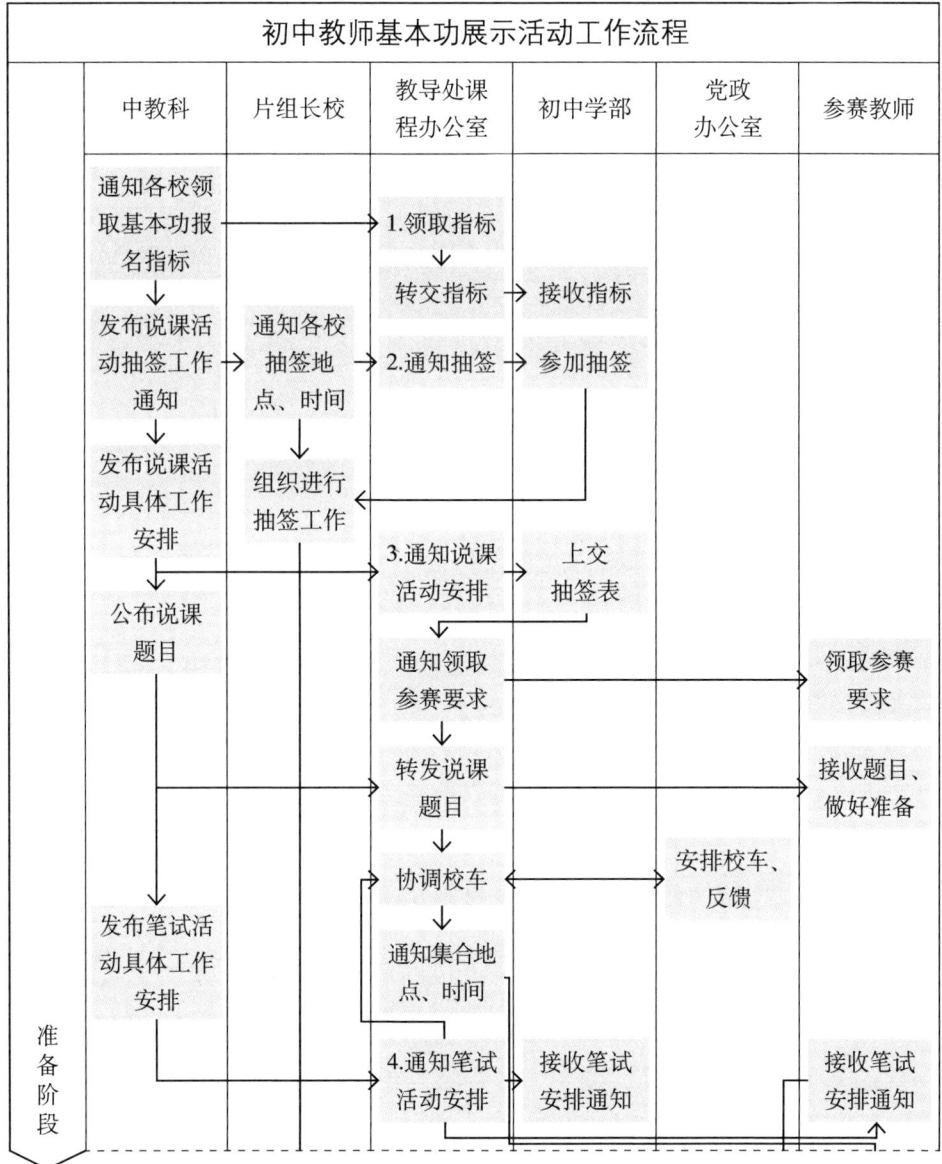

初中教师基本功展示活动工作流程

实施阶段						5.参加比赛 → 参加说课比赛 → 参加笔试
完成阶段		通知领取获奖证书	通知获奖名单 / 6.领取、发放获奖证书	接收获奖名单		领取获奖证书

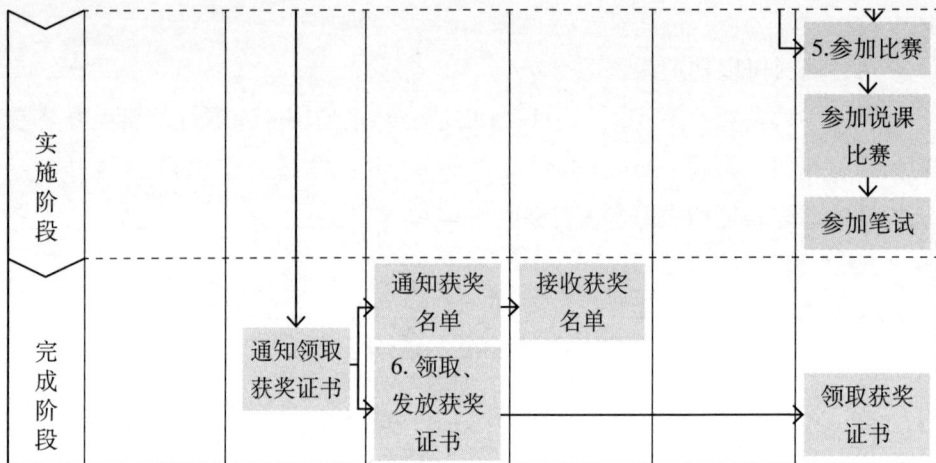

2.3.3 工作关键点

第一时间发布基本功展示活动相关通知，确保参赛教师提前做好各项准备。

2.3.4 对接部门

中教科、党政办公室、初中学部负责教师及参赛教师。

2.4 全校公共学科的排课、选课及相关沟通与协调工作（见《北京市十一学校排课、选课工作手册》）

2.5 承接部分校内会议的沟通、协调工作

这是由教导处课程办公室负责协助相关部门完成的一项重要工作。通过课程办公室与相关部门的有效沟通与协调，确保承接的会议能够顺利召开。

2.5.1 工作问答

问：会议前需做哪些准备？

答：①会议主办方制定会议具体日程安排，与课程办公室详细沟通细节。②课程办公室需了解会议规模、嘉宾人数及会议时间。③课程办公室根据会议的规模、嘉宾人数与党政办公室沟通协调，确定会议地点。④课程办公室根据会议确定的场地和时间，通知电教中心准备相关设备。⑤课程办公室根据会议确定的场地和时间，通知后勤食堂准备茶歇、午餐。⑥课程办公室根据会议主题制作背景PPT。⑦课程办公室根据会议主办方提供的嘉宾名单打印制作并摆放桌签。⑧课程办公室根据会议主办方提供的会议工作安排，设计并制作会议宣传页。⑨课程办公室根据学校常规的参观路线与会议主办方沟通，根据实际需求制定当天参观路线。

2.5.2 工作流程图

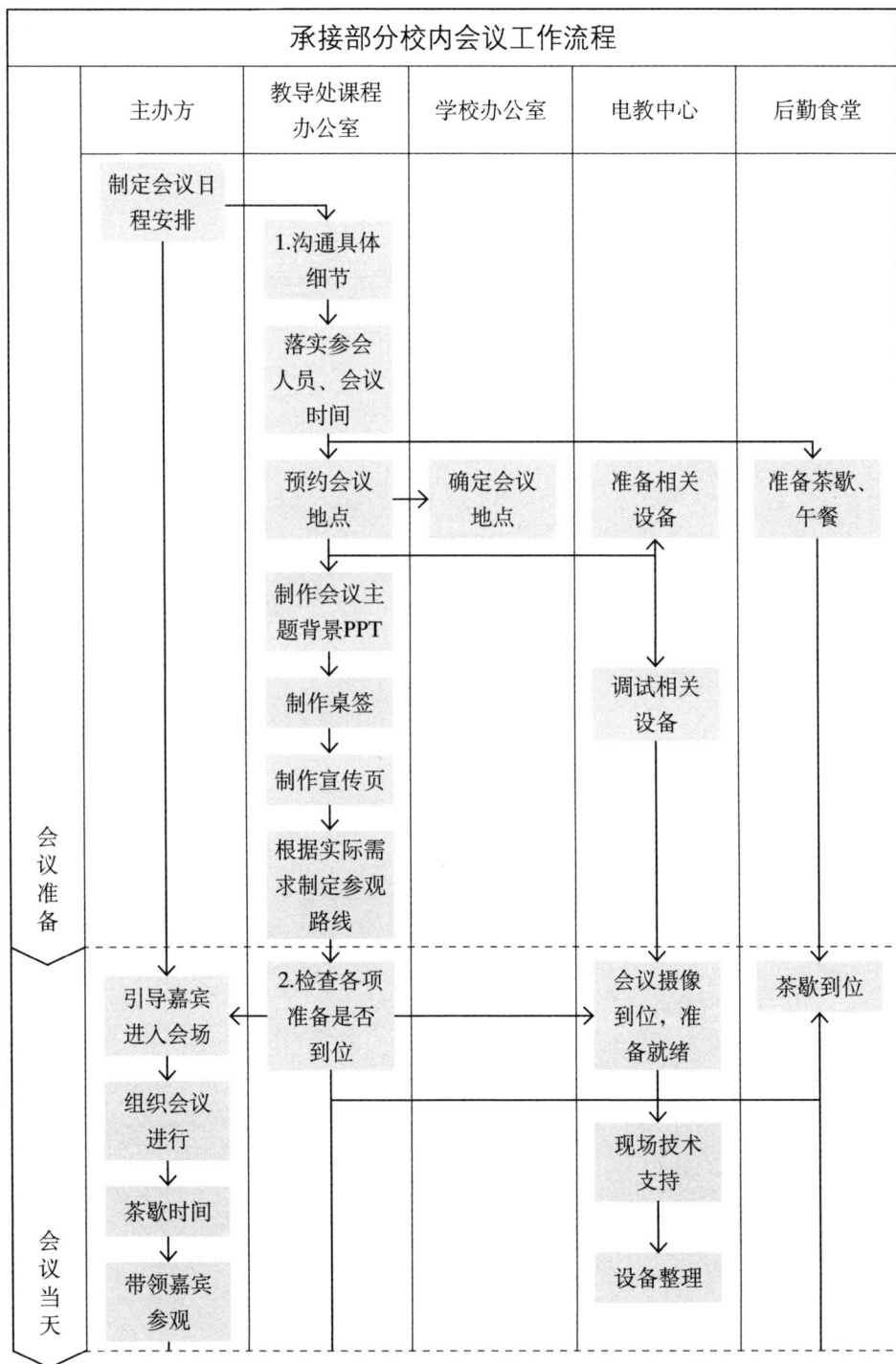

承接部分校内会议工作流程				
主办方	教导处课程办公室	学校办公室	电教中心	后勤食堂

制定会议日程安排

1.沟通具体细节

落实参会人员、会议时间

预约会议地点 → 确定会议地点　准备相关设备　准备茶歇、午餐

制作会议主题背景PPT

制作桌签

制作宣传页

根据实际需求制定参观路线

调试相关设备

会议准备

引导嘉宾进入会场 ← 2.检查各项准备是否到位 → 会议摄像到位，准备就绪　茶歇到位

组织会议进行

茶歇时间

带领嘉宾参观

现场技术支持

设备整理

会议当天

会议结束	组织安排就餐			午餐到位
	送嘉宾离校			
	整理影音资料、会议新闻	3.全部资料的收集、归档		

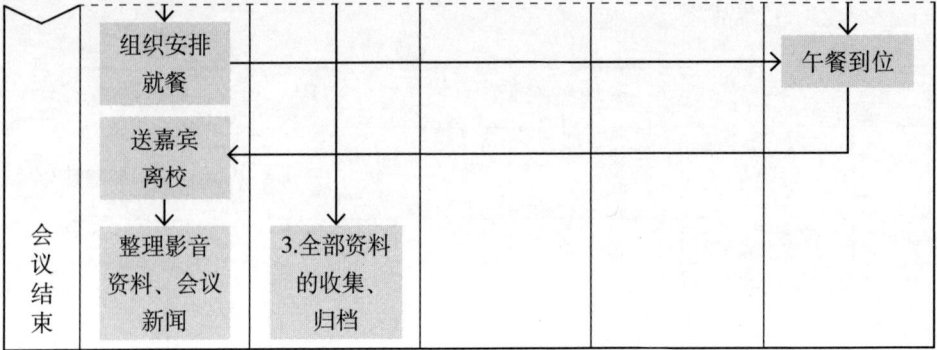

2.5.3　工作关键点

会前与主办方详细沟通具体细节，做好各项准备。会议当天再次检查各项准备是否到位，确保会议顺利进行。

2.5.4　对接部门

会议主办方、学校办公室、电教中心、后勤食堂。

（2014年3月正式实施）

北京市十一学校排课、选课工作手册

一、排课、选课项目组简介

排课、选课项目组在校长的关心和课程研究院的帮助和指导下，于2011年正式组建。排课、选课项目组由教导处课程办及各年级/学部排课负责教师组成，共19位成员，成员包括数学、物理、化学、生物等学科教师，其中博士教师7位。项目组承担着全校排课、选课以及选课平台应用与维护等工作的协调、沟通与实施。

伴随着学校独特的课程改革的深入进行，排课、选课工作已经进入第三个年头，排课、选课工作迫切需要进入标准化、规范化的流程。为此排课、选课项目组编写了本手册。

二、服务理念

本手册希望能将学校排课、选课工作中经常需要使用的排课流程，各学科、各年级本学年度的课程方案及其补充内容，学校教室资源、年级课表等信息以文本的形式梳理出来，将诸多能够确定而未确定的信息以手册的形式确定下来，便于参与排课、选课的教师了解、查询，同时也借整理和完善此手册的过程将排课、选课工作逐步规范化、标准化。

本手册中的课程方案来源于学校课程手册（与课程手册有出入处以课程手册为准）。

本手册供参与排课、选课的教师使用，同时也可以帮助希望了解排课、选课工作的人快速了解十一学校的排课、选课工作。本手册还有许多需要丰富和完善的地方。

三、主要信息

职务	部门	成员姓名	联系方式
责任人	课程办		
支持人	课程研究院		
	教导处		
团队成员	课程办		
	初一		
	初二		
	四高一		
	高一		
	高二		
	高三		
	技术		
	艺术		
	体育		
	国际部		
	第二外语教研组		

四、时空坐标系

流程序号	工作内容	日程安排	备注
1	确立本学年度选课、排课工作流程	3月、10月	
2	明确各年级的课程设置，包括各科的周课时数目		由课程研究院确定，与学部沟通
3	明确公共课开课目录、上课地点及开课人数范围		
4	明确本学年度可用的功能教室数目及其分布情况（提出新学年的教室预算）	4月、10月	
5	确定起始年级的各层课程人数比例及分班个数		
6	初排全校体育、技术、艺术课表		
7	初排全校多语种课表		

8	各年级依据公共课课表排年级课表（非起始年级尽量平稳）	小学段进行	
9	起始年级分层考试、赏析类课程考试，从教研组长或者学科教师处获得给学生的选课建议		
10	技术课Ⅱ类课程考试		
11	对学生进行选课培训	5月、11月	将选课培训资料存档
12	将选课建议放在网上，组织学生选择必选分层课程（数、理、化、生等）		
13	各年级根据需要依据学生的选择微调课表	6月、12月	
14	将公共课表和语文、英语自选课表放在网上，组织各年级负责人测试，避免时间、场所撞车，避免名额不够		
15	组织学生进行第一轮公共课选择（是否需要错开进行）	7月、1月之前完成	
16	根据学生的选择情况关闭无法开设的课程		请课程研究院相关人员监督操作
17	组织学生进行第二轮补选、退选		
18	选报体育活动课、自习课	7月、1月	
19	确定课表，学生自行打印课表		
20	学生持课表上课；若需要调课，进入调课申请程序	开学后两周内	

五、岗位职责

姓名		岗位名称	项目组负责人	工作地点	高中楼S519A
直接上级	教导主任	岗位定员	1	联系方式	
岗位职责	1. 负责全校排课、选课流程的规划、设计及修正 2. 协助协调可用资源，负责按照流程安排实施排课、选课工作 3. 负责全校课表的框架设计				

姓名		岗位名称	项目组成员	工作地点	图书馆一层104
直接上级	教导主任	岗位定员	1	联系方式	
岗位职责	1．负责与公共学科主任沟通，确定任课教师及上课地点等信息 2．负责与各年级协调，确定公共课上课时段 3．负责全校公共课自选课程的课表排定 4．负责协助各年级绑定学生网上公共课选课权限 5．负责协助各年级完成个别学生和特殊情况的公共课课表调整工作 6．负责协调各年级完成取消开课任务 7．负责选课平台上公告信息的编写及发布 8．负责项目组其他工作的沟通与协调				

姓名		岗位名称	项目组成员	工作地点	高中楼二层S205A
直接上级	教导主任	岗位定员	1	联系方式	
岗位职责	1．明确多语种学科课程设置、师资配备及教室资源情况 2．与各学部排课负责人进行纵向沟通，了解并协调各年级/学部开课计划，确定最终课表 3．了解整体预选结果，对课程及个别学生进行微调 4．选课结束后，保留战略课程，关闭不满足课程开设条件的课程				

姓名		岗位名称	项目组成员	工作地点	初中楼一层J313A
直接上级	教导主任	岗位定员	1	联系方式	
岗位职责	1．负责所在年级的课程课表安排 2．负责向网上上传年级课表信息 3．协助课表组其他教师，完成年级分时必选、分类必选等课程的网上安排 4．负责自选课程的安排 5．负责学生的网上选课 6．个别学生和特殊情况的课表调整工作 7．其他与课表有关的工作				

姓名		岗位名称	项目组成员	工作地点	初中楼一层J103A
直接上级	教导主任	岗位定员	1	联系方式	
岗位职责		1．负责所在年级的课程课表安排 2．负责向网上上传年级课表信息 3．协助课表组其他教师，完成年级分时必选、分类必选等课程的网上安排 4．负责自选课程的安排 5．负责学生的网上选课 6．个别学生和特殊情况的课表调整工作 7．其他与课表有关的工作			

姓名		岗位名称	项目组成员	工作地点	艺术楼二层A207
直接上级	教导主任	岗位定员	1	联系方式	
岗位职责		1．负责落实所在年级的排课、选课工作 2．负责协调课程调整工作 3．负责确定阶段免修课程相关事宜 4．负责就选课问题培训学生和相关教师 5．负责组织所在年级学生选课及与学生沟通 6．负责协助项目组其他工作			

姓名		岗位名称	项目组成员	工作地点	容光楼三层T307A
直接上级	教导主任	岗位定员	1	联系方式	
岗位职责		1．负责落实所在年级的排课、选课工作 2．负责协调课程调整工作 3．负责确定阶段免修课程相关事宜 4．负责就选课问题培训学生和相关教师 5．负责组织所在年级学生选课及与学生沟通 6．负责协助项目组其他工作			

姓名		岗位名称	项目组成员	工作地点	高中楼六层S602A
直接上级	教导主任	岗位定员	1	联系方式	
岗位职责	1．落实学校课程管理项目组精神 2．管理与规划学部课程 3．就课程安排和各年级进行协调工作 4．制定学部相关的课程表和考试讲评表 5．负责课程管理方面与分布式领导自习项目组及学部任课教师的协调工作 6．负责课程方面学生和教师临时需求的响应				

姓名		岗位名称	项目组成员	工作地点	高中楼三层S313A
直接上级	教导主任	岗位定员	1	联系方式	
岗位职责	1．落实学校课程管理项目组精神 2．管理与规划学部课程 3．就课程安排和各年级进行协调工作 4．制定学部相关的课程表和考试讲评表 5．负责课程管理方面与分布式领导自习项目组及学部任课教师的协调工作 6．负责课程方面学生和教师临时需求的响应				

姓名		岗位名称	项目组成员	工作地点	容光楼五层T509
直接上级	教导主任	岗位定员	1	联系方式	
岗位职责	1．负责排课、选课过程中的技术支持工作：维护平台上的各选课活动，处理、反馈遇到的各类技术问题，统筹各学部、年级选课时间 2．负责数据统计工作：按照学部/年级的需求统计其所需要的各类数据，如某个时间段教学场地占用情况、某门课程选课人数和未选课名单等 3．负责编制排课、选课界面操作培训文档 4．负责与技术提供方沟通解决学校的需求				

姓名		岗位名称	项目组成员	工作地点	容光楼五层T506A
直接上级	教导主任	岗位定员	1	联系方式	
岗位职责	负责联络排课选课组与技术教师，保持信息的畅通				

姓名		岗位名称	项目组成员	工作地点	艺术楼三层A306
直接上级	教导主任	岗位定员	1	联系方式	
岗位职责	负责联络排课选课组与艺术教师，保持信息的畅通				

姓名		岗位名称	项目组成员	工作地点	艺术楼二层体育组
直接上级	教导主任	岗位定员	1	联系方式	
岗位职责	1．根据学校课程设计明确体育与健康课程的结构：选修课、基础体育课、体育活动选修课 2．根据学校课程设计明确体育与健康课程的课时构成（2+1+1初中）（2+1高中） 3．根据课程手册确立初中和高中的选修课程科目 4．根据选修课程科目设置、体育教师、场地器材，确定开课项目班级的人数 5．根据实际选课结果，协助关课和二次选课 6．沟通年级和体育学科之间排课的具体事项、信息反馈				

姓名		岗位名称	项目组成员	工作地点	国际部
直接上级	教导主任	岗位定员	1	联系方式	
岗位职责	1．负责就选课问题培训学生和相关教师 2．负责组织国际部学生选课及与学生沟通				

六、具体工作项目

1．全校排课、选课工作

1.1　工作问答

问：登录选课平台时显示账号或用户名错误导致无法登录，怎么办？

答：请联系导师或年级教务员老师，由其核实身份后在OA系统中向系统管理员发信息说明情况，系统管理员修改密码后把账号和新密码反馈给相应教师。

问：在页面上点击某节课进行选课时页面没有响应，课表上也没有，该怎么办？

答：请将浏览器更换为谷歌浏览器。

问：选完所有课程后需要保存吗？

答：不需要，被选上的课程会出现红色对钩，选课结果以课表上呈现的为准。

问：为什么页面上看到的已选课人数没有达到上限，但选课时提示"所选教学班已达到人数上限"呢？

答：选课人数多、家用网络带宽不足等原因会导致一定的网络延时，造成页面显示与真实情况的差异，请以页面提示信息为准。

问：为什么我的同学能够看到并选择某些自选类课程，而我的课程表中却没有？

答：这些自选课为绑定类的自选课，需要通过风险评估，达到要求后才能报名。

问：我想选择某某课程，但是都已经报满了，能不能给我加一个名额，或者多开一个班？

答：课程受到教室和教师的限制，只能根据课程的限报人数选择。如果这次没能选择成功，下次选课的时候尽量优先选择，争取选择成功。

问：我的主科老师大多数都是年轻老师，我想到老教师的班里面去，该怎么办？

答：各任课教师的安排，都是由学部和年级综合考虑决定的，都进行了新老搭配，每位同学都有老教师教授课程。另外，年轻教师并不代表不怎么样，能够到十一学校工作的老师都是优中选优的，而且他们有更多的工作时间和工作热情，新教师的业务成绩未必比老教师差。

问：我选好的某个课程课表中没有了，别的课程我又不想选，怎么办？

答：根据课程手册，每门课程必须达到一定的人数才能开课。学生选好的课程如果没有了，可能是因为选课人数不够开课人数下限而关课了，这时，需要学生及时调整自己的心态，选择同类课程中其他可以选择的课程。如果有些自己喜欢的课程暂时没有选上，不要灰心，等下学期再选，许多课程是重复开设的。

问：为什么会有如法语－1、法语－2、基础法语Ⅰ、基础法语Ⅱ的课程，我该选择哪个？

答：请参照学校的课程手册，并在选课平台上仔细阅读选课说明。"法语"为第一外语课程，"基础法语Ⅰ"为第二外语入门级，"基础法语Ⅱ"为第二外语进阶级。

问：为什么我在选课平台上看不到多语种的课程？

答：请向相关语种任课教师咨询相关年级的多语种开课时段，并确定您在该时段是否有必修课程。

问：为什么没有我想选报语种的Ⅱ类课程？

答：请向相关语种任课教师咨询。各语种Ⅱ类课程的开设会综合考虑学生的需要、已选报Ⅰ类课程学生的数量，并会根据预选结果进行调整。

问：选择法语、德语、日语为第一外语是否还要学习英语？

答：选择法语、德语、日语为第一外语的学生，需要同时学习英语。每周法语、德语、日语4课时，英语4课时。

问：我想上周几的第几节课，不想上第一节课，能给我调一下吗？

答：您所教授的学生在其他时间安排了其他课程，确实无法协调，另外，由于学生已经被捆绑了，每一位老师都要上一些第一节课，希望老师们理解。

问：我临时有事，需要调整一次课的时间，应如何处理？

答：临时一次课的调整，只需要相关老师和课程管理老师沟通，课程管理老师尽量给出调整方案（由于教师、教室等客观原因，并不能保证满足所有调整的要求），相关老师和学生通知后执行即可。

问：由于客观原因，有的班上课时间在本学期剩下的时间里，需要永久调整，应如何处理？

答：长期课表调整，需提出申请，由课程管理老师根据情况给出几种可行方案，报学部主任审批。审批通过后，联系选课平台负责人，对平台上的数据进行修改。

问：我的教学班（数、理、化、生）上有的学生过于优秀，已经不适合在现在的层级学习，应如何处理？

答：您可以建议他/她找更高层的负责老师，申请进行低层转高层的风险评估，如果能通过评估，就可以转入更高层课程进行学习。

问：我是（数、理、化、生）高层的任课教师，班上有的同学学习状态很有问题，多次帮助后仍没有起色，处于掉队的状态，继续在高层学习下去，会对他/她的成长不利，我应如何处理？

答：您需要将各次过程性评价、测验成绩、作业完成情况等学生的信息转发给家长，并进行深入的沟通，让家长意识到孩子的风险，并建议将孩子转入低层继续学习。如果家长不同意，请家长签署自愿承担风险的承诺书。如果家长同意，打印层级调整表，请家长签字，让学生按照学生手册上的流程办理层级调整。

问：如果我班上的人员和课程管理平台上的数据不符，怎么办？

答：如有不符，以课程管理平台上的数据为准。请您询问数据不符的同学是什么情况，然后将详细的信息反馈给课程管理老师，以便及时处理。

问：学生能否在同层里换班？

答：原则上不能，如有特殊情况，报学部主任审批。

1.2 工作流程图

排课、选课工作流程		
排课、选课项目组	学科	学部

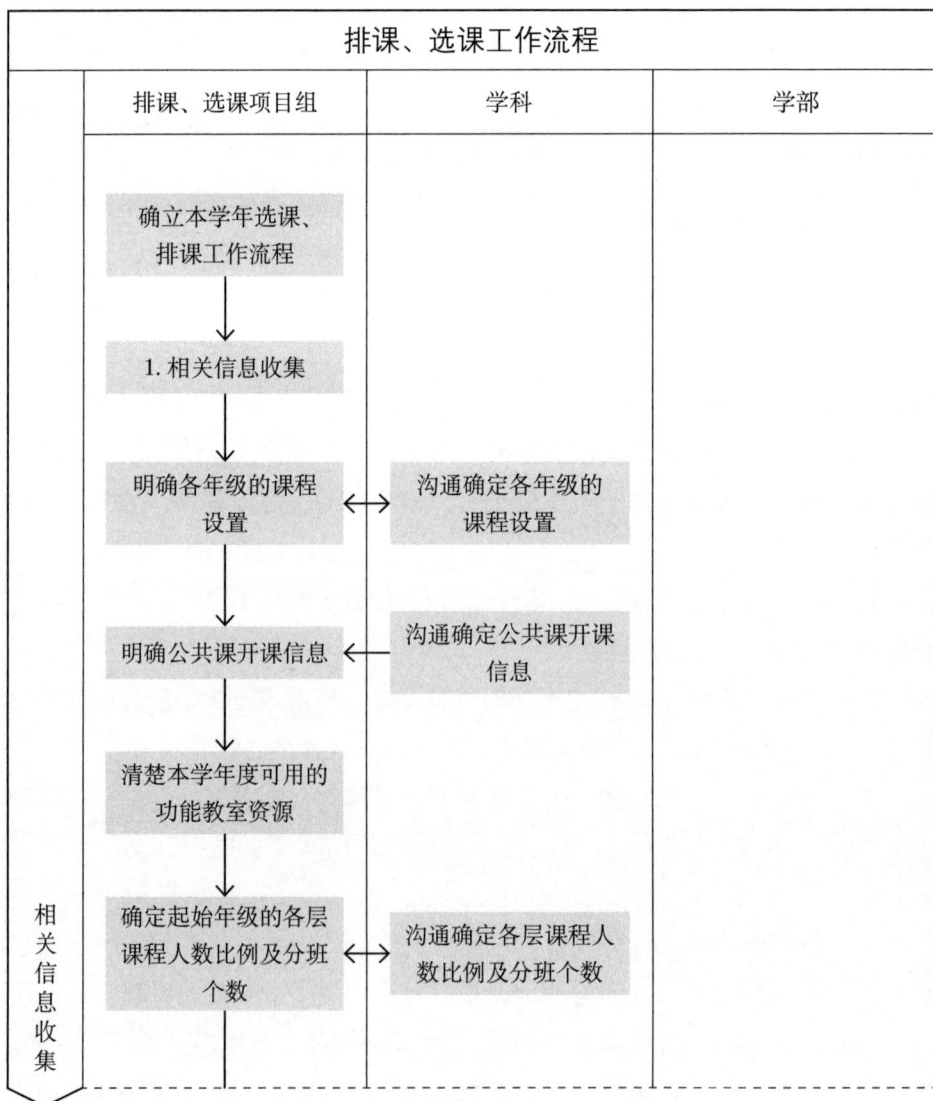

准备阶段

| 2.准备阶段 |

初排全校体育课课表

初排全校技术、艺术课表

各年级排年级课表 → 分层考试、赏析类课程考试 ← 技术课Ⅱ类课程考试

选课培训 ← 给出选课建议 ← 分层考试、赏析类课程考试

正式选课

| 3.正式选课 |

将选课建议发到网上 → 选择必选分层课程

微调课表 ←

公共课和语文、英语自选课表上网、测试 → 进行第一轮公共课选择

关闭无法开设的课程 ← 第二轮补选、退选

选课结束

打印课表

4.调课 ← 学生持课表上课

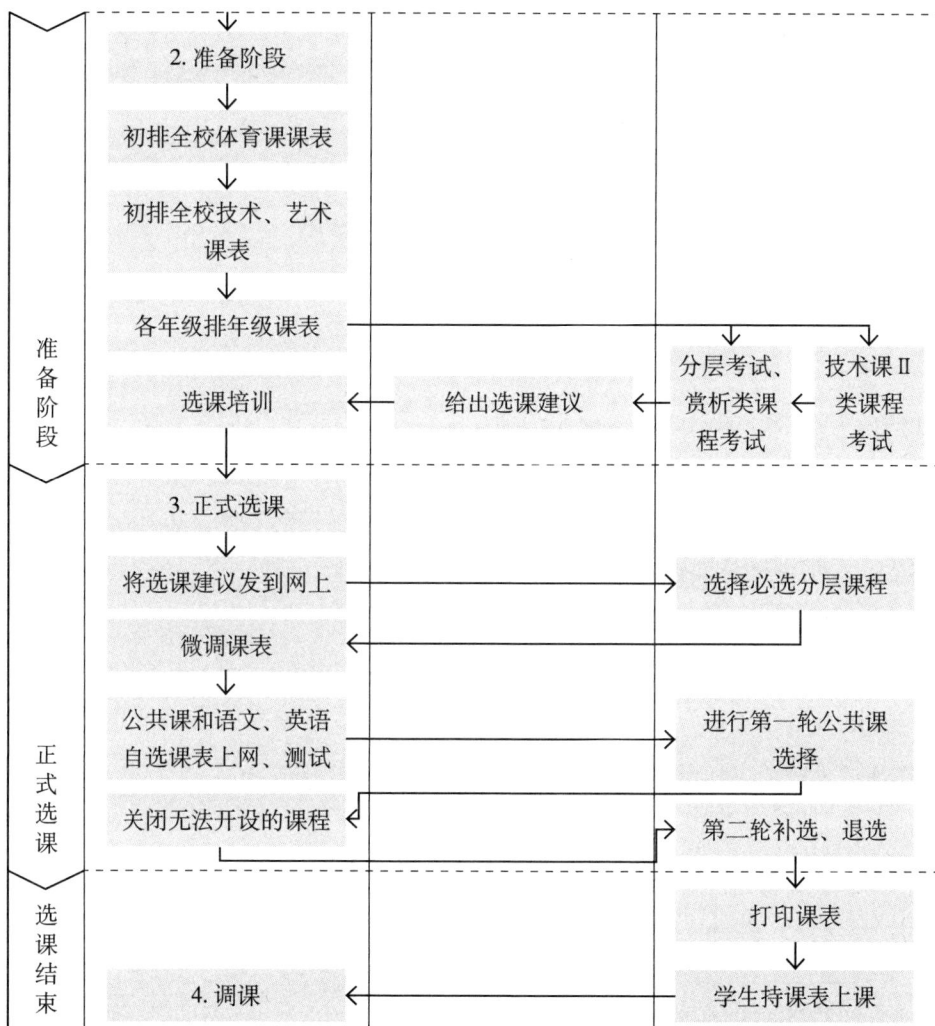

2. 公共课排课、选课及相关协调工作

公共学科（技术、艺术、体育）的排课、选课工作由教导处课程办负责完成。该项工作应严格按照课程手册的相关要求实施。

2.1 工作问答

问：技术学科Ⅰ类课程是否只针对初中学生开设？

答：不是。技术学科Ⅰ类课程（机器人Ⅰ、电子技术Ⅰ、机械技术Ⅰ、模型设计与制作Ⅰ）均面向初中、高中学生开设。

问：技术学科Ⅱ类课程是否只针对高中学生开设？

答：初中想选报机器人Ⅱ、电子技术Ⅱ、机械技术Ⅱ、模型设计与制作Ⅱ类课程的同学，需满足以下条件之一：①已修完机器人Ⅰ、电子技术Ⅰ、机械技术Ⅰ、模型设计与制作Ⅰ类课程；②通过机器人Ⅱ、电子技术Ⅱ、机械技术Ⅱ、模型设计与制作Ⅱ类课程任课教师的认定。

问：非乐团成员是否可以选报周六上午的交响乐、童声合唱、民乐、舞蹈四类课程？

答：不可以。周六上午的交响乐、童声合唱、民乐、舞蹈四类课程仅限乐团成员选报，非乐团成员请勿选择。

问：乐团成员是否可以选报其他时段的艺术课？

答：如果你是乐团成员，既可以选择其他时段的艺术课，也可以不选。

问：高中体育课程中的田径课程是否必须选报？

答：是的。田径课程为必选课程，请优先考虑选报。

问：选报"特种体育"有何具体要求？

答："特种体育"是为因身体原因不能完成正常体育活动的学生所设的，故选报"特种体育"应提供医生开具的诊断证明。

2.2 工作流程图

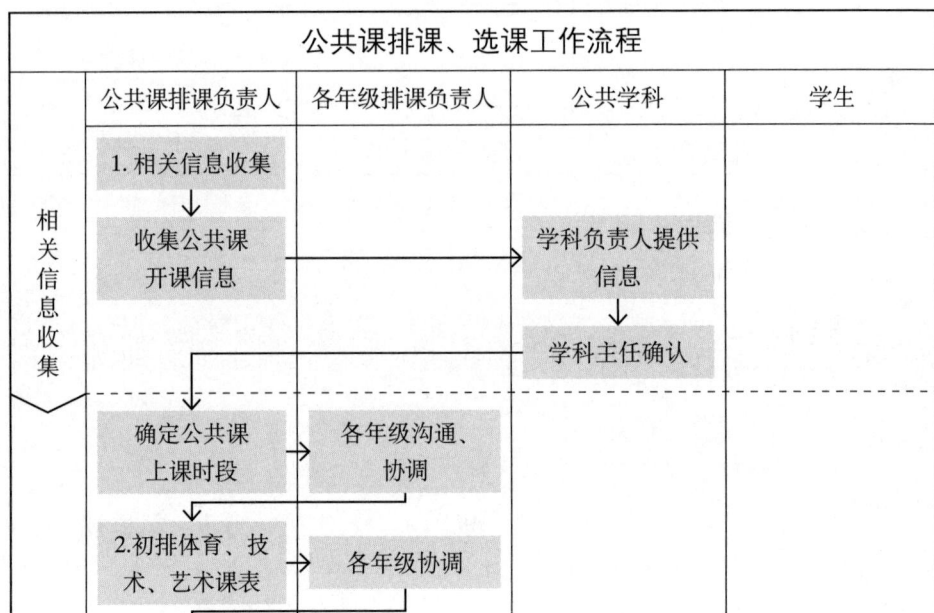

公共课排课、选课工作流程			
公共课排课负责人	各年级排课负责人	公共学科	学生
1. 相关信息收集			
收集公共课开课信息		学科负责人提供信息	
		学科主任确认	
确定公共课上课时段	各年级沟通、协调		
2.初排体育、技术、艺术课表	各年级协调		

相关信息收集

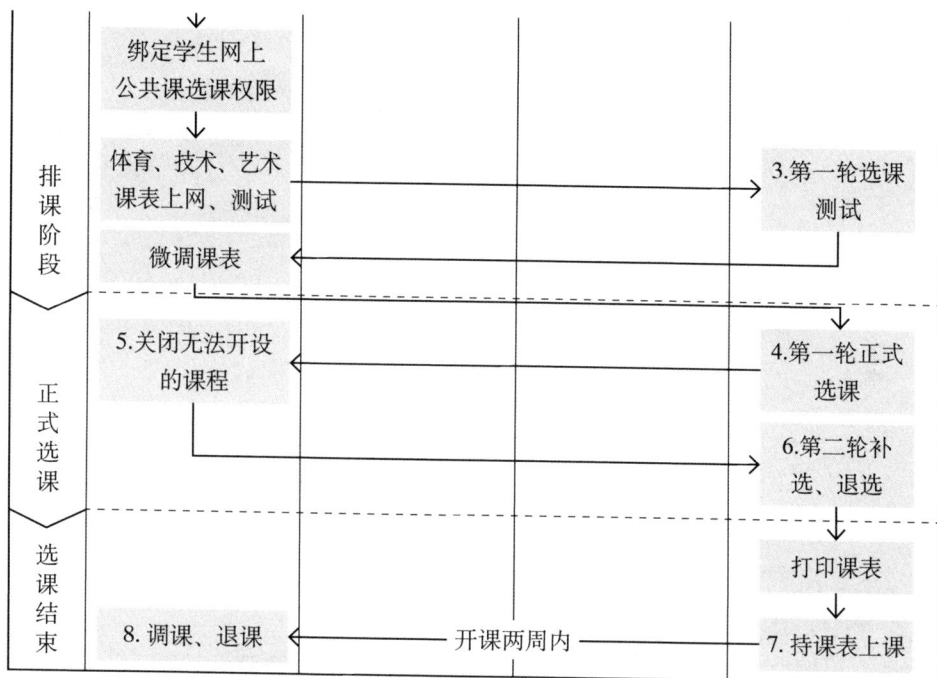

排课阶段	绑定学生网上公共课选课权限 → 体育、技术、艺术课表上网、测试 → 微调课表	3.第一轮选课测试
正式选课	5.关闭无法开设的课程	4.第一轮正式选课 → 6.第二轮补选、退选
选课结束	8.调课、退课 ←（开课两周内）— 7.持课表上课	打印课表 → 7.持课表上课

2.3 工作关键点

①与公共课学科主任进行有效沟通，确保开课信息准确全面。②课表准确发布到网上，测试无误。③严格按照关课总体原则，确保有课程被关闭的学生能在同一时间有其他课程可以二次选择。④公共课调整和退课时间为开课后两周之内，以学生在网上申请的时间为准，开课两周之后原则上不允许调整和退课；如有特殊原因（如身体原因）需要调课或者退课，需获得相关课程的负责教师、学部领导和课程办领导的签字认可，方可执行。

2.4 对接部门

各个学部排课负责老师、公共课学科主任及负责老师。

3．初一年级排课理论及思路

3.1 学部整体情况介绍

（1）2013年初一年级总人数在740人左右，按照学制的划分，分为两个区：两年制初一和三年制初一。其中，两年制初一共分为11个教学班，平均每班24人（最高限额24人）；三年制初一共分为21个教学班，平均每班23人左右（最高限额24人）。

（2）有关学校的课程设置、各种课程的课时数安排等，详见课程手册（两年制初中）和课程手册（三年制初中）中的说明，这里不再重复。

（3）一般情况下，初一年级的可用资源（包括教师、教室等）都要与初二年级统一调配好。其中，史、地、政、生等教师基本是初一、初二同时跨头，所不同的只是教师的"户口"是在初一还是在初二；至于初一和初二语、数、英等科目的绝大部分老师，主要是要共用一间教室，这样，在初一、初二课表安排时，特别要注意调整安排好这些老师的上课时间和地点，防止出现冲突。

（4）教师的大致人数，一般是语、数、外每三个班一位老师（年级主任是一半的工作量，初一两位年级主任都是教两个班），史、地、政、生是每六个班（思品是九个班）一位老师；技术、艺术、体育等公共学科，教师开设的课程由学生自主选择，只需要开出足够的课程即可。所以，大致的人数如下表所示。

	两年制初一	三年制初一	备注
语文	4人	7人	年级主任两个班
数学	4人	7人	
英语	4人	7人	年级主任两个班
历史	3人		史、地、政、生老师都是初一、初二兼跨，由课程办和学科协调老师所在的年级和教授班级数量等
地理	3人		
生物	2人		
思想品德	3人		
体育	由教导处课程办和相关学科协调老师人数		
技术			
艺术			
二外	由教导处课程办根据年级需要开设的课程数量确定人数		
商学、经济学基础			
科学探究			

（5）排课中不可回避的要求（问题）：①不能保障很多教师参加进修的问题；②初一、初二共用教室的协调、统筹问题；③语、数、外主课有些节次只能安排在下午；④个别学生由于选择一外（二外等自选课），有些必选课不能和教学班一起上，只能在其他时间跟别的教学班上；⑤学生课表中自习课出现比较多的问题；⑥其他一些问题。

3.2　排课的总体思路及原理介绍

初一年级排课的总体思路如下。

第一步：根据教学班分组

先将两年制初一和三年制初一按照教学班进行分组。其中，两年制初一基本按照教学班的数字顺序分成3组，即第10组：1、2、3、4教学班；第11组：5、6、7、8教学班；第12组：9、10、11教学班。三年制初一按照跳序分为三组，即第7组：12、15、18、21、24、27、30教学班；第8组：13、16、19、22、25、28、31教学班；第9组：14、17、20、23、26、29、32教学班（这里的编组序号从7开始，是为了避免与初二的编组1—6混淆）。

第二步：根据分组进行排课

这是排课最重要的一步，先要根据全校课程协调大会确认好初一的体育、技术、艺术等公共学科的排课时间段。

（1）体育自选、艺术、技术课的全校统筹。（在确定了这三门课程的时间段后，开始进入年级其他课程的排课阶段）

（2）初一语、数、外的安排与史、地、生的分组，以及其他科目的协调等。

这是初一课表最难排的地方，限制的条件很多。如，语、数、外按照前面的分组同时上课，要保障每周每组最多只有一节课安排在下午；语文、英语分层自选课需要统一安排在周一下午和周二上午3、4节，所以这个时间不能排语文和英语（周二上午可以排两年制初一的英语）；体育只能一天排一节；史、地、政、生一次最多只能排4个班；周五第6、7节不排课，等等。所以，在实际排课时，就要初一、初二一起协商，通过拆分、插空、相互避让等方法，将这些课排好。先排体育自选，再排语、数、英，再排史、地、生、综合，然后排思品、艺术，最后出总课表。

（3）与初二课表参照校对，核实问题。通过这个过程，基本确定初一课表的完整，以及没有出现冲突的地方。

（4）总课表的确定：将课表送交课程主管老师审核，经过其认真核实，与有关学科老师协商、讨论后，确定课表的最终版，准备开始根据课表安排教师和学生模板（与负责课表的技术公司支持一起）。

第三步：利用模板，将课表挂上平台

完成这个步骤最关键的是需要与年级协调好所有老师的安排。

在完成填写模板和网上排课的过程中，许多技术问题都需要与排课公司的技术人员及时沟通和协商，以确保最终挂在网上的教师和学生课表没有问题。这里，需要其他部门配合的比较多，如初中楼教室的安排、年级主任安排导师组任课老师、学科主任安排任课教师、公共课教师安排，等等。

3.3　排课前需要做的准备工作

①要非常熟悉课程手册（两年制初中）和课程手册（三年制初中），这是排课的基础。②要比较熟练使用Excel软件等，具有一定的计算机能力。③要非常熟悉本年级教师和学生的情况，熟悉本年级各门课程的开设要求，这一点十分重要，一定要随时跟课程办沟通。④要熟悉各学科教师的进修活动、骨干教师培训时间等特殊要求，尽量照顾这些老师的需求。⑤准备用大量的时间来不断修改、完善课表等工作。

3.4　需要随时与其他部门沟通的地方

①与年级主任沟通，因为初一的学生人数总是不断变化，教师和教室也可能变化。②与课程办老师沟通，随时注意有些课程的调整和变化。③与技术老师沟通，关注网上课表的问题，随时修改。④与其他老师沟通，防止出现重课、冲突等问题。

3.5　排课后期的维护与调整事项

主要是随时上网了解年级课表的情况，及时调整有关分层、援助、自选等课程，初一随时有人员变动，要不断添加和改变有关教师和学生的课表等。

3.6　其他需要注意的事项

①学生调课一定要根据全体排课老师大会上达成的要求，按照程序进行。②不能随意在网上删除有关课表的设置等。

4．初二年级排课理论及思路

4.1　年级整体情况介绍

初二年级共837人（此数据在排课过程中有变化），分为两年制初二和三年制初二两个部分，其中二四学制284人，三三学制553人，语文和英语不分层，数学和物理分层，二四制分两层，三三制分三层，由于小班化教学，语文、数学、英语、物理教学班人数基本在28人以下，数学Ⅰ是12人以下，历史、地理、生物及思品36人以下。语文老师二四学制4人，三三学制7人；数学老师二四学制4人，三三学制8人；英语老师二四学制4人，三三学制7人；物理老师二四学制2人，三三学制5人。

4.2　排课的总体思路及原理介绍

原则1：优先原则

先排全校公共课的具体时间，再确定初一、初二公共课的具体时间，然后优先顺序依次为数学、物理、英语、语文，然后是体育，最后是思品。

原则2：均衡性原则

①时间均衡。各个学科的上下午分配要均衡，例如数学5课时，尽可能做到每个教学班上午4课时下午1课时。自习课的分配也要均衡，体育课的安排也要均衡。②地点分配均衡。在每个功能教室里上课的教学班数的分配尽可能均衡。③课时数均衡。任课教师所教教学班数（工作量）要均衡。④分班均衡。某些学科需要分组拆分成小班的，拆分的过程中需要关注学生的成绩、性别、来自哪个导师班，分配需要均衡。⑤时间、地点交叉的均衡。有些班级某个学科的课需要换地点，尽可能让不同的班换不同的学科，而不是总让一部分班各个学科都换。⑥历史、地理、生物考虑进修的时候，可以按照一个学年均衡调整。

原则3：优化性原则

①时间的优化。在教室和教师条件允许的情况下，上午1、2节不排自习课。各个学科尽可能充分利用上午时间排课。②地点的优化。有些学生换学科教室需要换楼层，即第1节可能在五层上课，第2节要换个楼层，尽可能安排地点转换最近的教室。③总体课表的优化。尽可能排出几个版本，选择最优的课表。

原则4：符合规律的原则

①学生的最多课时不能超过国家要求的上限。②体育尽可能不安排在上午第1节，第1节课上体育学生容易身体不舒服。③上午课理科比文科尽可能多一些。

原则5：多沟通、合作原则

①与公共学科负责教师的沟通和合作。②与其他年级排课教师的沟通和合作。③与相关学科主任的信息沟通。④与课程负责领导的及时沟通。⑤与小语种排课教师的沟通与合作。⑥与初一排课教师的沟通与合作。（历史、地理、生物共用教师，共用教室；个别教学班混合编班。）

原则6：规范性、流程化原则

哪些事情先做，哪些事情后做，要有具体流程，不能随意安排，以免影响排课质量。

4.3 排课前需要做的准备工作

①排课前想好分组，分组最好能各科互相搭配。即想好有几位老师，每个班多少人、老师的满工作量是几个班、有几个教室、教室如何分配。②自选模块要先考试，考试名单在整个年级名单里筛选。不能自己手动输入，容易有错别字。同时要附学生的班级、成绩、学号等信息。③模块负责人在规定时间内把录取学生的名单发给课程管理老师。同时附上说明——开几个班。之前需要明确要求课程管理老师提供文件的固定格式，否则上报的名单错误很多，不能顺利上传系统；名单需要到数据库中挑选，否则非常容易出错。④排课前想好分组、进修、跨头等事宜，物理要考虑一个轮回的课。⑤排课前各个年级先分好共用教室的学科的课时分配，各个年级上下午要均衡。

4.4 本学部必选课排课的详细操作流程

第一步：了解课程分类、各类课程针对的学生、各个学科教师数、教室数、学生数、导师班数、各个学科教学班人数要求，了解各个学科进修时间，了解各个教室的门牌号。

第二步：和课程负责领导沟通确定教师分配、教室分配。

第三步：和其他年级与公共课排课教师协调公共课的时间、不同时段可容纳的人数，进行分组，排公共课。

第四步：和初一年级排课教师协调历史、地理、生物的时间。进行分组，排历史、地理、生物。

第五步：确定自选时间。进行分组，排自选课。

第六步：分组，排数学、英语和语文。互相交叉，以能排开并比较优化为原则。

第七步：排物理、思品、体育活动、自习。

第八步：检查各个学科的时间分配，不均衡的进行调整。

第九步：制作模板，上传模板。

第十步：根据排课情况，制作选课平台上的相关信息。设置课程，安排课程，确定上课教师和上课地点。

第十一步：学生选课后，让学生根据要求进行检查，及时反馈问题，排课教师及时调整。

4.5　排课后期的维护与调整事项

①学生调整教学班的，需要教研组组长提供相关信息。②上网检查学生课表和教师课表，有问题的及时完善。

4.6　其他需要注意的事项

选课说明要描述细致。选课时间和注意事项要通知清楚。选课中的问题及时上报相关负责教师并记录清楚，尽可能及时解决并与家长联系。

5.　高一学部排课理论及思路

5.1　学部整体情况介绍

高一学部学生人数为483人，直升231人，起点252人。升入高一时，直升人文倾向28人，理工倾向203人；起点人文倾向28人（后来有2人转人文，现有30人），理工倾向224人（现有222人）。起点学生中科学实验班33人，全部为理工倾向。直升和起点的课程进度不同，数学、物理、化学三科按照直升和起点分别分层。

5.2　排课的总体思路及原理介绍

将某一类学生（如直升理科生）作为一个整体通盘考虑，尽量使得某一节课的时间内这一类学生全部在上课（上课科目一般不同），减少自习管理的难度，提高时间的利用效率。同时，尽可能让必选课在较为合理的时间段内上课

（如前三节课），还要尽可能让每位教师的不同教学班的教学次序轮换。总体来说，从全局角度考虑，用"分组—集合法"（详述见下文）进行排课。

5.3 排课前需要做的准备工作

5.3.1 确定排课的基本信息

排课的基本信息包括本学部的学生人数、学生分类、每类课程的班额数、各科周课时数、学科教室数、各科科任教师数、其他特殊需求等。

5.3.2 掌握基本数据

明确数理化高层课程的开课教学班数，掌握处于数学、物理、化学高层的学生姓名、性别、学业成绩等信息。

5.3.3 了解特殊情况

了解各科的进修时间，明确哪些教师在哪些时间（比如骨干教师培训的时间等）不能上课等特殊要求，并尽可能考虑到教案的整齐度要求、青年教师的听课需求、午餐时间需求等。

5.4 本学部必选课排课的详细操作流程

5.4.1 初步设定每个学科的教学班个数

每个学科的教学班个数的限制主要取决于学生人数、教师人数、学科教室数目及工作量要求等。

高一直升理工倾向人数为203人，按照不超过24人一个班的班额，应分为9个班或10个班。考虑到学生学习基础较好，经与学部主任及学科教研组长协商，决定数学、物理、化学三科高层分别为3个班，则正常层为6个班，而语文、英语各为9个班。直升人文倾向28人，初步考虑自成一个班。因此实际科目的教学班数目为：语文10个班（9理1文）、数学10个班（9理1文）、英语10个班（9理1文）、物理9个班、化学9个班、政治1个班、历史1个班、地理1个班。同样地，由于起点最初人数为230人，按照班额数计算为起点语文10个班（9理1文）、数学10个班（9理1文）、英语10个班（9理1文）、物理9个班、化学9个班、政治1个班、历史1个班、地理1个班。

5.4.2 设定分组的数量及各组包括的教学班名称

以直升理工倾向为例，由于数理化教学班个数为9个，高层班级数为3个，因此考虑将全体学生分为三个大组、六个小组，分别叫作第一大组（1-1、1-2）、第二大组（2-1、2-2）、第三大组（3-1、3-2）。由于受学科教室、任课教师、上课时间等限制，考虑使六个小组都包括全部直升理工倾向学生，且让每个小组中的教学班同时上课。同时考虑到语文、英语教学班的分班没有强制限制，又考虑到周课时数、学科进修时间等因素，将语文与数学、物理匹配，英语与数学、化学匹配。将语文教学班命名为语1—语9，英语教学班命名为英1—英9，数学教学班命名为数Ⅴ1、数Ⅴ2、数Ⅴ3、数Ⅲ1、数Ⅲ2……最终各小组包括的教学班名称如下：小组1-1包括数Ⅴ1、数Ⅲ1、数Ⅲ2、物Ⅲ1、物Ⅱ1、物Ⅱ2、语1、语2、语3；小组1-2包括数Ⅴ1、数Ⅲ1、数Ⅲ2、化Ⅲ1、化Ⅱ1、化Ⅱ2、英1、英2、英3；小组2-1包括数Ⅴ2、数Ⅲ3、数Ⅲ4、物Ⅲ2、物Ⅱ3、物Ⅱ4、语4、语5、语6；小组2-2包括数Ⅴ2、数Ⅲ3、数Ⅲ4、化Ⅲ2、化Ⅱ3、化Ⅱ4、英4、英5、英6；小组3-1包括数Ⅴ3、数Ⅲ5、数Ⅲ6、物Ⅲ3、物Ⅱ5、物Ⅱ6、语7、语8、语9；小组3-2包括数Ⅴ3、数Ⅲ5、数Ⅲ6、化Ⅲ3、化Ⅱ5、化Ⅱ6、英7、英8、英9。

5.4.3 将高层学生分为不同的集合

以直升理工倾向学生为例，对数学高层、物理高层、化学高层的学生名单进行比对，按照如图所示的集合对学生进行分类。只在数学高层的学生为集合A，同时在数学高层和物理高层的为集合B，只在物理高层的为集合C，同时在物理和化学高层的为集合D，同时在数学、物理、化学三科高层的为集合E，同时在数学和化学高层的为集合F，只在化学高层的为集合G，剩下的数理化三科都在正常层的为集合H。

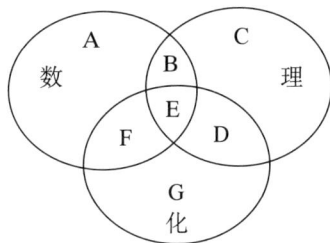

考虑到各教学班的学业水平平衡及男女生比例相仿等因素，将集合A先按照数学学业成绩平均分为三份，分别叫作A1、A2、A3，再按照男女生比例微调，保证A1、A2、A3三个子集之间的均衡性；将集合B先按照数学和物理两科学业成绩的平均值平均分为三份，分别叫作B1、B2、B3，再按照男女生比例微调，保证B1、B2、B3三个子集之间的均衡性；将集合E先按照数学、物理、化学三科学业成绩的平均值平均分为三份，分别叫作E1、E2、E3，再按照男女生比例微调，保证E1、E2、E3三个子集之间的均衡性……以此类推，先分好集合A—G。

5.4.4　将高层学生的子集填充入对应的数理化高层教学班

数学三个高层的教学班分别为数Ⅴ1、数Ⅴ2、数Ⅴ3，分别属于第一大组、第二大组、第三大组。而数学的高层应包括集合A、B、E、F，因此数Ⅴ1教学班的组成人员为子集A1、B1、E1、F1；数Ⅴ2教学班的组成人员为子集A2、B2、E2、F2；数Ⅴ3教学班的组成人员为子集A3、B3、E3、F3。

物理三个高层的教学班分别为物Ⅲ1、物Ⅲ2、物Ⅲ3，分别属于第一大组、第二大组、第三大组。这三个班应包括集合B、C、D、E，而物Ⅲ1的组成人员应与数Ⅴ1互斥，因此用子集B2、C2、D2、E2填充；物Ⅲ2的组成人员为子集B3、C3、D3、E3；物Ⅲ3的组成人员为子集B1、C1、D1、E1。

化学三个高层的教学班分别为化Ⅲ1、化Ⅲ2、化Ⅲ3，这三个班应包括集合D、E、F、G，再考虑到互斥，则化Ⅲ1的组成人员为子集D2、E2、F2、G2；化Ⅲ2的组成人员为子集D3、E3、F3、G3；化Ⅲ3的组成人员为子集D1、E1、F1、G1。

5.4.5　将高层学生的子集填充入语文、英语及其他学科对应的教学班

属于小组1-1的语文班为语1、语2、语3，应与数Ⅴ1、物Ⅲ1互斥，因此将子集A3、B3……G3填入。属于小组1-1的英语班为英1、英2、英3，应与数Ⅴ1、化Ⅲ1互斥，因此将子集A3、B3……G3填入。若考虑学生组成的多样性，填充上述子集入语文、英语班级时可充分交叉和互换；若考虑科任教师的匹配性，填充上述子集入语文、英语班级时可尽量保持一致；若充分考虑科任教师的不同特点，如想让理科较突出的学生匹配较为耐心的语文、英语教师，则可让E、B等集合的人员相对集中。

属于小组1-1的数学班还有数Ⅲ1、数Ⅲ2，这两个班虽然不包括集合A、B、E、F的学生，但应包括集合C、D、G的学生，因此将子集C1、D1、G1视具体情况填充入数Ⅲ1、数Ⅲ2教学班中；应将子集A2、F2、G2视具体情况填充入物Ⅱ1、物Ⅱ2中。类似地，将其他子集对应填充入与其他小组相应的教学班中。

5.4.6　将集合H分为子集并填充入各小组的教学班中

这是难度较大的一步。集合H是数理化都在正常层的学生。将集合H分为多少个子集合适是一个需要思考和摸索的问题。由于整体分为三个大组，首先应保证集合H的子集数能被3整除。其次，若子集太多，填充太烦琐和复杂；若子集太少，没法儿保证灵活度及各子集间学业水平的平衡。同时还

应注意，各子集的人数不见得一样，可能有的子集为10人，有的子集为2人。分子集的原则是将这些子集填充入各个教学班时，能保证每个教学班的人数大致相同，且学业水平、男女生比例较为均衡。高一直升理工倾向学生的H集合共有96人，按照实际情况分为9个9人子集、5个2人子集和5个1人子集。将这些子集填充入各个教学班剩余的空位中，注意班额数和互斥原则。

5.4.7 排定文科生课表

将人文倾向学生按照整班的原则排入课表中，注意科任教师的搭配。

5.4.8 按照需求排定科任教师

将直升理工倾向学生、直升人文倾向学生、起点理工倾向学生、起点人文倾向学生的分组分教学班都安排好后，与学部主任沟通，按照合理的需求排定科任教师。

5.5 需要随时与其他部门沟通的地方

①自习课的课程时间与可选地点需要与自习管理项目组沟通。②段考前后应配合教务员做好考务的组织与讲评、课表的排定。③小学段期间应配合小学段负责人组织学生选课。④日常配合学部主任和各科任教师，负责调课、换课等工作的协调。

5.6 排课后期的维护与调整事项

5.6.1 协调课程调整工作

（1）对于科任教师提出的临时一次课程调整的要求，只需要申请教师和课程管理老师沟通，课程管理老师尽量给出调整方案（由于教师、教室等客观原因，并不能保证满足所有调整的要求），申请教师通知相关学生后执行即可。

（2）对于科任教师提出的长期的课程调整要求，需申请教师填写申请表，课程管理教师根据情况尽量给出几种可行方案，报学部主任审批。审批通过后，由课程管理教师联系选课平台负责人，对平台上的数据进行修改。由申请教师通知相关学生调整方案并执行。

（3）对于学生提出的公选类课调换（或退选）要求，在每学期开学两周内受理。指导学生填写公共课程调整申请单，待学生填写完整后于指定时间内收回，与自习管理教师沟通，经自习管理教师确认后，报年级审批。审批通过后，联系选课平台负责人，对平台上的数据进行修改。

（4）对于学生提出的必选类课程调换要求，在每学期的学段检测后一周之内受理。指导学生填写相关课程调整申请表（高层到低层或低层到高层），待学生填写完整后于指定时间内收回，与相关科任教师沟通，经相关科任教师确认后，报年级审批。审批通过后，联系选课平台负责人，对平台上的数据进行修改。

5.6.2 确定阶段免修课程相关事宜

①介绍阶段免修课程的含义。②确定阶段免修课程的申请资格。③制定阶段免修课程的申请流程和申请表。④发放和收回申请表，与相关科任教师沟通，经确认后报年级审批，审批通过后通知申请学生。

5.6.3 协助其他项目组工作

6. 高二学部排课原理及思路

6.1 学部整体情况介绍

学生的人数、种类、特点、学制、通常的分层情况、要求课时数如下。

高二学部学生一般有五种类型：四年制理工倾向学生、三年制理工倾向学生、四年制人文倾向学生、三年制人文倾向学生、出国倾向学生（倾向性不明显的一般按理工倾向建议）。

四年制人文倾向学生	三年制人文倾向学生	出国倾向学生	四年制理工倾向学生	三年制理工倾向学生	总计
31	31	40	163	194	459

四年制理工倾向学生高三年级第9—12学段课程设置

序号	科目名称	周课时	班容量上限	正常带班数	自选&必选	是否要求诊断	是否分层	备注
1	语文必选（B）	3	24	3	必选	否	否	
2	数学Ⅲ	5	24	3	必选	分层需诊断	是	
3	数学Ⅴ	5	24	3	必选	分层需诊断	是	
4	物理Ⅱ（B）	3	24	4（跨头）	必选	分层需诊断	是	

5	物理Ⅲ（B）	3	24	4（跨头）	必选	分层需诊断	是	
6	化学Ⅱ（B）	3	24	4（跨头）	必选	分层需诊断	是	
7	化学Ⅲ（B）	3	24	4（跨头）	必选	分层需诊断	是	
8	英语必选（B）	3	24	3	必选	否	否	
9	生物Ⅱ（B）	4	24	4	必选	分层需诊断	是	
10	生物Ⅲ	4	24	4	必选	分层需诊断	是	
11	历史Ⅰ	4	24	–	自选	否	是	高中必选选1次
12	地理Ⅰ	4	24	–	自选	否	是	高中必选选1次
13	政治Ⅰ	4	24	–	自选	否	是	高中必选选1次
14	体育与健康	2	36		必选	否	是	
15	大学先修课微积分	4	36	–	自选	需经诊断获得选课资格	否	
16	大学先修课电磁学	4	36	–	自选	需经诊断获得选课资格	否	
17	大学先修课大学化学	4	36	–	自选	需经诊断获得选课资格	否	
18	大学先修课大学地理	4	36	–	自选	需经诊断获得选课资格	否	
19	大学先修课大学语文	4	36	–	自选	需经诊断获得选课资格	否	
20	大学先修课大学历史	4	36	–	自选	需经诊断获得选课资格	否	
21	大学先修课计算机科学	4	36	–	自选	需经诊断获得选课资格	否	
22	技术	2	–	–	自选	否	否	两节连堂，与其他年级共选

23	艺术	2	–	–	自选	否	否	两节连堂，与其他年级共选
24	第二外语	2	–	–	自选	否	否	两节连堂，与其他年级共选
25	语文自选	2	–	–	自选	需经诊断获得选课资格	否	两节连堂，与其他年级共选
26	英语自选	2	–	–	自选	需经诊断获得选课资格	否	两节连堂，与其他年级共选
每个学生所选的总课时数目	20—40							

三年制理工倾向学生高二年级第5—8学段课程设置

序号	科目名称	周课时	班容量上限	正常带班数	自选&必选	是否要求诊断	是否分层	备注
1	语文必选（A）	3	24	3	必选	否	否	
2	数学Ⅱ	5	24	3	必选	分层需诊断	是	
3	数学Ⅳ	5	24	3	必选	分层需诊断	是	
4	物理Ⅱ（A）	4	24	4（跨头）	必选	分层需诊断	是	
5	物理Ⅲ（A）	4	24	4（跨头）	必选	分层需诊断	是	
6	化学Ⅱ（A）	3	24	4（跨头）	必选	分层需诊断	是	
7	化学Ⅲ（A）	3	24	4（跨头）	必选	分层需诊断	是	
8	英语必选（A）	3	24	3	必选	否	否	
9	生物Ⅱ（A）	4	24	4	必选	分层需诊断	是	
10	生物Ⅲ	4	24	4	必选	分层需诊断	是	
11	历史Ⅰ	4	24	–	自选	否	是	高中必选选1次
12	地理Ⅰ	4	24	–	自选	否	是	高中必选选1次
13	政治Ⅰ	4	24	–	自选	否	是	高中必选选1次
14	体育与健康	2	36	–	必选	否	是	
15	大学先修课微积分	4	36	–	自选	需经诊断获得选课资格	否	

16	大学先修课电磁学	4	36	–	自选	需经诊断获得选课资格	否	
17	大学先修课大学化学	4	36	–	自选	需经诊断获得选课资格	否	
18	大学先修课大学地理	4	36	–	自选	需经诊断获得选课资格	否	
19	大学先修课大学语文	4	36	–	自选	需经诊断获得选课资格	否	
20	大学先修课大学历史	4	36	–	自选	需经诊断获得选课资格	否	
21	大学先修课计算机科学	4	36	–	自选	需经诊断获得选课资格	否	
22	技术	2	–	–	自选	否	否	两节连堂，与其他年级共选
23	艺术	2	–	–	自选	否	否	两节连堂，与其他年级共选
24	第二外语	2	–	–	自选	否	否	两节连堂，与其他年级共选
25	语文自选	2	–	–	自选	需经诊断获得选课资格	否	两节连堂，与其他年级共选
26	英语自选	2	–	–	自选	需经诊断获得选课资格	否	两节连堂，与其他年级共选
	每个学生所选的总课时数目	20—40						

四年制人文倾向学生高三年级第9—12学段课程设置

序号	科目名称	周课时	班容量上限	正常带班数	自选&必选	是否要求诊断	是否分层	备注
1	语文必选（B）	3	36	3	必选	否	否	
2	数学Ⅰ（B）	5	36	3	必选	分层需诊断	是	
3	数学Ⅲ	5	24	3	必选	分层需诊断	是	

4	数学Ⅴ	5	24	3	必选	分层需诊断	是	
5	历史Ⅱ（B）	3	36		必选	否	是	
6	地理Ⅱ（B）	3	36		必选	否	是	
7	政治Ⅱ（B）	3	36		必选	否	是	
8	英语必选（B）	3	24	3	必选	否	否	
9	物理Ⅰ	4	24	–	自选	否	是	高中必选选1次
10	化学Ⅰ	4	24	–	自选	否	是	高中必选选1次
11	生物Ⅰ	4	24	–	自选	否	是	高中必选选1次
12	体育与健康	2	36		必选	否	是	
13	大学先修课大学语文	4	36		自选	需经诊断获得选课资格	否	
14	大学先修课大学历史	4	36		自选	需经诊断获得选课资格	否	
15	技术	2	–	–	自选	否	否	两节连堂，与其他年级共选
16	艺术	2	–	–	自选	否	否	两节连堂，与其他年级共选
17	第二外语	2	–	–	自选	否	否	两节连堂，与其他年级共选
18	语文自选	2	–	–	自选	需经诊断获得选课资格	否	两节连堂，与其他年级共选
19	英语自选	2	–	–	自选	需经诊断获得选课资格	否	两节连堂，与其他年级共选
每个学生所选的总课时数目		20—40						

三年制人文倾向学生高二年级第5—8学段课程设置

序号	科目名称	周课时	班容量上限	正常带班数	自选&必选	是否要求诊断	是否分层	备注
1	语文必选（A）	3	36	3	必选	否	否	

2	数学Ⅰ（A）	5	36	3	必选	分层需诊断	是	
3	数学Ⅱ	5	24	3	必选	分层需诊断	是	
4	数学Ⅳ	5	24	3	必选	分层需诊断	是	
5	历史Ⅱ（A）	3	36		必选	否	是	
6	地理Ⅱ（A）	3	36		必选	否	是	
7	政治Ⅱ（A）	3	36		必选	否	是	
8	英语必选（A）	3	24	3	必选	否	否	
9	物理Ⅰ	4	24	－	自选	否	是	高中必选选1次
10	化学Ⅰ	4	24	－	自选	否	是	高中必选选1次
11	生物Ⅰ	4	24	－	自选	否	是	高中必选选1次
12	体育与健康	2	36	－	必选	否	是	
13	大学先修课大学语文	4	36	－	自选	需经诊断获得选课资格	否	
14	大学先修课大学历史	4	36	－	自选	需经诊断获得选课资格	否	
15	技术	2		－	自选	否	否	两节连堂，与其他年级共选
16	艺术	2		－	自选	否	否	两节连堂，与其他年级共选
17	第二外语	2		－	自选	否	否	两节连堂，与其他年级共选
18	语文自选	2			自选	需经诊断获得选课资格	否	两节连堂，与其他年级共选
19	英语自选	2			自选	需经诊断获得选课资格	否	两节连堂，与其他年级共选
每个学生所选的总课时数目		20—40						

教室资源

数学	物理	化学	生物	语文	英语	历史	地理	政治	会议室
7	4	3	3	6	6	1	2	1	2

教师资源

数学	物理	化学	生物	语文	英语	历史	地理	政治
8	5	5	5	7	7	2	2	2

因化学和生物只有三间功能教室，同一时间最多三节化学和生物课。

因历史和政治只有一间功能教室，同一时间最多一节历史和政治课。

6.2 排课的总体思路及原理介绍

总体思路：学生分类，每类分组，每组一个大课表，每人一个具体课表。

自选课先留空，排定必选课课表后，让学生上网选自选课，再排自选课。

原理：人数越多越不好排课。通过分类分组，使得每组的学生数量比较少，方便排课。

原则上，不同组的学生不在同一个必选课的教学班上课。但是，出于学生个性化教育的要求，可能需要协调部分组的课表，使得有些课程能被不同的组的学生选择。例如，优秀的人文倾向学生可以选择数学高端课程，出国倾向的学生可以选择各种需要的课程（但不一定能满足）。

6.3 排课前需要做的准备工作

第一步：调查清楚教师、教室的资源情况和限制条件，调查清楚学生的分类数据。其中，语文、英语教研组需要自行组织语文、英语自选课的分类选课资格考试。一个学生可以获得多类资格。这个分类资格的数据需要尽早提交给排课组的老师，方便做规划。

第二步：根据现有资源和要求，将学生分类分组；数理化顶级课程四年制和三年制各两个班，生物Ⅲ两个班。

第三步：根据学校整体安排，协调自选课的时间和开课情况。

第四步：做必选课排课各类各组时间段和教师、教室的初步整体规划。

6.4 本学部必选课排课的详细操作流程

第一步：排定三年制理工倾向学生的各组课表。

第二步：排定四年制理工倾向学生的各组课表。

第三步：排定三年制人文倾向学生的各组课表。

第四步：排定四年制人文倾向学生的各组课表。

第五步：排定出国倾向学生的各组课表。

第六步：将排课落实到具体学生，将数据上传到网上。

第七步：利用系统先自查是否有问题，再请任课老师核查，最后请学生自查。发现问题及时修正。

6.5 需要随时与其他部门沟通的地方

①调查教师、教室的资源情况和限制条件时，需要和学部主任及各个教研组长沟通，特殊情况下，需要和个别老师沟通。其中沟通语文、英语自选课分类选课资格会比较频繁。②根据学校的整体安排，协调自选课的时间和开课情况时，需要和相关部门及其余年级的排课组负责老师沟通。③如果发现在现有资源和条件下，确实无法排出合理或令人满意的课表，与学部主任及相关教研组长沟通，调整资源或者需求等。④所有课程排定后，与自习管理项目组沟通，帮忙安排自习方案。

6.6 排课后期的维护与调整事项

在课程管理允许调整的时间窗口，提供必选课层级调整，自选课补选、退选。

6.7 其他需要注意的事项

①注意尽量避免不同组的学生选择同一个必选课的教学班。这样会给将来调整带来不必要的麻烦。②在规定时间内、在符合规定流程的情况下，方可进行学生的课程调整。

（2014年3月正式实施）

北京市十一学校团委工作手册

一、校团委简介

北京市十一学校团委主要负责学生团员发展、主题仪式教育、党团校开办等团务工作和学校大型活动的组织、策划与实施。同时还指导校团委会、学生会和社团联合会三大学生组织的工作开展。

团委日常工作中除了要与各学部和处室沟通、协作外，还经常与团区委、团市委等上级团组织，教委团工委、体卫中心等部门，万寿路街道、各社会职业考察单位等进行联络、沟通，开发学生社会实践资源，搭建学生展示平台，落实各项工作任务等。

二、服务理念

为学生成长成才做好服务是团委工作的首要任务。凝聚和服务好学生，充分发挥团委的思想引领、榜样激励、勇于挑战、积极创新的作用，为十一学子成为有想法的人、有担当的人，成为志远意诚、思方行圆的国家栋梁和民族脊梁不断创新、不懈努力。

三、主要信息

工作人员：＿＿＿＿＿＿＿＿＿

办公地址：北京市海淀区玉泉路66号北京市十一学校图书馆一层学生中心西侧团委办公室

办公电话：＿＿＿＿＿＿＿＿＿

四、时空坐标系

学年	工作项目名称	开始筹备时间	实施时间	
			开始日期	完成日期
第一学期	开学典礼	5月	9月1日	9月1日
	学生社团注册	8月	9月1日	9月第3周
	感恩日暨教师节庆祝活动	8月	9月	9月10日前
	体育季	8月	9月	9月底
	初二离队建团	9月	9月	9月底
	初一建大队	9月	9月	9月底
	道歉日	9月	10月12日	10月12日
	"黄辰亮日"	10月	11月1日	11月1日
	少年团校	10月	11月	次年4月
	高三成人仪式	11月	12月9日	12月9日
	奖学金颁奖典礼	11月	12月末	次年1月初
	狂欢节	9月	12月	全年最后一个工作日
	社团、实践、社区等学分认定	12月	12月	次年1月中
	海淀区优干、优团评选	上级下发通知	1—2月	1—2月
	北京市优干、优团评选	上级下发通知	2—3月	2—3月
第二学期	社团注册	2月	2月底	3月第2周
	学代会、团代会	12月	3月	4月
	春季趣味运动会	3月	4月底	5月
	高中学生党校	3月	3月	5月
	国旗旗队培养与交接仪式	3月	4月	5月
	"五四"表彰	4月	5月4日	5月4日
	多元文化理解日	5月	5月22日前	5月22日
	初一首批团员发展	3月	4月	6月初
	文化艺术节	4月	5月	6月初
	初一"六一"表彰	5月	5月底	6月1日
	同伴关系日	5月	6月12日前	6月12日
	初三团关系转出	5月	5月20日	6月20日
	泼水节	3月	6月	7月15日

第二学期	初三毕业典礼	6月27日	7月2日	7月3日
	高三毕业典礼	6月10日	6月19日	6月21日
	奖学金颁奖典礼	5月	5月	6月底
	社团、实践、社区等学分认定	6月	6月底	7月初
	高三团关系转出	期末考试后	7月24日	7月25日
全学年	团员发展	除初一外，各个学部随时进行团员发展工作		
	日常团委工作办理	领取、审核草表，换取正式表，正式表审核、盖章、归档，团员证办理等		
	学生干部例会	每周定期进行		
	每周升旗仪式	每周一早上或上午进行		
	校园机会榜	随时通过海报、大屏幕、选课系统、短信等各种渠道向全校学生公示		
	学生提案参加校务会	根据内容及时整理上报、协助反馈落实		
	其他部门临时性工作落实	上级团组织、教委部门、街道，校内学部、处室等		
	建华团委工作	建华无独立的团委建制		

五、岗位职责

1. 团委书记

日常团员发展，团员注册，团籍整理，团关系转接，初中少年团校，"六一"表彰，初一年级建队，初二年级建团，"五四"表彰，高中学生业余党校，高三成人仪式，学代会、团代会、团委会、学生会工作指导，主题教育活动及学校开学典礼、狂欢节、泼水节、艺术节等大型活动的组织与策划。

2. 团委副书记

周一升旗仪式组织、策划与管理；校园文化日组织、策划与管理；社团联合会的指导；社团日常活动指导，社团申报、审核，社团学分审核；校模拟联合国、少年社科院、中英文辩论队、JA青年成就社顾问老师及校官方网站稿件组织和日常管理。

3．团委干事、技术教师

升旗仪式、校园文化日等各项大型活动的技术支持，团委活动的各种音频、视频的节目编辑与制作，学生电视台的技术指导与管理，周三名家大师进校园课程的录像与节目编辑，闭路电视、大屏节目的播放与系统维护，全校广播铃声系统的管理与维护，体育馆、操场音响系统的管理与维护，高考、中考的广播与听力考试，摄像以及摄像设备与资源的管理，荣光钟的管理与维护，北京市数字学校课堂实录与编辑制作等。

4．组织结构图

```
                        校团委
                        隶属教导处
    ┌───────────────────────┼───────────────────────┐
  团委书记                团委副书记                  团委干事
 ┌────┴────┐         ┌──────┼──────┐         ┌──────┼──────┐
团委会    学生会      社团联合会    ...      校园电视台
学生副书记  主席        主席                   台长
  │        │        各社团联盟             学生电视台
团委各部   学生会常委   负责人                  台长
委员      及干事       各学生社团             方圆电视台
                     社长                    台长
                                           NT电视台
                                            台长
```

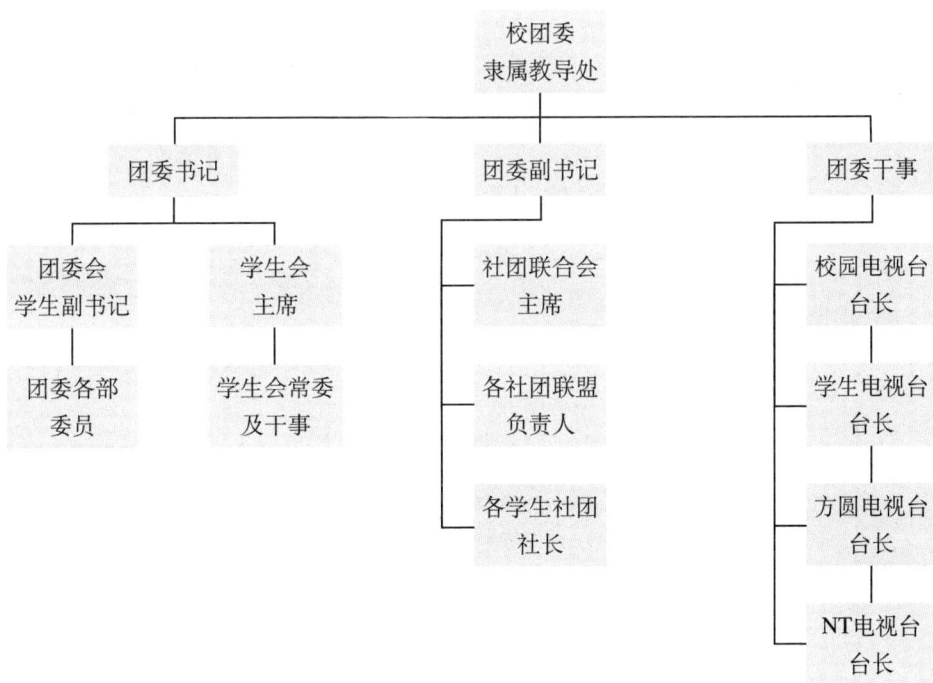

六、具体工作事项

1．团员发展

发展新团员是共青团自身建设的重要内容，是团的性质和任务决定的，具有极为重要的意义。

1.1 工作问答

问：怎么才能申请加入共青团？

答：团校结业，携带书面申请可到团委或团总支老师处领取申请草表，同时寻找两位团员介绍人或由年级团总支书记老师协助推荐介绍人。

1.2 工作流程图

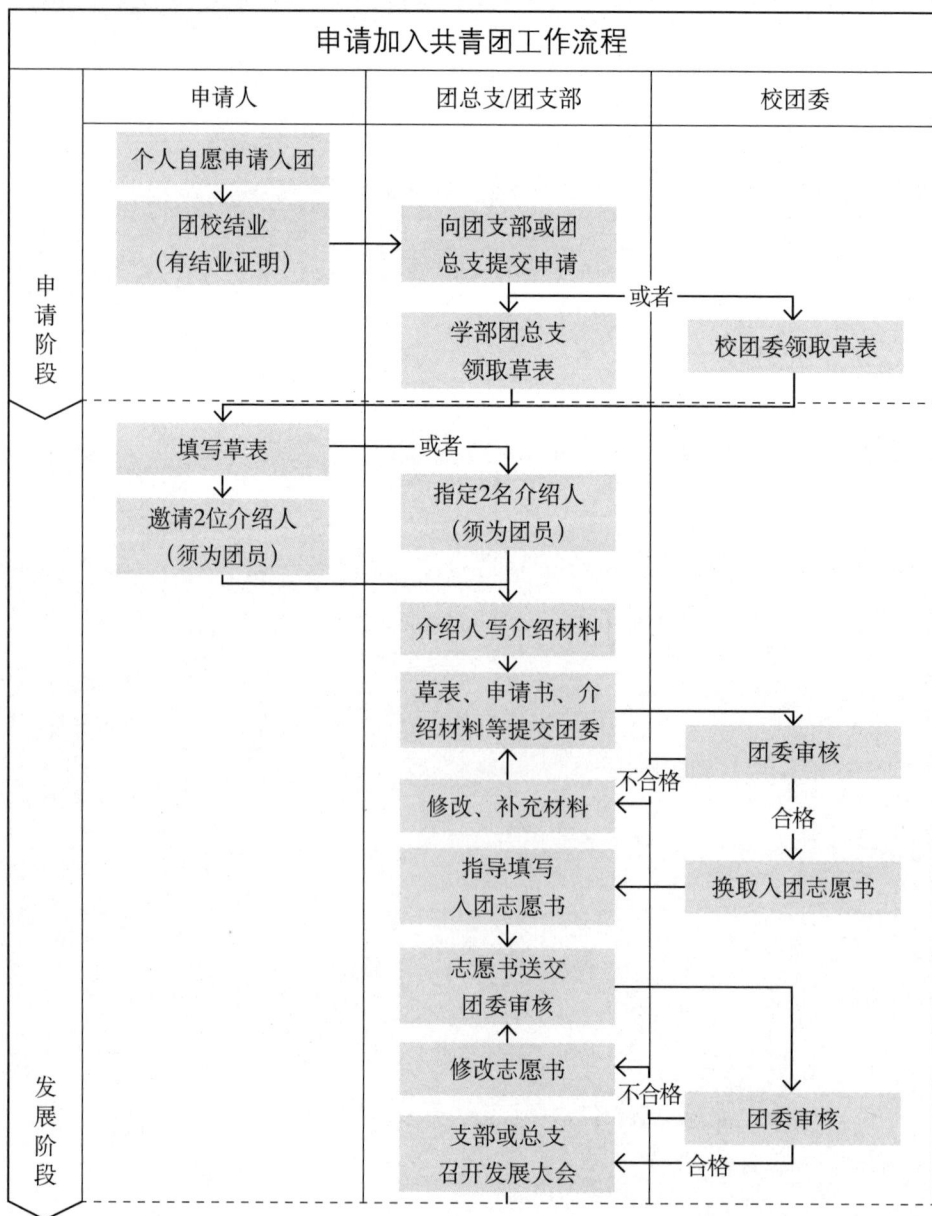

申请加入共青团工作流程

申请人	团总支/团支部	校团委

申请阶段

- 个人自愿申请入团
- 团校结业（有结业证明）
- 向团支部或团总支提交申请
- 或者
- 学部团总支领取草表
- 校团委领取草表

发展阶段

- 填写草表
- 或者
- 指定2名介绍人（须为团员）
- 邀请2位介绍人（须为团员）
- 介绍人写介绍材料
- 草表、申请书、介绍材料等提交团委
- 团委审核
- 不合格 → 修改、补充材料
- 合格 → 换取入团志愿书
- 指导填写入团志愿书
- 志愿书送交团委审核
- 团委审核
- 不合格 → 修改志愿书
- 合格 → 支部或总支召开发展大会

146

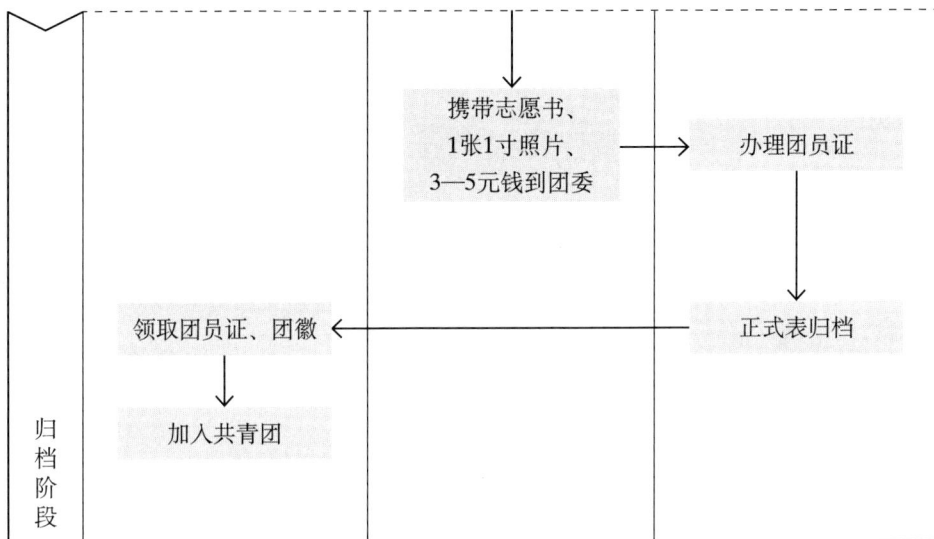

携带志愿书、
1张1寸照片、
3—5元钱到团委 → 办理团员证

领取团员证、团徽 ← 正式表归档

加入共青团

归档阶段

1.3 工作关键点

学生需团校结业并自愿提出申请。

1.4 对接部门

各个学部、年级团总支，以及有入团意向的学生。

1.5 参考文件

北京市十一学校入团须知、北京市十一学校团员发展草表、北京市十一学校入团志愿书填写注意事项、北京市十一学校团员发展大会流程。

2. 初中团校

初中团校的教育为"少先队员推优入团"工作打下了良好的思想基础。同时，也是衔接少先队和共青团组织最好的平台，是校内开展少先队活动的教育阵地，是处在青春期的学生渴望得到世界观、人生观、价值观正确指导的需要。团校的学习生活促进了学生的健康成长和政治追求。

2.1 工作问答

问：团校一定要上吗？

答：是否上团校由个人决定，完全自愿，但团校不结业无法申请入团。

问：团校怎么才能结业？

答：完成团校设置的理论学习和实践任务即可取得结业证书。

2.2 工作流程图

初中少年先锋团校工作流程

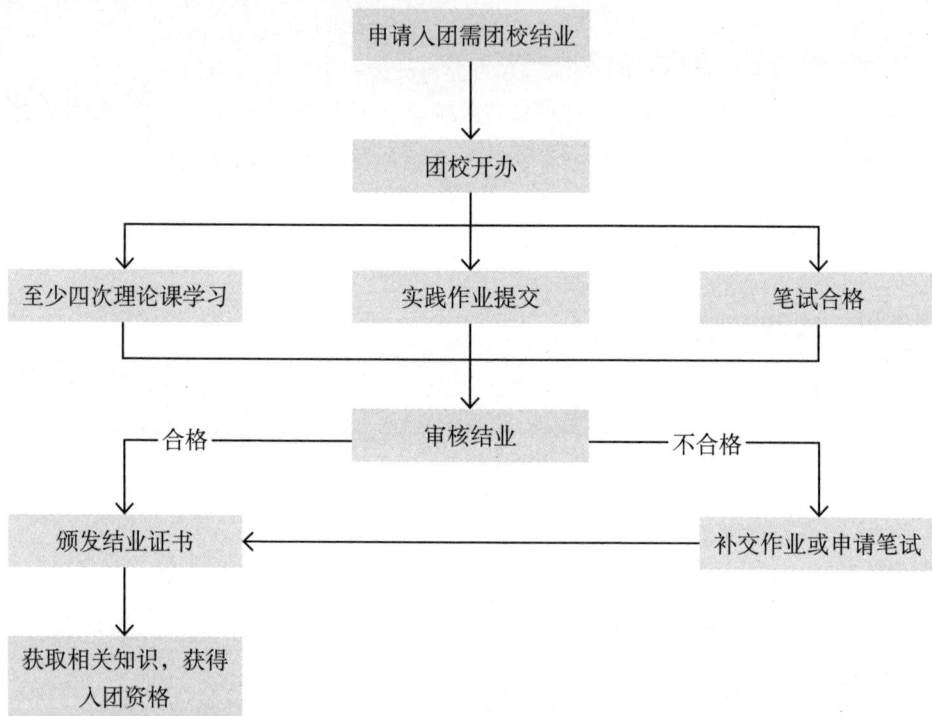

```
                    申请入团需团校结业

                         团校开办

   至少四次理论课学习      实践作业提交        笔试合格

        合格 —— 审核结业 —— 不合格

   颁发结业证书 ←——————————— 补交作业或申请笔试

   获取相关知识，获得
        入团资格
```

2.3 工作关键点

完成团校规定的相关任务，取得团校结业证，获得入团资格。

2.4 对接部门

初中学部有意向参加团校学习的学生。

2.5 参考文件

北京市十一学校少年先锋团校学习须知。

3．中学生业余党校

北京市十一学校中学生业余党校自1989年至今，共成功举办23期，3500多名学生骨干在高中时期及时受到了共产主义理想信念教育，多年来共发展了73名学生党员，真正使中学业余党校成为培养青年马克思主义者的摇篮。2007年年底，我校中学生业余党校获得了北京市市级党校示范校的殊荣。

3.1 工作问答

问：党校一定要上吗？

答：党校由高一学生自愿申请参加。

问：党校学习合格就能入党吗？

答：高一学生自愿申请参加校级党校学习，从合格者中选拔优秀学员参与区级党校的学习，从区级党校结业者中选拔优秀的学员参与市级党校的学习，市级党校结业者取得入党积极分子的资格，并被推荐为当年的入党积极分子，经过高三学部党支部提请学校党委审核后，最终确定入党人选，开始入党各项手续的推进。

3.2 工作流程图

中学生业余党校工作流程

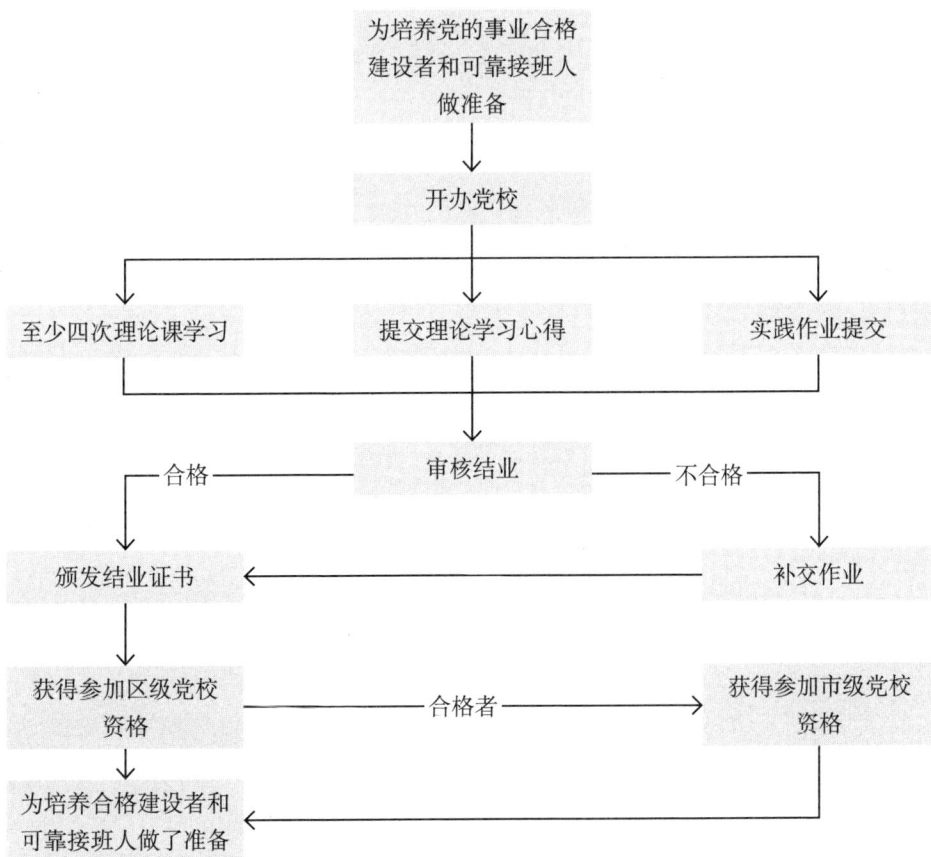

3.3 工作关键点

学生自愿提出申请并完成相关任务，取得党校结业证，获得区级党校申请资格。

3.4 对接部门

高中各学部有意向参与党校学习的学生。

3.5 参考文件

北京市十一学校第23期党校学习任务书。

4．"五四"表彰

为了认真贯彻落实共青团中央和共青团北京市委关于加强基层团组织建设的精神，坚持和依靠党建带团建，进一步加强和夯实共青团基层组织建设，不断推进争先创优的各项成果，树立典型，奖励先进，巩固和活跃基层共青团工作。校团委每年都要在"五四"期间表彰和奖励一批在学习、工作等各个方面表现突出、成绩显著的先进集体和优秀个人。

4.1 工作问答

问："五四"期间都表彰哪些学生呢？

答：主要表彰学习成绩良好以上、各项工作积极参与，并在同学中有很好的评价和榜样激励作用的优秀共青团员。

4.2 工作流程图

"五四"表彰工作流程

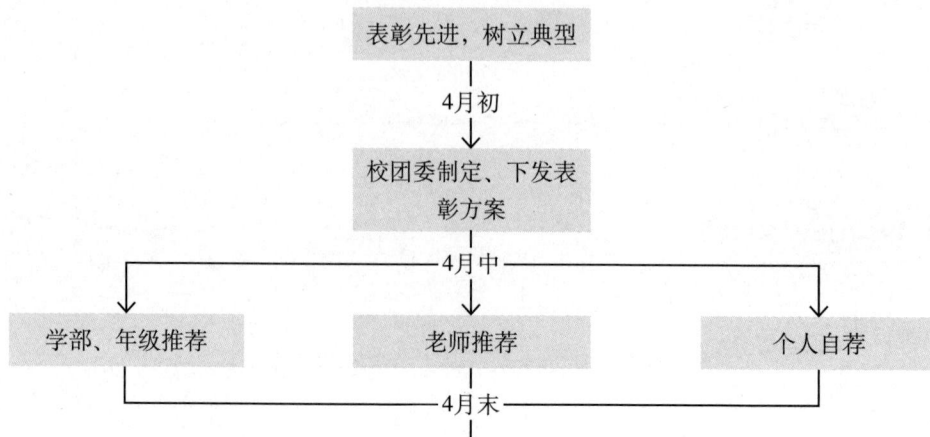

表彰先进，树立典型

↓ 4月初

校团委制定、下发表彰方案

↓ 4月中

| 学部、年级推荐 | 老师推荐 | 个人自荐 |

4月末

```
        ↓
┌─────────────────┐
│ 学部、年级团总支 │
│   上报名单       │
└─────────────────┘
      │
   5月4日前
      ↓
┌─────────────────┐
│   校团委审核     │
└─────────────────┘
      │
  5月4日前后
      ↓
┌─────────────────┐
│ 召开表彰大会,颁发 │
│   证书、奖品      │
└─────────────────┘
        │
        ↓
┌─────────────────┐
│ 发布新闻,总结收尾 │
└─────────────────┘
        │
        ↓
┌─────────────────┐
│ 表彰了先进,鼓励了 │
│     学生         │
└─────────────────┘
```

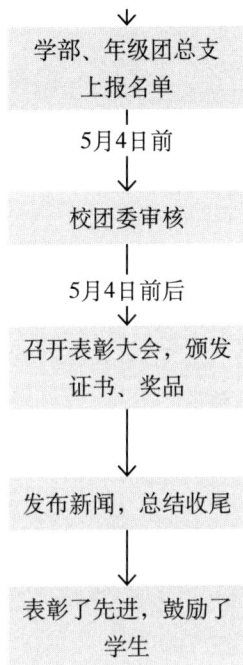

4.3　工作关键点

团委制定评选标准、各年级申报名单。

4.4　对接部门

各个学部团总支。

4.5　参考文件

北京市十一学校2013年"五四"表彰方案。

5．"六一"表彰

在学校《行动纲要》培养目标的指导下,给初一年级学生过最后一个儿童节,同时表彰那些进入初中以来表现突出的团队和个人,发挥同伴激励的作用,让学生争当卓越、优秀的十一人。

5.1　工作问答

问:"六一"表彰有什么环节?

答:学校每年的"六一"表彰都会根据年级实际情况有不同的内容设计,但有两项固定内容,一是为每名初一学生挑选一件精美的礼物,二是表彰一学期以来表现优秀的十一学子。

5.2 工作流程图

"六一"表彰工作流程

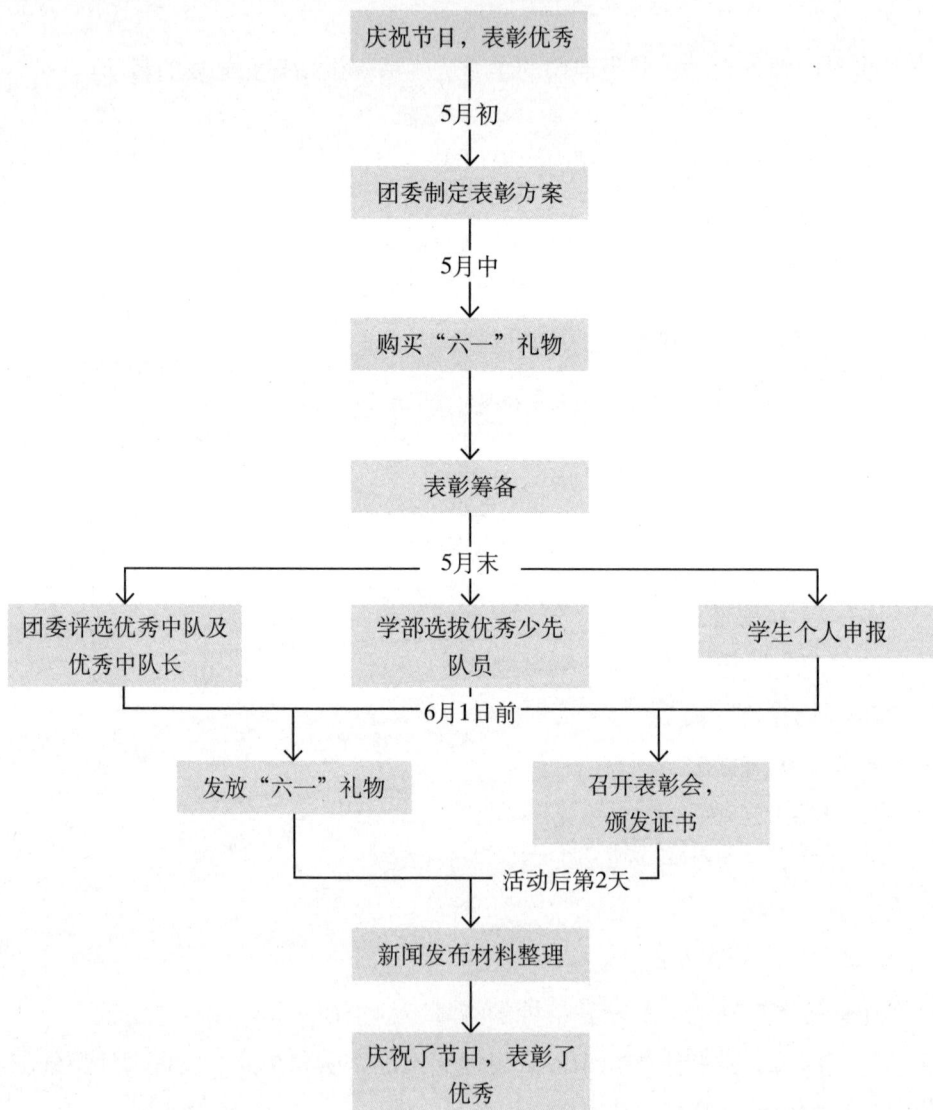

```
        庆祝节日，表彰优秀
              │
            5月初
              ↓
        团委制定表彰方案
              │
            5月中
              ↓
        购买"六一"礼物
              │
              ↓
          表彰筹备
              │
            5月末
   ┌──────────┼──────────┐
   ↓          ↓          ↓
团委评选优秀中队及  学部选拔优秀少先  学生个人申报
优秀中队长        队员
   │          │
  6月1日前     │
   ↓          ↓
发放"六一"礼物   召开表彰会，
              颁发证书
   │          │
   └────┬─────┘
     活动后第2天
        ↓
   新闻发布材料整理
        ↓
   庆祝了节日，表彰了
   优秀
```

5.3 工作关键点

面向全体初一学生，让他们过最后一个有意义且终身难忘的节日。

5.4 对接部门

初一少先队大队及各中队。

6. 初一建大队

为了做好小学、初中的衔接，让刚刚小学毕业的学生在初中找到团队的归属感，在他们进入初中伊始建立初一年级少先队大队组织，带领他们开展丰富多彩的课外活动，并为他们的学习、生活提供指导和必要的帮助。

6.1　工作问答

问：少先队大队成立后如何开展工作？

答：首先，少先队大队成立后，初一年级就有了完整的组织依托，负责老师可以带领中队和大队委员会的小干部们开展学生喜闻乐见的活动。它有别于小学的中队和大队，实质应该是我们的活动内容设计，更加符合初中学生的实际需求，不仅有丰富的课外生活，更应该有课堂学习的深入探讨，进而让进入初中的学生更快地适应初中的学习和生活。

6.2　工作流程图

初一年级少先队大队成立工作流程

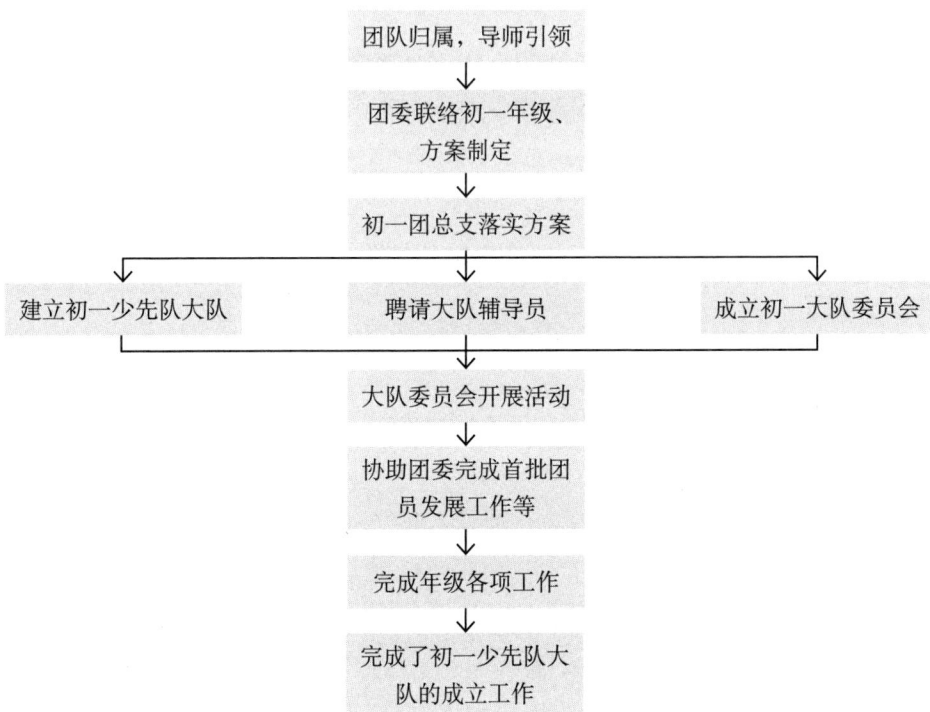

团队归属，导师引领
↓
团委联络初一年级、方案制定
↓
初一团总支落实方案
↓
建立初一少先队大队　　聘请大队辅导员　　成立初一大队委员会
↓
大队委员会开展活动
↓
协助团委完成首批团员发展工作等
↓
完成年级各项工作
↓
完成了初一少先队大队的成立工作

6.3　工作关键点

设计出与学校目前课改文化相匹配的建队仪式，既让学生喜欢，又真正发挥仪式教育的作用。

6.4 对接部门

初一年级。

6.5 参考文件

北京市十一学校2013级三三制初中少先队成立活动方案。

7．初二离队建团

按照上级团组织的要求，为了培养祖国合格接班人，向团组织输入新鲜血液，各基层团组织应在适龄青年中建立团支部。结合学校课改现实，校团委在初二年级成立团总支，为有意向加入共青团的同学提供思想引领和实践锻炼的机会与平台。

7.1 工作问答

问：离队建团工作都有哪些具体内容?

答：在进行离队建团仪式之前需要完成初二年级第一批团员的发展工作，在此基础上进行离队和建团仪式的设计，具体内容可根据年级实际情况进行设计，但宣读建立团支部和团总支的决定，离队别离红领巾和建团给第一批团员颁发团员证、佩戴团徽的环节应该包括在其中。

7.2 工作流程图

初二年级离队建团工作流程

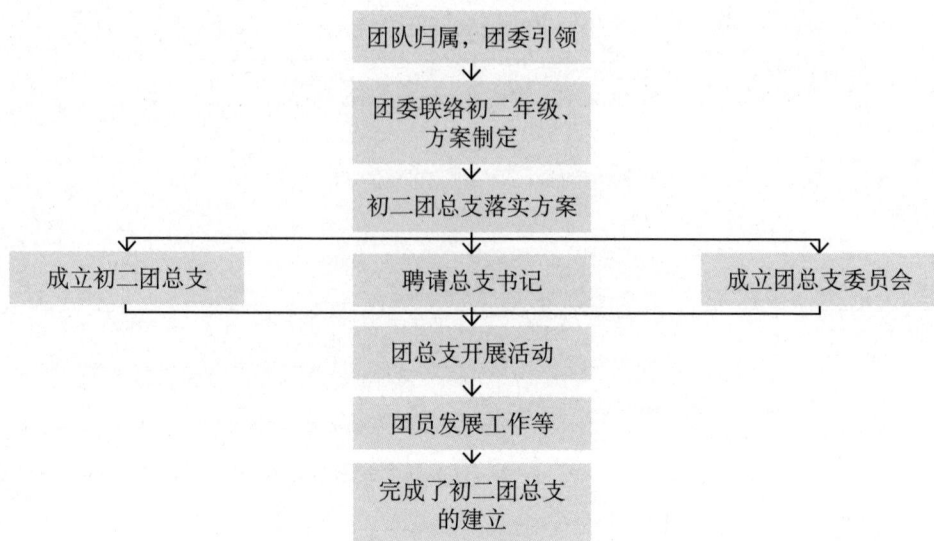

```
        ┌──────────────────┐
        │ 团队归属，团委引领 │
        └────────┬─────────┘
                 ↓
        ┌──────────────────┐
        │ 团委联络初二年级、 │
        │    方案制定       │
        └────────┬─────────┘
                 ↓
        ┌──────────────────┐
        │  初二团总支落实方案 │
        └────────┬─────────┘
    ┌────────────┼────────────┐
    ↓            ↓            ↓
┌─────────┐ ┌─────────┐ ┌──────────────┐
│成立初二团总支│ │聘请总支书记│ │成立团总支委员会│
└─────────┘ └────┬────┘ └──────────────┘
                 ↓
        ┌──────────────────┐
        │  团总支开展活动   │
        └────────┬─────────┘
                 ↓
        ┌──────────────────┐
        │  团员发展工作等   │
        └────────┬─────────┘
                 ↓
        ┌──────────────────┐
        │ 完成了初二团总支  │
        │   的建立         │
        └──────────────────┘
```

7.3 工作关键点

首批团员发展工作结束，建立导师支部并培训支部委员。

7.4 对接部门

初二年级。

7.5 参考文件

北京市十一学校2012级初中离队建团仪式参考材料。

8．高三成人仪式

成人仪式教育是一项公民素质教育活动，通过仪式的开展让年满18周岁的青年知道成人的含义。我校成人仪式通过丰富多彩的环节设计，让父母、师长共同见证高三学子成人的庄重时刻，让他们通过成人宣誓感悟自己肩上责任的重大，明白勇于担当品质的重要性。

8.1 工作问答

问：高三成人仪式活动内容都有哪些？

答：高三成人仪式有多种形式的设计，但一定要围绕如何让学生明白18岁意味着什么、宪法赋予成人的权利和义务是什么来设计，让学生明白自身角色的多元和责任的担当。其中必备的环节应该有颁发《宪法》、奏唱国歌、成人宣誓。

8.2 工作流程图

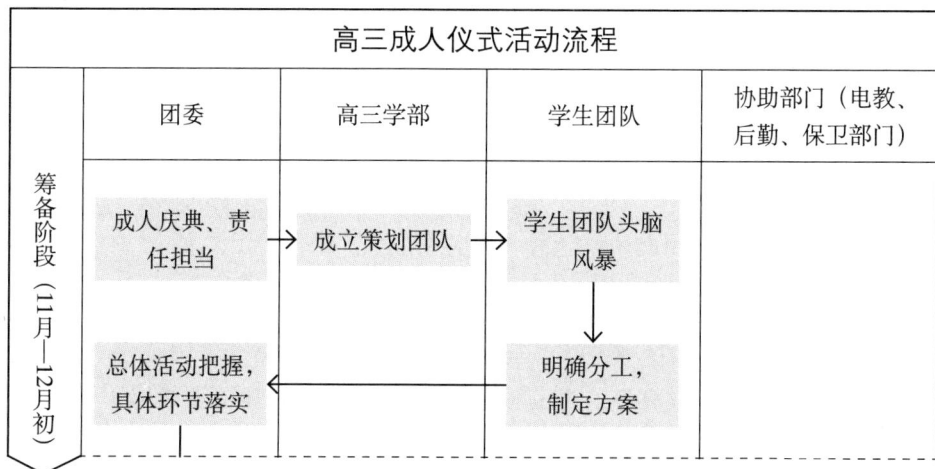

高三成人仪式活动流程			
	团委	高三学部	学生团队	协助部门（电教、后勤、保卫部门）
筹备阶段（十一月—12月初）	成人庆典、责任担当 → 成立策划团队 → 学生团队头脑风暴 ↓ 总体活动把握，具体环节落实 ← 明确分工，制定方案		

```
┌─────────────────────────────────────────────────────────────────────────────┐
│  实     │ 全面协助学生  │→│ 协助学生团队 │  │  方案落实  │                  │
│  施     │ 方案落实    │  │ 环节落实   │  │           │                  │
│  阶     │           │  │         │  │  细节落实  │                  │
│  段     │           │  │         │  │           │                  │
│  (     │           │  │         │  │  活动彩排  │                  │
│  12    │ 成人仪式光盘  │────────────────→│  正式活动  │←──────┐          │
│  月     │ 录刻      │  │         │           │       │          │
│  初     │           │  │         │     ┌─────┴─────┐          │
│  )     │           │  │         │     │电教中心:活动│          │
│        │           │  │         │     │现场技术支持 │          │
│        │           │  │         │     ├───────────┤          │
│        │           │  │         │     │保卫处:活动期│          │
│        │           │  │         │     │间安全     │          │
│        │           │  │         │     ├───────────┤          │
│        │           │  │         │     │后勤部门:支持│          │
│        │           │  │         │     │场地布置   │          │
│        │           │  │         │     └───────────┘          │
├────────┼───────────────────────────────────────────────────────────┤
│  收     │           │  │ 光盘发放  │                                  │
│  尾     │ 新闻发布材料  │←────────────────│ 撰写新闻稿 │                  │
│  阶     │ 汇总      │                                                │
│  段     │           │                                                │
│  (     │ 庆祝了学生的  │                                                │
│  活     │ 成人典礼,树  │                                                │
│  动     │ 立了学生的责  │                                                │
│  后     │ 任意识    │                                                │
│  1     │           │                                                │
│  周     │           │                                                │
│  )     │           │                                                │
└─────────────────────────────────────────────────────────────────────────────┘
```

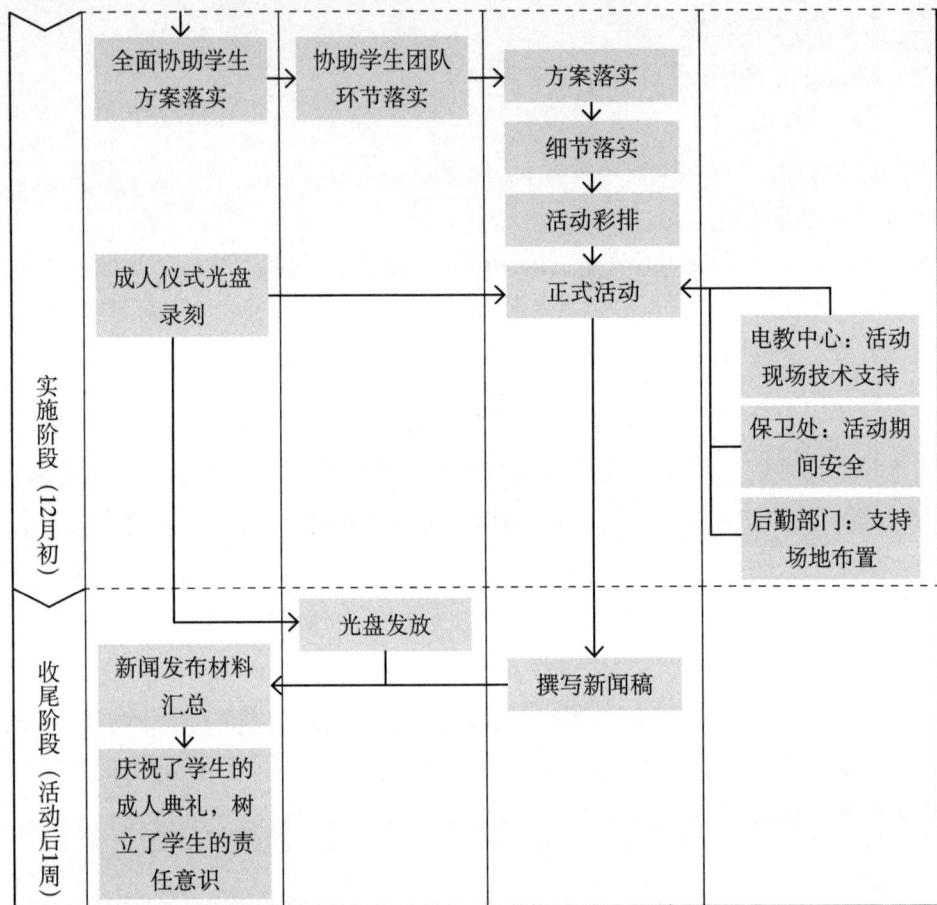

8.3　工作关键点

整个高三成人仪式的时间、主创团队及方案的确定。

8.4　对接部门

高三学部。

8.5　参考文件

北京市十一学校2014届高三成人仪式方案。

9．团代会、学代会

团代会、学代会是中学生校园生活中的大事，会议的召开不仅代表了全体学生的诉求与愿望，更是学生正确行使自己权利的重要体现。学校团代会每两年召开一次，学代会每年召开一次。

9.1　工作问答

问：学代会和团代会有什么区别?

答：两个会议的区别在于学代会是学生代表大会，团代会是团员代表大会，从它们的代表人员上就能看出。另外，学代会上由代表选举产生新一届学生会委员会成员，而团代会则是由代表通过新一届团委委员名单。

两个会议的共同点都是由学生代表代表全体学生提出关于学校管理、教育教学等方面存在的一些问题和解决方案，由学生会主席、团委学生副书记提交学校校务委员会和各个负责部门，同时将反馈信息传达给各位代表，最大限度地保障学生应有的权益。

9.2　工作流程图

团代会、学代会工作流程			
党委	团委	团总支	团员代表、学生代表

准备阶段

加强党建带团建、学生提案工作 → 召开学生两会的计划 ↓ 筹备两会 ↓ 提请党委批准 → 是否批准（否→筹备两会；是→制定方案） → 制定方案

实施阶段

组建主席团 ↓ 成立代表资格审核小组 ← 推选代表、列席代表 → 填写提案 ↓ ↓ ↓ 成立团费审查小组 指定学部负责人 分组讨论 ↓ 召开预备会 ↓ 上交提案 召开正式大会 ↓ 上交讨论记录 产生新一届团委会和学生会常委

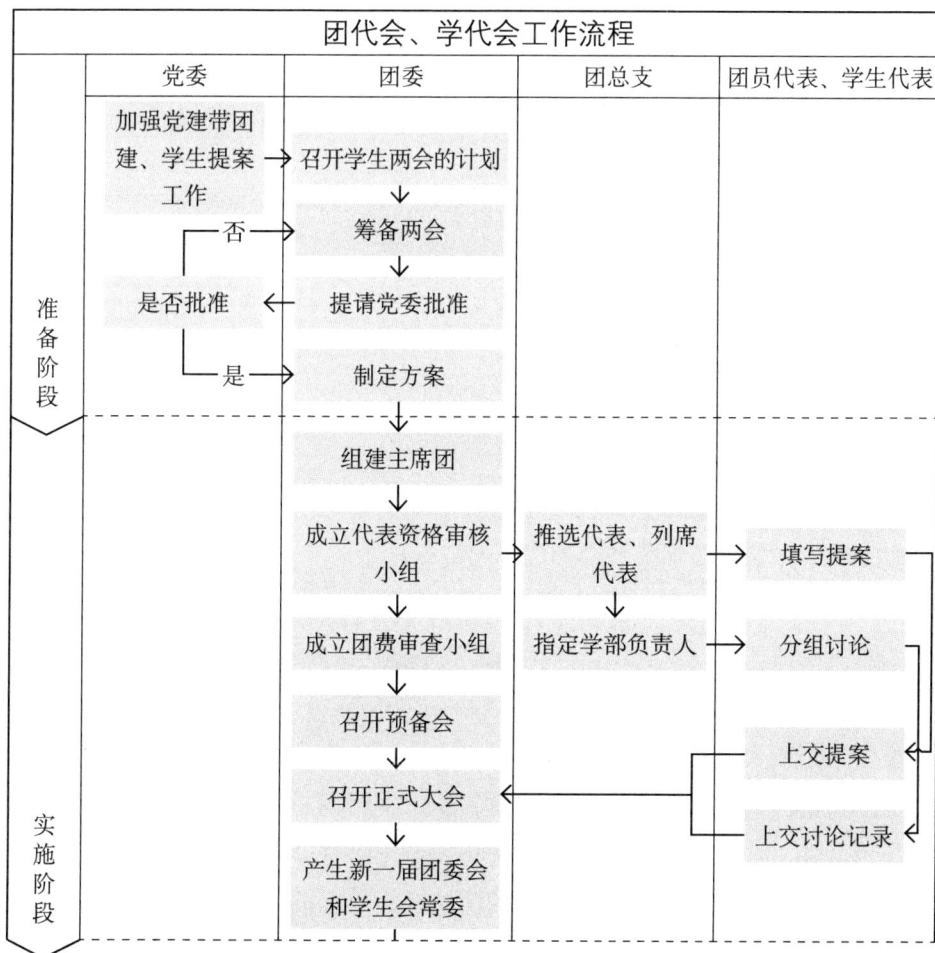

157

大会闭幕

党委下发会议通告

大会新闻报道

加强了党建带团建工作

总结阶段

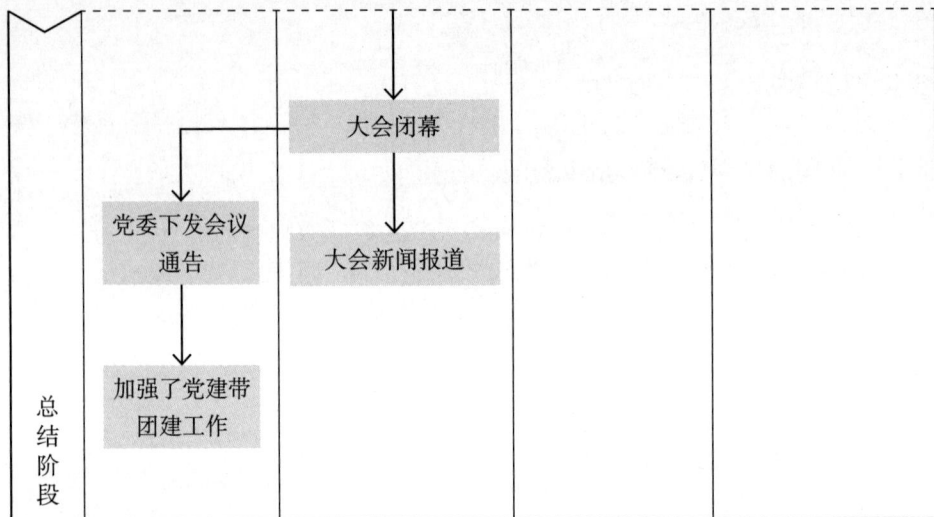

9.3　工作关键点

新一届团委会和学生会的成功换届，以及学生提案的征集、反馈和落实。

9.4　对接部门

区团教工委、校党委及各个学部自主管理学院和学部团总支。

9.5　参考文件

北京市十一学校第十六次学生代表大会实施方案、共青团北京市十一学校代表大会选举办法（草案）。

10．初三、高三团关系转出

初三、高三学生毕业时，团员需办理团关系转出手续，将本人的团籍档案在新学年开学时提交给录取的高中和大学团委。

10.1　工作问答

问：初三、高三毕业年级的团员档案转出手续什么时候开始办理？

答：初三团员档案会在中考前由团委统一装封好，盖好公章，交由团支书下发给个人，本人签字确认收到档案，开学时交到高中学校团委即可。高三学生团员档案在高考前由团委整理好统一交给高三教务员老师放到高考档案袋里，高三学生在接到大学录取通知后，一般在7月底持团员证到团委办理团关系转出手续及部分大学需要的团关系转出证明。当时没有办理的，可在开学后到团委办理。

10.2 工作流程图

初三、高三团关系转出工作流程

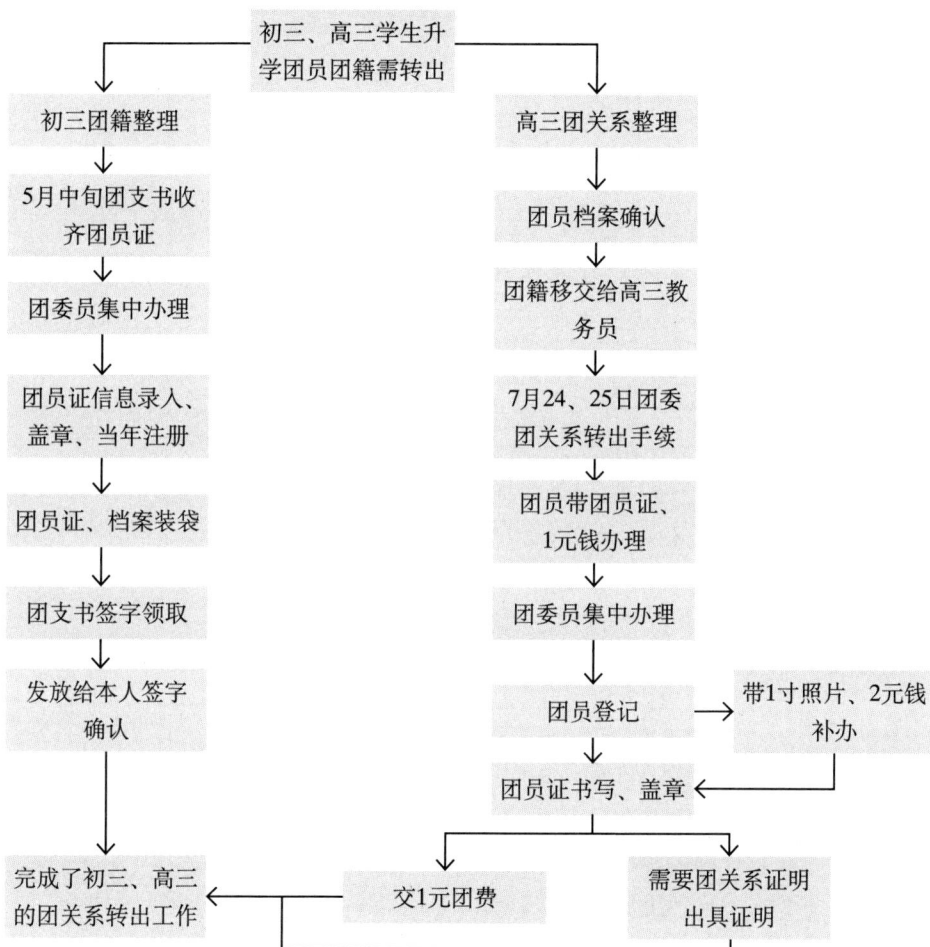

```
                    初三、高三学生升
                    学团员团籍需转出
        ┌──────────────────┴──────────────────┐
        ↓                                      ↓
   初三团籍整理                           高三团关系整理
        ↓                                      ↓
  5月中旬团支书收                          团员档案确认
    齐团员证                                    ↓
        ↓                                团籍移交给高三教
   团委员集中办理                               务员
        ↓                                      ↓
  团员证信息录入、                        7月24、25日团委
  盖章、当年注册                          团关系转出手续
        ↓                                      ↓
  团员证、档案装袋                        团员带团员证、
        ↓                                 1元钱办理
   团支书签字领取                               ↓
        ↓                                团委员集中办理
  发放给本人签字                                ↓
      确认                        团员登记 → 带1寸照片、2元钱
        ↓                            ↓          补办
                                团员证书写、盖章 ←────┘
        ↓                      ┌─────┴─────┐
  完成了初三、高三 ← 交1元团费      需要团关系证明
  的团关系转出工作                   出具证明
```

10.3 工作关键点

初三团关系提前整理，装好袋子，盖好转出公章，并做好登记；高三团关系整理完毕移交给高三教务员老师。

10.4 对接部门

初三年级、高三学部。

10.5 参考文件

北京市十一学校初三团关系转出安排、北京市十一学校高三团关系转出流程。

11．日常团务工作

日常团务工作主要包括团关系转入、转出；上交团费；事务咨询；自愿申请入团的同学到团委查阅团校成绩、领取草表，填写完草表和介绍材料的同学到团委进行草表审核，合格者换取正式表，正式表填写完成提交团委审核，合格者召开团员发展大会，发展大会结束后到团委办理团员证，入团志愿书盖章归档，等等。

11.1 工作问答

问：团委除了发展团员外还有哪些工作？

答：除了初一年级建队、初二年级建团、高三成人仪式等主题教育活动外，还有很多日常的团务工作，比如指导有入团意向的同学填写草表、写入团申请书，协助团支书审核入团志愿书、办理团员证，档案盖章归档，日常的团关系转入转出手续办理，等等。

11.2 工作流程图

日常团务工作流程

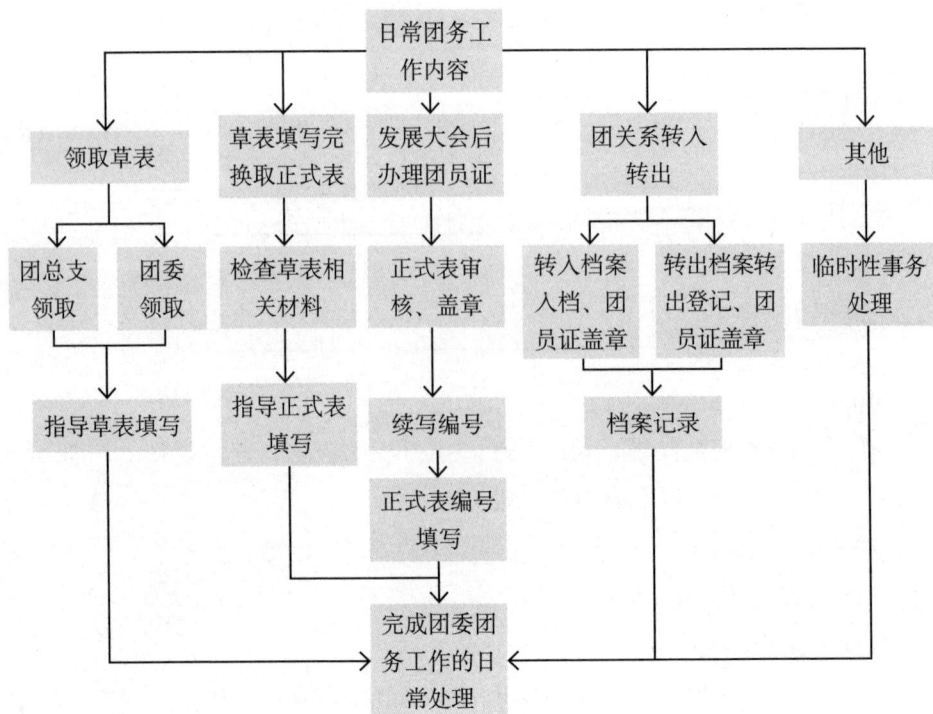

11.3　工作关键点

团委老师、团委员熟悉各项团务工作的办理流程。

11.4　对接部门

团委会、各学部团总支、全校学生。

11.5　参考文件

北京市十一学校团员登记表、北京市十一学校团费收缴登记表、北京市十一学校团员民主评议。

12．开学典礼

新学期，新面貌，促使每一个学生积极思考自己的新目标和新规划，我们力争让学生在校三年能够记住每一个开学典礼。

12.1　工作问答

问：怎么才能参与到学校开学典礼的活动中？

答：可通过校园机会榜参与开学典礼的筹备工作，也可以根据自己的特长向团委申报组织、策划、主持或志愿者等工作。

12.2　工作流程图

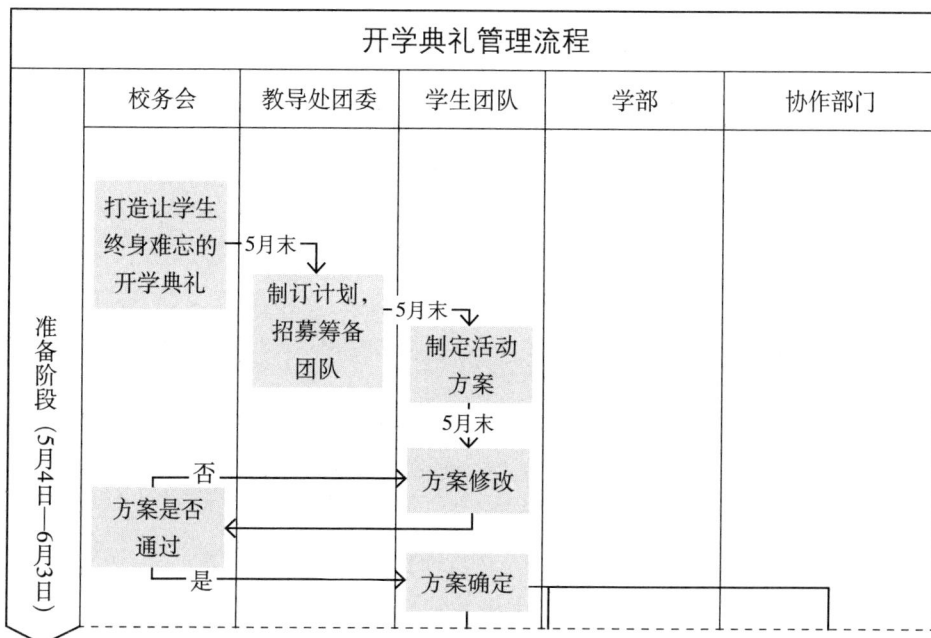

开学典礼管理流程				
校务会	教导处团委	学生团队	学部	协作部门

准备阶段（5月4日—6月3日）

打造让学生终身难忘的开学典礼 —5月末→ 制订计划，招募筹备团队 —5月末→ 制定活动方案 5月末 方案修改

方案是否通过　否／是　方案确定

実施阶段（7月1日—9月1日）

		7—8月		
		方案实施筹备		协助部门了解方案，明确任务：办公室联络嘉宾、提醒校务委员、安排拍照等，总务处电源等后勤保障，电教中心摄像技术支持，保卫处安全保障
	活动实施全面保障		了解方案，确定时间	
			确定学部活动负责人	
		正式活动开展	← 9月1日	

总结阶段（9月2—30日）

		活动新闻报道 ← 24小时内
		一周内
打造了让学生终身难忘的开学典礼		活动总结反馈
		两周内
		活动表彰
		表彰后一周内
		所有材料归档

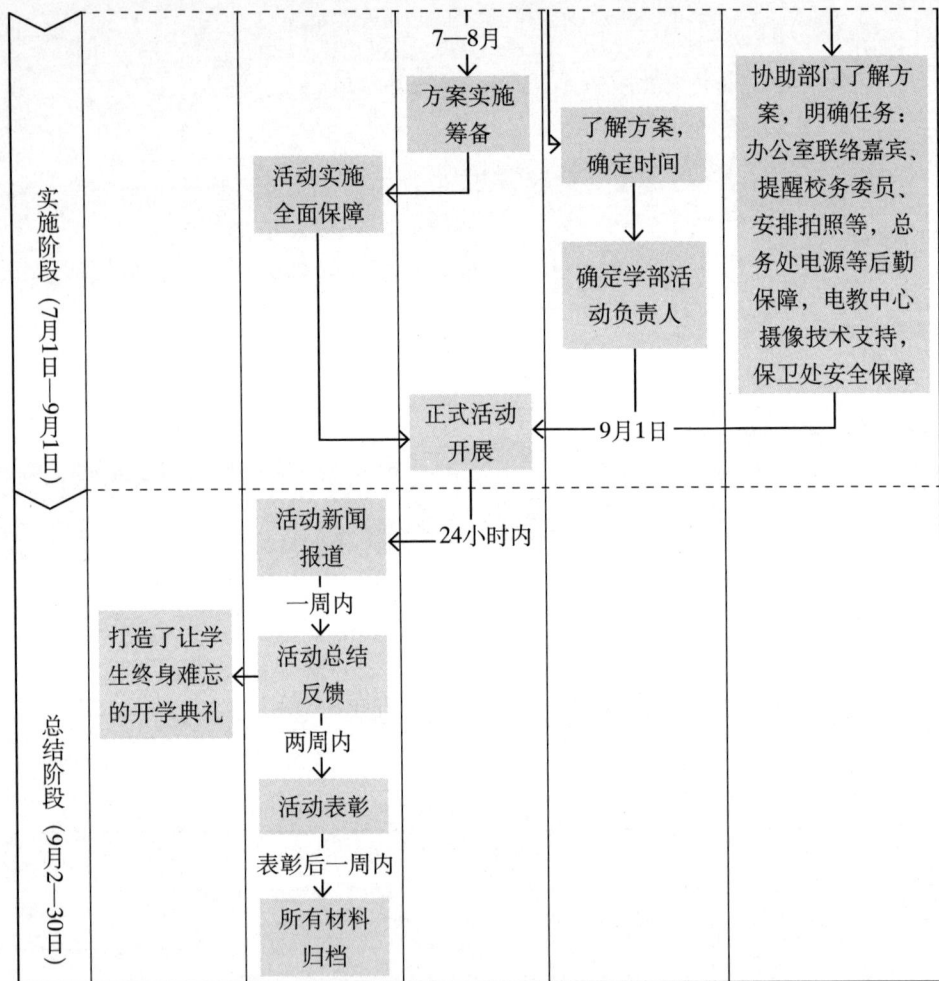

12.3　工作关键点

让学生终生难忘的开学典礼活动方案设计最为关键。

12.4　对接部门

校务会、各学部、各处室及参与学生团队。

12.5　参考文件

北京市十一学校2013—2014学年"同伴行·方圆梦"开学周课程方案。

13．体育季

结合学校课改形式，传统的秋季运动会有了全新的突破，不仅有传统的田赛、径赛项目，还增加了羽毛球、乒乓球和以各体育学科教学班为单位的团队竞技项目，让体育季真正成为师生全员参与，共同感受运动快乐的体育盛会。

13.1 工作问答

问：为什么要把原来的运动会改为现在的体育季？

答：从组织形式来看，没有了行政班就没有了原来运动会的组织依托。同时，课改时期要发挥体育学科课程的优势，促进学生热爱运动，养成运动的习惯，进而达到增强体质、陶冶情操的目的，体育季的设立更加符合学生的实际需求。

13.2 工作流程图

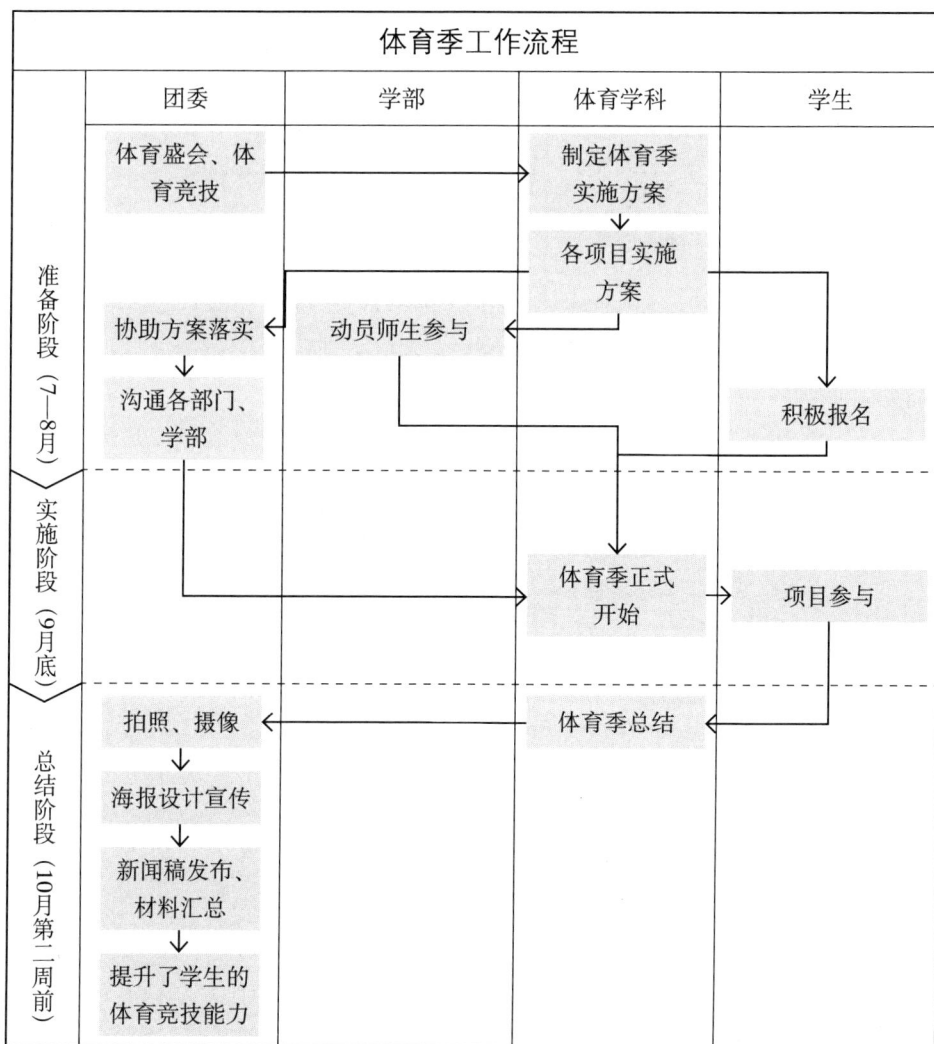

体育季工作流程				
	团委	学部	体育学科	学生
准备阶段（7—8月）	体育盛会、体育竞技　→　协助方案落实　↓　沟通各部门、学部	动员师生参与	制定体育季实施方案　↓　各项目实施方案	积极报名
实施阶段（9月底）			体育季正式开始	项目参与
总结阶段（10月第二周前）	拍照、摄像　↓　海报设计宣传　↓　新闻稿发布、材料汇总　↓　提升了学生的体育竞技能力		体育季总结	

13.3 工作关键点

如何充分发挥学校课改体育学科的优势，让学生积极参与到体育锻炼和竞赛中。

13.4 对接部门

各学部、总务处、保卫处、医务室、信息中心及参与学生团队。

13.5 参考文件

北京市十一学校2013年体育季系列活动安排。

14．狂欢节

狂欢节（活动举行时间：每年的最后一个工作日上午）是全校师生倾情参与的盛大节日，学校举办狂欢节旨在在参与中创意，在创意中分享快乐，在分享中建立融洽和谐的师生关系，在快乐中共同迎接新年的到来。

14.1 工作问答

问：狂欢节的主题和方案是如何确定的？

答：每年狂欢节的主题都会经过大范围的征集，最后经过多次讨论确定。主题确定后，发布机会榜召集策划、承办的师生团队，展开热烈的讨论，敲定最终方案。

14.2 工作流程图

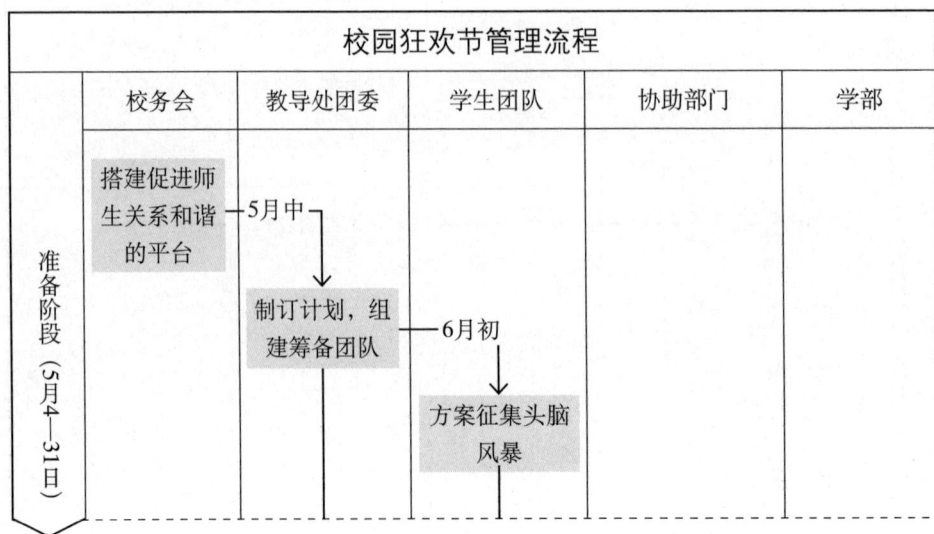

校园狂欢节管理流程					
	校务会	教导处团委	学生团队	协助部门	学部
准备阶段（5月4—31日）	搭建促进师生关系和谐的平台 —5月中—	制订计划，组建筹备团队	方案征集头脑风暴		

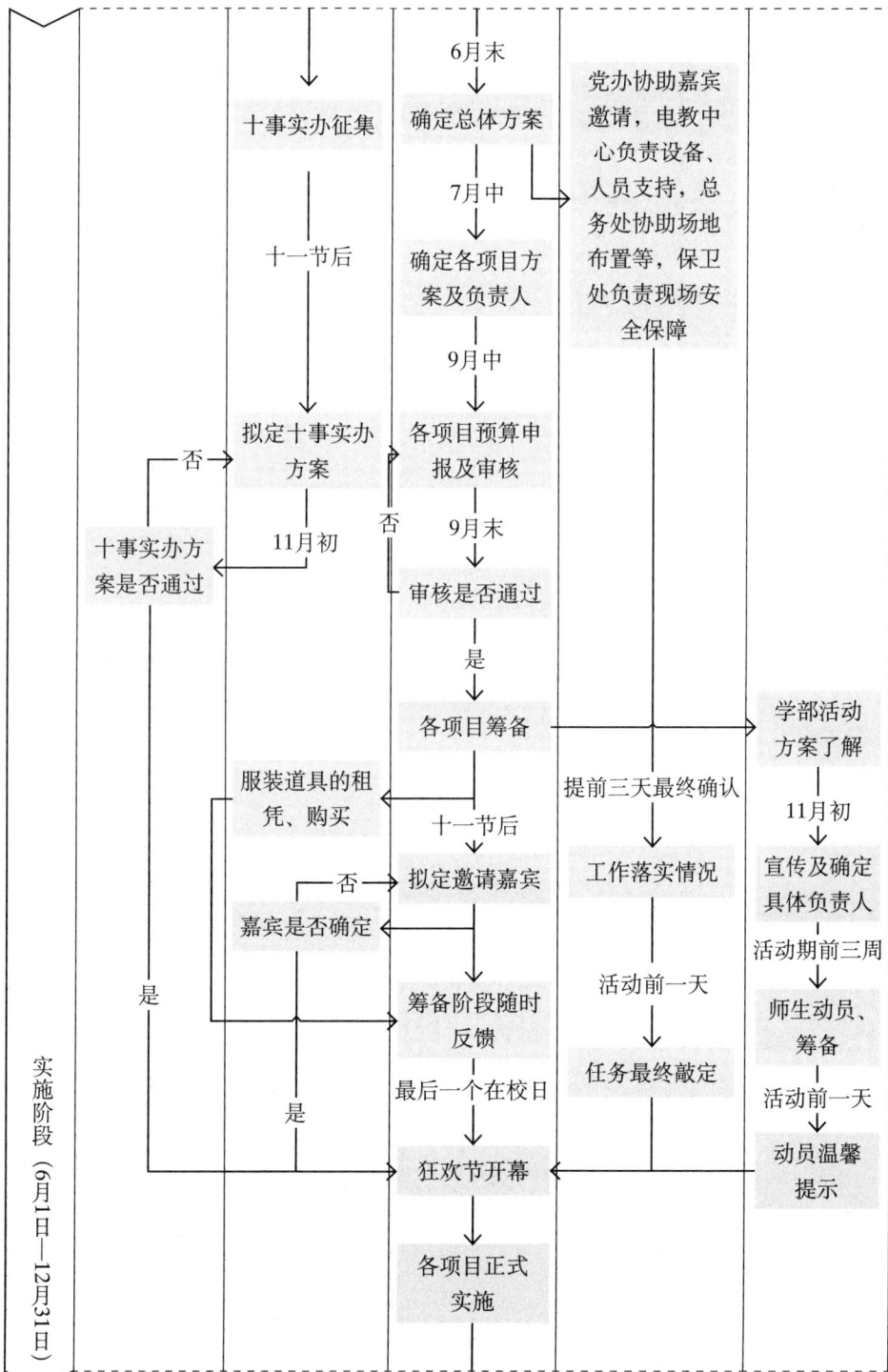

```
实施阶段（6月1日—12月31日）

                    十事实办征集        6月末
                                    确定总体方案        党办协助嘉宾
                                                        邀请，电教中
                                                        心负责设备、
                    十一节后          7月中              人员支持，总
                                    确定各项目方          务处协助场地
                                    案及负责人            布置等，保卫
                                                        处负责现场安
                                                        全保障
       否→          拟定十事实办      9月中
                    方案              各项目预算申
                                    报及审核
       十事实办方      11月初
       案是否通过   ←                 否
                                    9月末

                                    审核是否通过

                                      是

                                    各项目筹备  →              →    学部活动
                                                                    方案了解
              服装道具的租
              凭、购买          十一节后        提前三天最终确认      11月初
                                              工作落实情况          宣传及确定
                  否→          拟定邀请嘉宾                        具体负责人
              嘉宾是否确定   ←                                    活动期前三周
                                              活动前一天          师生动员、
                              筹备阶段随时                        筹备
                              反馈              任务最终敲定        活动前一天
              是              最后一个在校日                      动员温馨
                                                                提示
                        →    狂欢节开幕    ←                  ←

                              各项目正式
                              实施
```

总结阶段（来年1月15日前）

搭建了促进师生关系和谐的平台

新闻发布等收尾 ←— 24小时内

活动后两周内

搜集各方反馈及总结表彰

来年1月15日前

材料整理归档

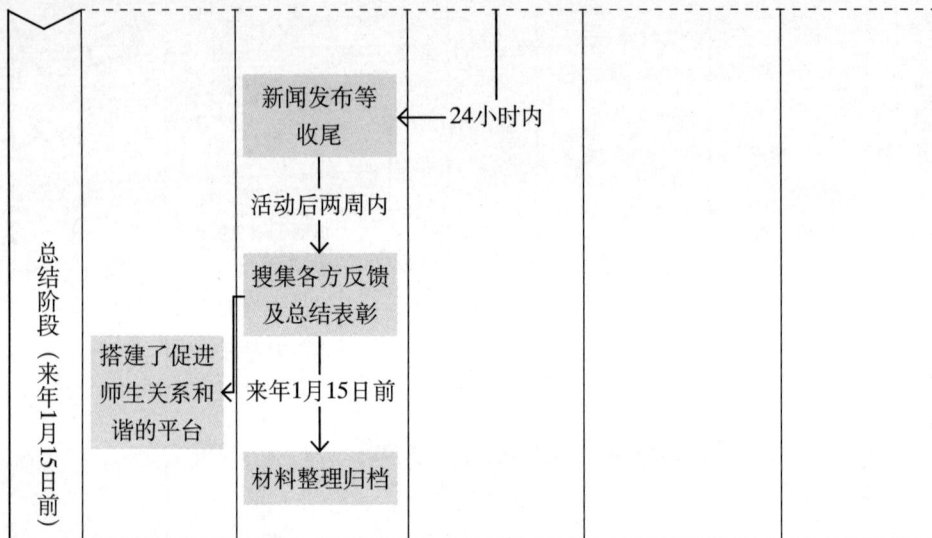

14.3　工作关键点

新一年度的"十事实办"学生工程敲定，开幕式精彩设计以及最大限度地师生参与。

14.4　对接部门

校务会、各学部、各处室及参与学生团队。

14.5　参考文件

北京市十一学校2014年十事实办学生工程、北京市十一学校2013年狂欢节方案。

15．春季趣味运动会

在学校《行动纲要》的指导下，为增加师生相处的时间，搭建师生相处的平台，学校决定将每年春天的趣味运动会变成师生同乐的节日。

15.1　工作问答

问：学生团队承办学部趣味运动会的费用如何申请？

答：承办学部活动的团队应提前向学部提交活动预算，在得到允许的情况下开展活动，费用由学部支付。全校各学部趣味运动会结束后，根据反馈做出评价，给予奖励。

15.2 工作流程图

春季趣味运动会工作流程

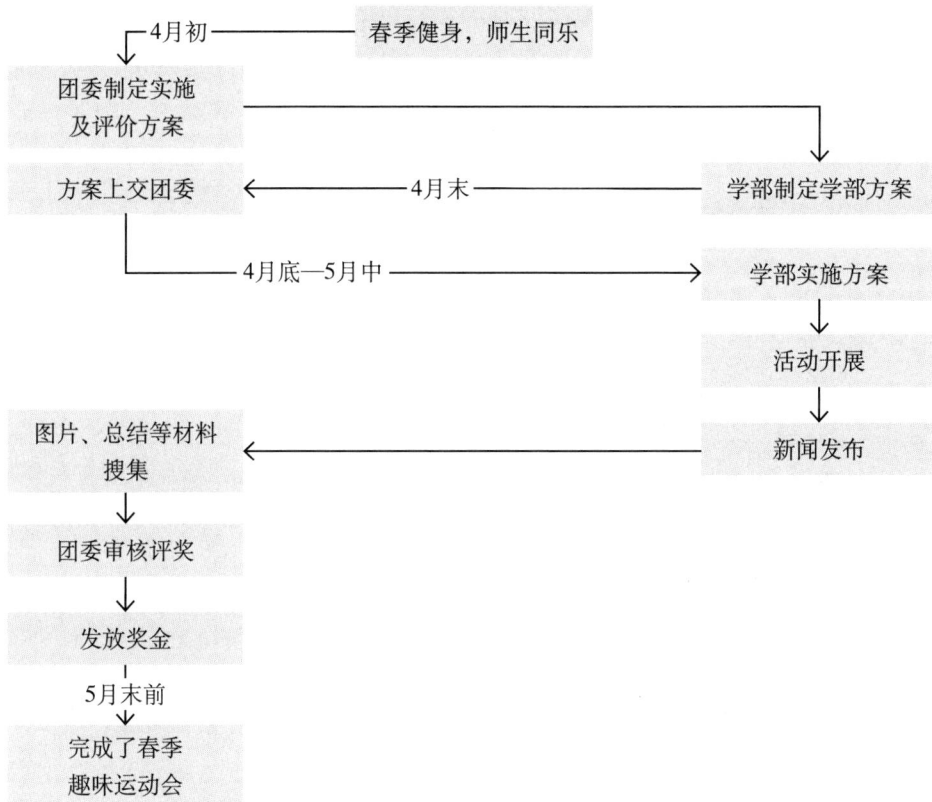

15.3 工作关键点

教导处团委制定出提供学部参考的方案设计及评价标准。

15.4 对接部门

各学部。

15.5 参考文件

北京市十一学校2013年春季趣味运动会总方案。

16．校园文化艺术节

旨在丰富学生的课余文化生活，营造积极向上的校园文化氛围，打造校园文化品牌活动。

16.1　工作问答

问：如何承办校园文化艺术节的活动项目，费用如何解决？

答：有意向承办校园文化艺术节活动项目的个人或团队，需提交翔实的书面申请，多家申请同一个项目的需竞标承办，个人或团队发起的活动项目需考虑活动项目的受欢迎程度以决定是否开办。经校团委审核通过的项目需提交活动项目预算，再审核项目预算。

16.2　工作流程图

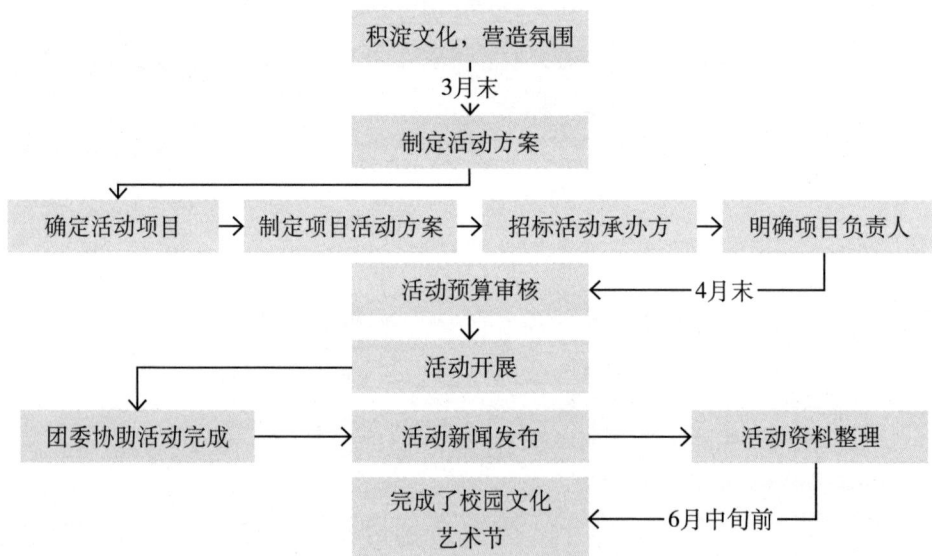

校园文化艺术节工作流程

16.3　工作关键点

充分调动各社团的积极性，让他们承办深受学生喜爱且参与度高的活动项目。

16.4　对接部门

学生会、社团联合会、各个社团等学生团队，电教中心、总务处等部门。

16.5　参考文件

北京市十一学校2013年校园文化艺术节项目方案。

17．泼水节

水是生命的源泉，水是吉祥和祝福的象征，通过泼水节（每年5—7月）

释放无限的激情，将感谢和祝福送给身边所有人。在释放中师生没有了心理距离，这是一次心灵的回归和洗涤，一切又将重新开始。泼水节是师生近距离接触的大好时机，是和谐师生关系建立的良好平台。

17.1　工作问答

问：泼水节必须参加吗？

答：泼水节是学校的一项必修活动课程，除有疾病等特殊情况外原则上都要参加。

17.2　工作流程图

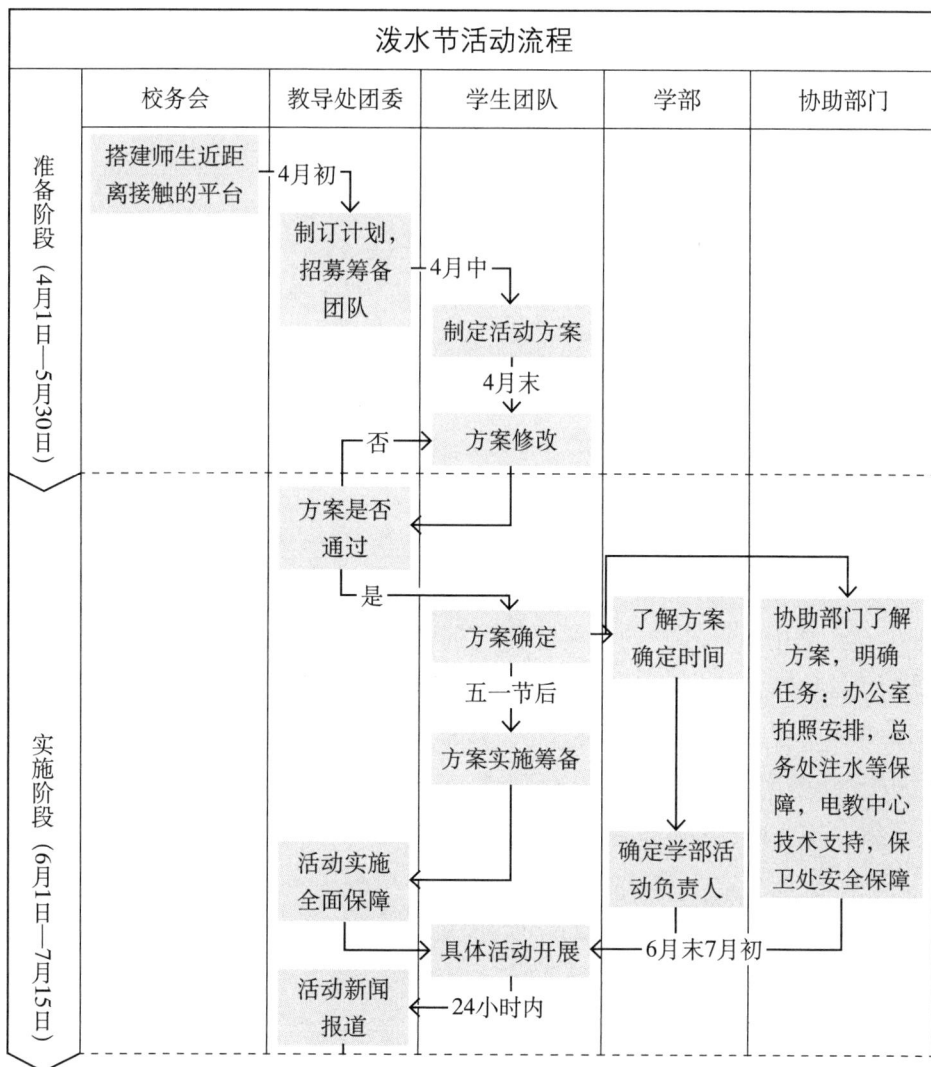

泼水节活动流程				
	校务会	教导处团委	学生团队	学部	协助部门

准备阶段（4月1日—5月30日）

实施阶段（6月1日—7月15日）

搭建师生近距离接触的平台

4月初

制订计划，招募筹备团队

4月中

制定活动方案

4月末

方案修改

否

方案是否通过

是

方案确定

五一节后

方案实施筹备

活动实施全面保障

了解方案确定时间

协助部门了解方案，明确任务：办公室拍照安排，总务处注水等保障，电教中心技术支持，保卫处安全保障

确定学部活动负责人

具体活动开展 ← 6月末7月初

活动新闻报道 ← 24小时内

总结阶段（7月16—31日）	搭建了师生近距离接触的平台 ←	一周内 ↓ 活动总结反馈 ↓ 两周内 活动表彰 ↓ 表彰后一周内 所有材料归档			

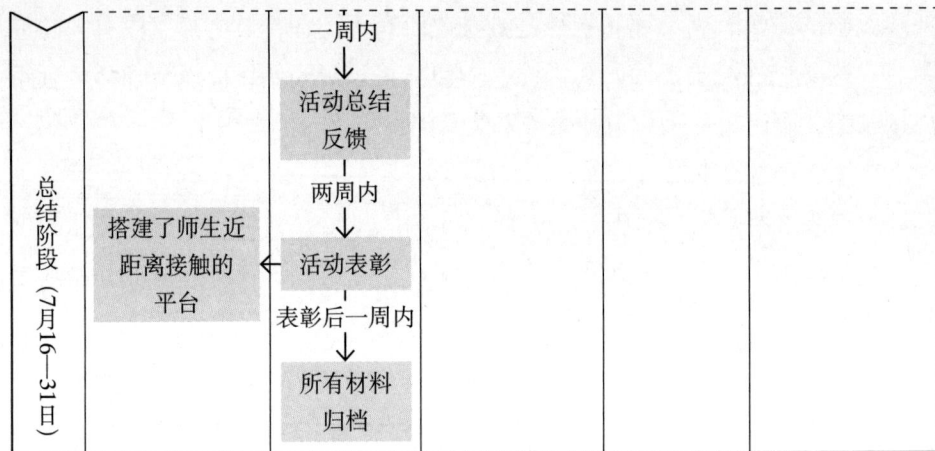

17.3 工作关键点

工作关键点是如何促进老师积极参与活动，达到师生共同参与，拉近距离，从而促进师生关系和谐的活动目的。

17.4 对接部门

校务会、各学部、总务处、保卫处、电教中心等部门。

17.5 参考文件

北京市十一学校2013年泼水节实施方案。

18．初三、高三毕业典礼

中考、高考结束，不等于中学教育的结束。毕业典礼也应该是对学生进行教育的好时机和形式。中学生活是一个人成长的重要阶段，毕业典礼应该是中学生活中不可或缺的重要课程。有了这一课，学生可以更好地反思自我，懂得感恩，对自己的未来会有更明确、更合理的规划。这样，他们的中学教育才能更完满，中学生活才会更精彩。

18.1 工作问答

问：毕业典礼系列课程包括哪些内容？

答：近几年学校的毕业课程一般都会包括谢师会、毕业典礼、泼水节和毕业舞会，但如何让毕业课程更加符合学生的需求，达到让他们终身难忘的目标，还需要进一步创新活动形式，深化课程内涵。

18.2 工作流程图

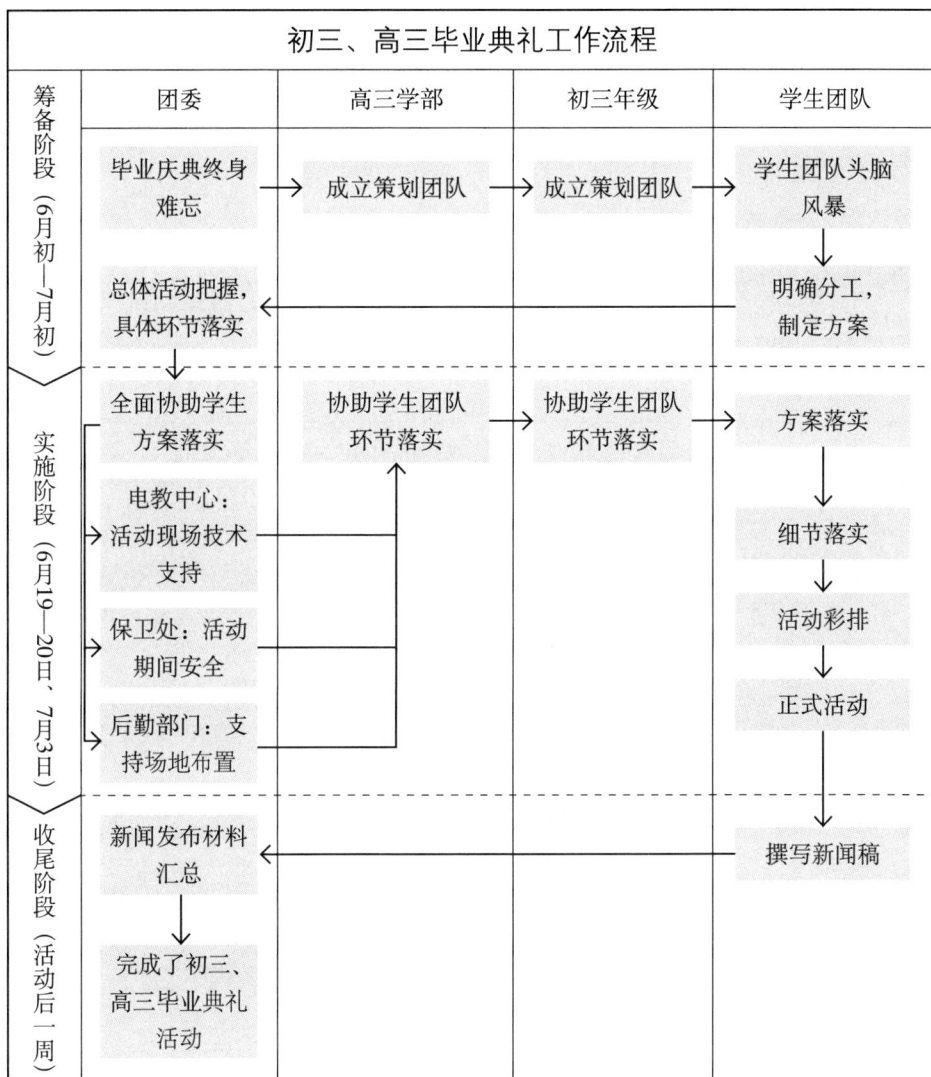

		初三、高三毕业典礼工作流程		
	团委	高三学部	初三年级	学生团队
筹备阶段（6月初—7月初）	毕业庆典终身难忘 → 成立策划团队 → 成立策划团队 → 学生团队头脑风暴			
	总体活动把握，具体环节落实 ←			明确分工，制定方案
实施阶段（6月19—20日、7月3日）	全面协助学生方案落实	协助学生团队环节落实 →	协助学生团队环节落实 →	方案落实
	电教中心：活动现场技术支持			细节落实
	保卫处：活动期间安全			活动彩排
	后勤部门：支持场地布置			正式活动
收尾阶段（活动后一周）	新闻发布材料汇总 ←			撰写新闻稿
	完成了初三、高三毕业典礼活动			

18.3 工作关键点

确定时间、主创团队及方案。

18.4 对接部门

初三年级、高三学部、总务处、电教中心等部门。

18.5 参考文件

北京市十一学校2013届初三毕业典礼方案、北京市十一学校2013届高三毕业典礼详细流程。

19．市、区级优干、优团评选

此项工作是涉及学生获得区级、市级荣誉的关键问题。如何公平、公正、公开地选拔出优秀学生是此项工作的重要环节。

19.1　工作问答

问：如何申请市、区级优秀学生干部和优秀共青团员？

答：学校首先会根据上级下发的评选文件制定学校的评优文件，各学部根据实际情况制定本学部的评优办法，学生可根据评优条件进行申报。市、区级评优每年一次。

19.2　工作流程图

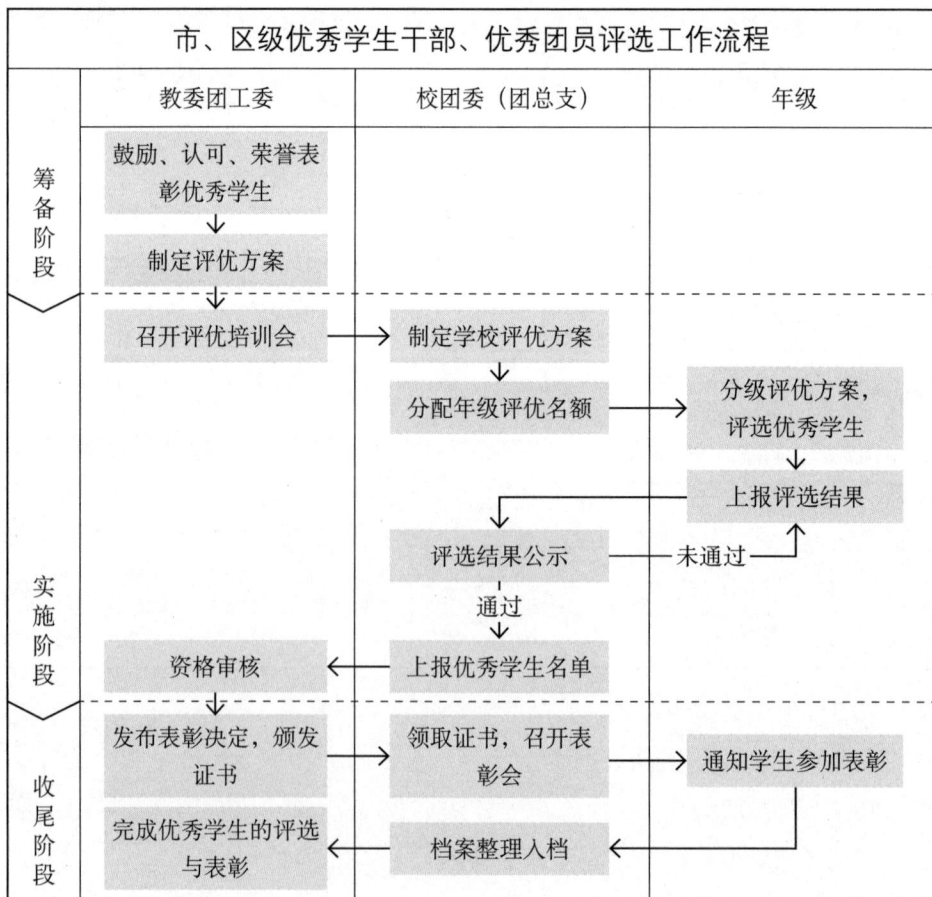

市、区级优秀学生干部、优秀团员评选工作流程			
	教委团工委	校团委（团总支）	年级
筹备阶段	鼓励、认可、荣誉表彰优秀学生 → 制定评优方案		
实施阶段	召开评优培训会 →	制定学校评优方案 ↓ 分配年级评优名额 →	分级评优方案，评选优秀学生 ↓ 上报评选结果
		评选结果公示 —未通过→	
	资格审核 ←	通过 ↓ 上报优秀学生名单	
收尾阶段	发布表彰决定，颁发证书 →	领取证书，召开表彰会 →	通知学生参加表彰
	完成优秀学生的评选与表彰 ←	档案整理入档 ←	

19.3　工作关键点

根据上级下发的评优文件精神分配学部名额，汇总后进行名单公示并上报。

19.4 对接部门

市、区教委，校务会，各学部。

19.5 参考文件

关于做好2013—2014学年度高中市级"优秀学生干部"评选表彰工作的通知。

20．学生干部选拔与培养

此项工作关系到学生组织的建立和可持续发展的问题，如何引导学生积极、阳光、健康地发展？选拔优秀的同龄榜样是至关重要的。

20.1 工作问答

问：学生干部包括哪些人？

答：目前学生干部校级层面主要包括团委会、学生会、社团联合会的学生骨干。此外，也包括学部、年级层面和各个社团的学生骨干。

20.2 工作流程图

学生干部选拔、培养工作流程

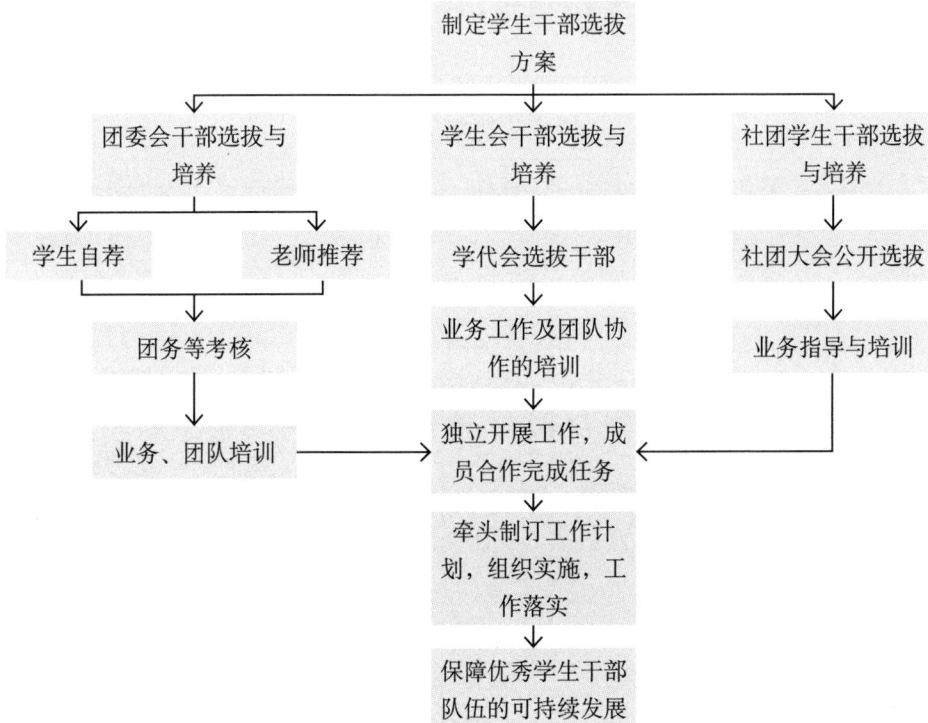

```
                        制定学生干部选拔
                            方案
        ┌───────────────────┼───────────────────┐
   团委会干部选拔与         学生会干部选拔与       社团学生干部选拔
       培养                    培养                 与培养
   ┌──────┴──────┐              │                   │
 学生自荐      老师推荐      学代会选拔干部        社团大会公开选拔
   └──────┬──────┘              │                   │
      团务等考核          业务工作及团队协         业务指导与培训
          │                  作的培训                │
      业务、团队培训 ──→  独立开展工作，成  ←────────┘
                         员合作完成任务
                              │
                         牵头制订工作计
                         划，组织实施，工
                         作落实
                              │
                         保障优秀学生干部
                         队伍的可持续发展
```

20.3　工作关键点

提供适合学生个性发展的平台，选拔出胜任各项学生工作的学生骨干。

20.4　对接部门

团委会、学生会、社团联合会、社团等全体学生。

20.5　参考文件

北京市十一学校2013—2014学年上学期学生骨干培训课程方案、上级团组织关于基层团委工作的评价标准。

21．升旗仪式

升旗仪式为我校重大集中主题教育活动，每周一上午7:30—7:45进行。仪式除包括一般流程性活动之外，还承载了重要的教育功能。包括主持人发言、国旗下讲话、升旗仪式等重要环节。

21.1　工作问答

问：升旗仪式如何站队及疏散？

答：每个学期开学时，教导处会向全校各个年级学部公布升旗仪式站队及相关管理要求，安全疏散路线图也会包含在其中。

21.2　工作流程图

升旗仪式组织实施流程								
	教导处	承办团队	电教中心	器材管理人员	总务后勤	学生社团（国旗队）	年级/学部	体育学科
准备阶段（寒暑假）	1.确定下一学期的升旗仪式主题，课程框架、目标　↓　制订计划，确定每周升旗仪式的承办团队	┣前两周						

准备实施阶段（升旗仪式前两周）

2.提交升旗仪式方案，确定主持人、国旗下讲话发言人

前一周周三 → 审核主持稿及国旗下讲话发言稿

前一周周四 → 找出升旗仪式所需视频

前一周周五 → 明确周一上看台的人员、时间、方式等细节，进行彩排

前一周周五 → 调试设备

落实升旗仪式的时间

检查升旗设备是否正常运转

做好国旗队周一升旗的准备工作

明确升旗仪式的时间、所在地点、进退场方案

明确组织升旗仪式的相关内容和要求

实施总结阶段（周一）

3.总结评价

周一7:15 升旗仪式相关人员在看台上集合 → 周一7:30 升旗仪式正式开始

周一7:10 提前打开音频、视频设备 → 周一7:20 播放进行曲

周一7:00 提前打开器材室门

周一7:15 国旗方队集合

周一7:15 维持升旗仪式过程中的秩序、纪律（进场、集合、退场）

周一7:10 指挥学生进场、集合、退场等

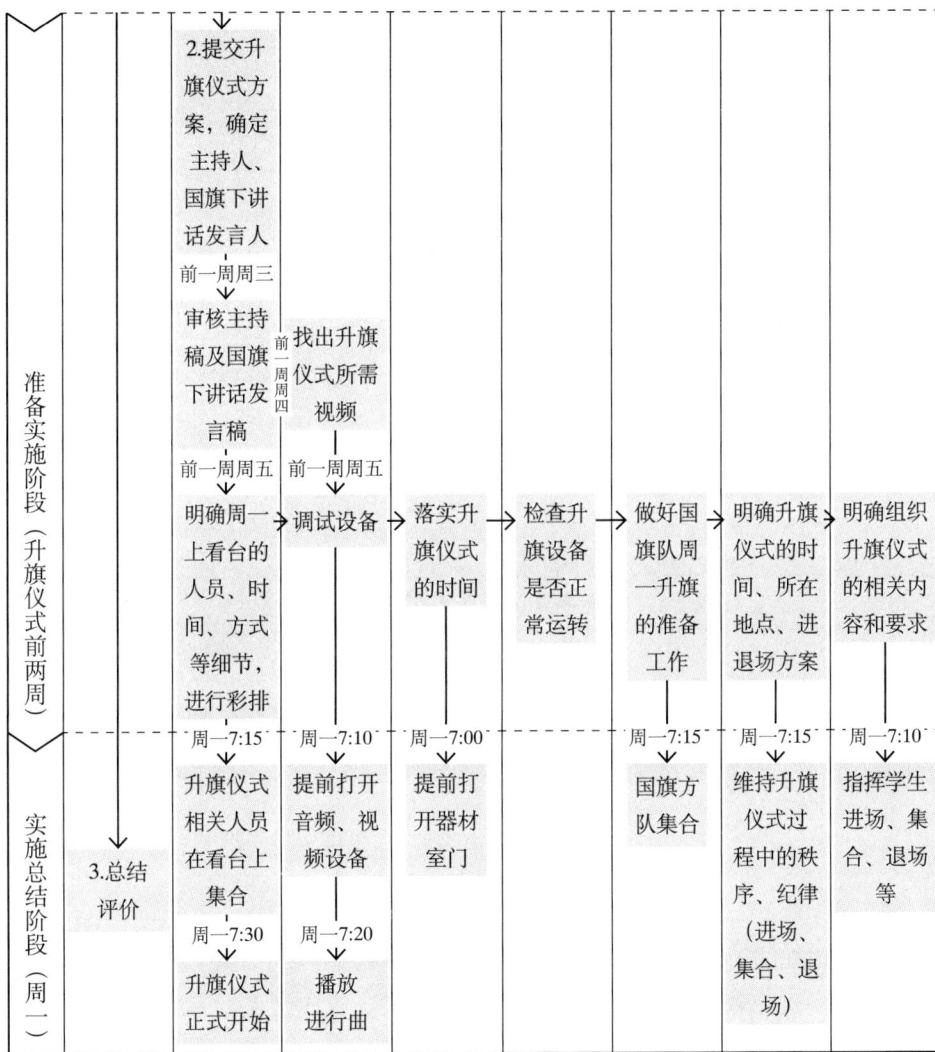

21.3 工作关键点

利用寒暑假制定新学期的升旗仪式主题方案；每周准备升旗仪式主持稿，落实各项细节准备环节。

21.4 对接部门

各年级/学部、各学生团队、体育学科、器材管理部门、媒体与出版中心、总务后勤部门、电教中心。

21.5 参考文件

北京市十一学校升旗仪式管理规定。

22．网站信息发布与评估

十一学校官方网站承载着学校育人理念宣传、重大新闻信息发布、课程展示等功能。网站信息的发布遵循严格的新闻采集、撰写、审核、发布流程，同时为了推动学校网站工作的进展，每学期对各部门、处室的网站信息发布情况进行数据统计和分析，对优秀部门、处室进行表彰。

22.1 工作问答

问：如何在学校网站发布本部门的新闻稿件？

答：首先，学校每个部门都有信息员，可将新闻稿件发给信息员，由信息员审阅并交给本部门负责人进行审批，通过后由信息员或校信息主管老师上传至学校网站。

22.2 工作流程图

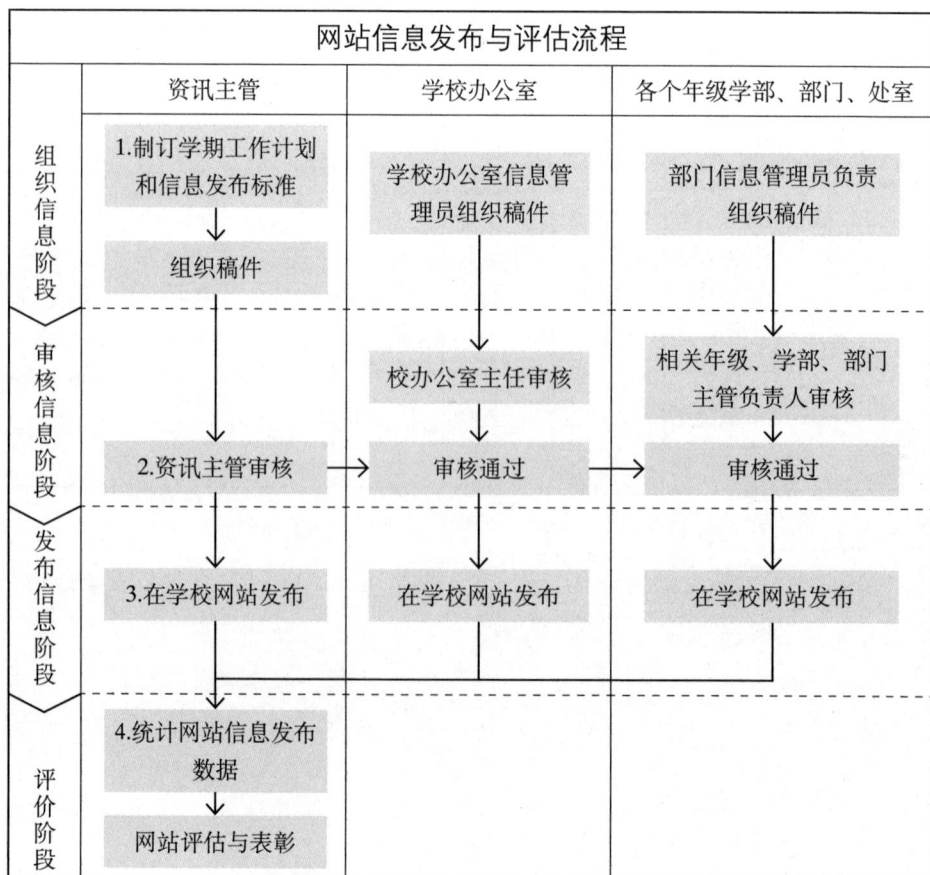

网站信息发布与评估流程			
	资讯主管	学校办公室	各个年级学部、部门、处室
组织信息阶段	1.制订学期工作计划和信息发布标准 → 组织稿件	学校办公室信息管理员组织稿件	部门信息管理员负责组织稿件
审核信息阶段	2.资讯主管审核	校办公室主任审核 → 审核通过	相关年级、学部、部门主管负责人审核 → 审核通过
发布信息阶段	3.在学校网站发布	在学校网站发布	在学校网站发布
评价阶段	4.统计网站信息发布数据 → 网站评估与表彰		

22.3　工作关键点

及时上传相关新闻稿件，保证网站新闻的更新频率、报道事件的时效性，在此基础上注重稿件的质量。

22.4　对接部门

学校办公室、电教中心、媒体与出版中心、各年级/学部、各部门处室。

22.5　参考文件

北京市十一学校"数字化学校"信息管理方案。

23．社团注册申报

十一学校的学生社团采取学生自主管理的模式，每学期学生都可以登录选课平台，在相关栏目中自主申报注册新的社团，新注册的社团必须接受校社团联合会的审核及管理。

23.1　工作问答

问：社团注册申报是随时开放，还是有时间节点限制呢?

答：十一学校社团注册申报采取开放式管理，不设固定的时间节点，是随时开放的，但我们建议同学们在学期开始时尽快进行社团注册申报，以免影响社团的星级评价。

23.2　工作流程图

社团注册申报流程

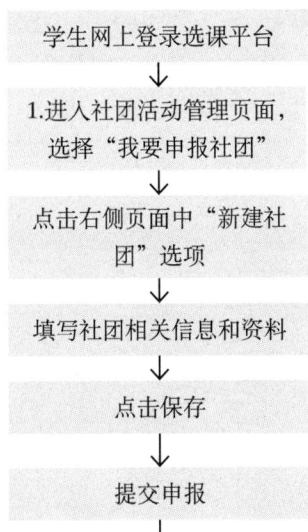

学生网上登录选课平台
↓
1.进入社团活动管理页面，选择"我要申报社团"
↓
点击右侧页面中"新建社团"选项
↓
填写社团相关信息和资料
↓
点击保存
↓
提交申报
|

```
              ↓
    ┌─────────────────────┐
    │ 2.社团联合会后台审核 │
    └─────────────────────┘
       │  ──未通过──→      ┌──────────────┐
      通过               │  社团不能成立 │
       ↓                  └──────────────┘
    ┌─────────────┐
    │ 社团正式成立 │
    └─────────────┘
```

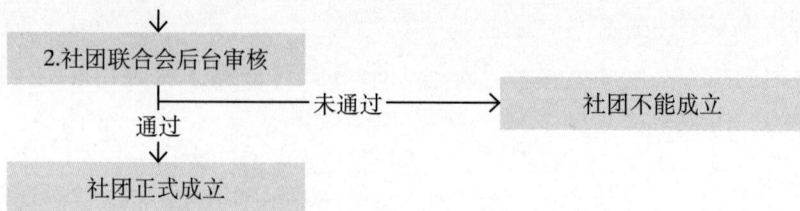

23.3 工作关键点

让每一个同学清楚了解社团注册申报的流程。

23.4 对接部门

社团联合会、学生社团、电教中心。

24．社团学分申报

每学期末，十一学校获得正式资格的社团成员都可以申报自己的社团活动学分。社团学分申报分为社员自主申报、社长审核、社团联合会审核三个阶段。

24.1 工作问答

问：自主申报学分后，所属社团的社长迟迟不审核通过，怎么办？

答：社长对社员学分不审核通过，社员可联系社长了解原因，也可以到团委向负责学生社团管理的老师、社团联合会反映情况，在他们的帮助下向社长传达意见，了解未被审核通过的原因。

24.2 工作流程图

社团学分申报流程

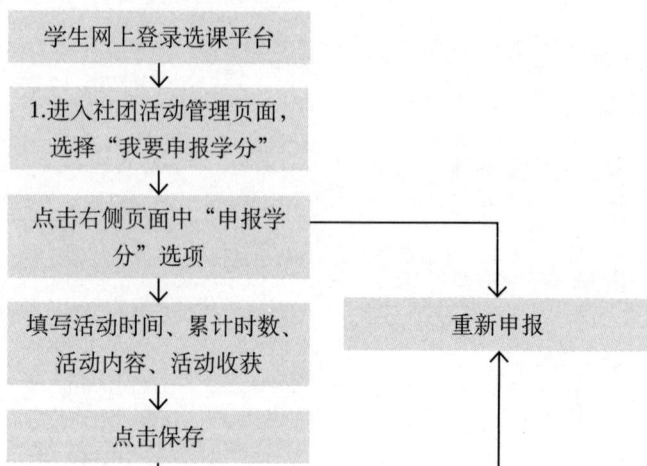

```
    ┌─────────────────────┐
    │  学生网上登录选课平台 │
    └─────────────────────┘
              ↓
    ┌─────────────────────┐
    │ 1.进入社团活动管理页面，│
    │   选择"我要申报学分"  │
    └─────────────────────┘
              ↓
    ┌─────────────────────┐
    │ 点击右侧页面中"申报学  │──────┐
    │       分"选项         │      │
    └─────────────────────┘      │
              ↓                   │
    ┌─────────────────────┐   ┌──────────┐
    │ 填写活动时间、累计时数、│   │ 重新申报 │
    │ 活动内容、活动收获     │   └──────────┘
    └─────────────────────┘       ↑
              ↓                   │
    ┌─────────────┐               │
    │   点击保存   │               │
    └─────────────┘
```

```
              ↓
┌─────────────────────┐
│      提交申报        │
└─────────────────────┘
              ↓
┌─────────────────────┐
│     2.社长初审       │────────── 未通过 ──┐
└─────────────────────┘                    │
           通过                            │
              ↓                            │
┌─────────────────────┐                    │
│   3.社团联合会终审   │────── 未通过 ──────┤
└─────────────────────┘                    │
           通过                            │
              ↓                            │
┌─────────────────────┐                    │
│     赋予社团学分     │                    │
└─────────────────────┘                    │
```

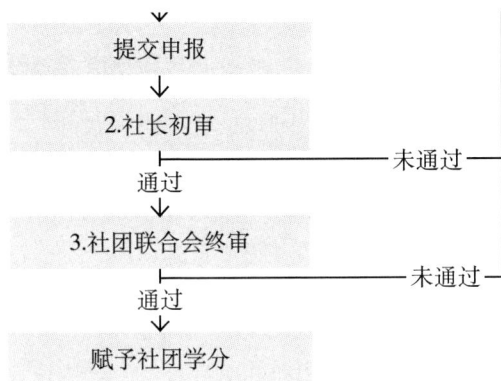

24.3　工作关键点

社长及时审核社员申报的学分，社团联合会及时终审社员学分。

24.4　对接部门

社团联合会、各学生社团、电教中心。

25．星级社团评价

十一学校社团生活丰富多彩，星级社团评价是对社团进行管理评估的重要制度，有效保证了社团工作健康发展，引导各个社团不断提升自身水平，加强自身建设。我校的星级社团评价工作在学期末进行，要求所有正式注册的社团必须参评，并召开社团表彰大会对一星到五星社团进行奖励表彰。

25.1　工作问答

问：什么情况下社团会被注销？

答：星级评价是对十一学校各个社团进行考评的重要方法。社团在两种情况下会被注销：①没有按时参加社团星级评价；②参加星级评价，没有通过社团联合会的考核，无法达到最新一星的标准。

25.2　工作流程图

星级社团评价流程			
	社团联合会	学生社团	年级/学部
准备阶段	1.制定社团星级评价标准 | 期末前一个月		

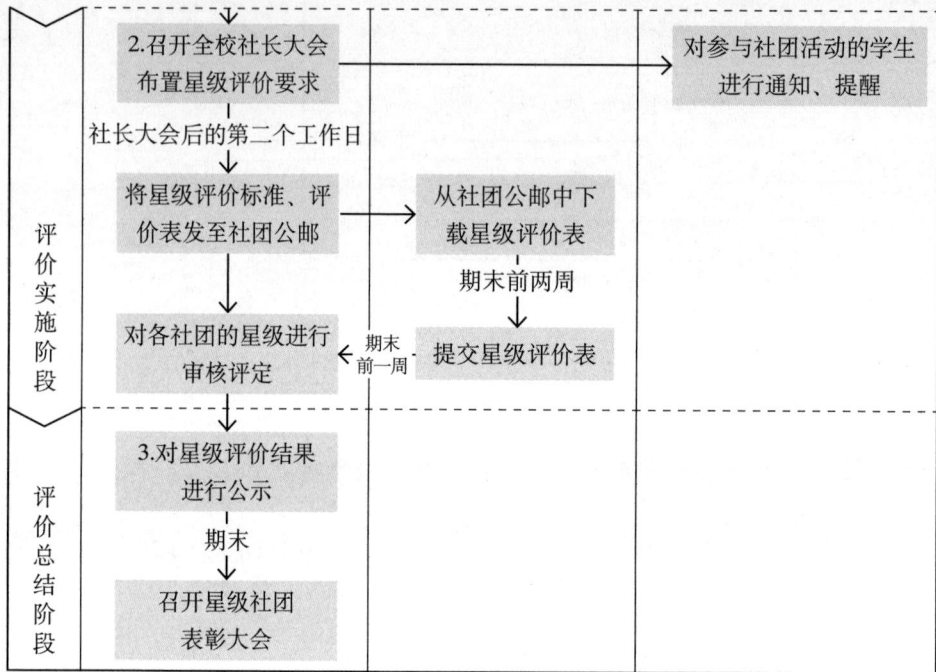

评价实施阶段	2.召开全校社长大会布置星级评价要求		对参与社团活动的学生进行通知、提醒
	社长大会后的第二个工作日		
	将星级评价标准、评价表发至社团公邮 →	从社团公邮中下载星级评价表	
		期末前两周	
	对各社团的星级进行审核评定 ← 期末前一周	提交星级评价表	
评价总结阶段	3.对星级评价结果进行公示		
	期末		
	召开星级社团表彰大会		

25.3 工作关键点

每个学期末对社团提交的星级申报材料及时进行审核，评选一星到五星的社团，并进行公示。

25.4 对接部门

社团联合会、各学生社团、各年级/学部、电教中心。

25.5 参考文件

北京市十一学校星级社团评选标准、北京市十一学校星级社团评价表。

26. 校园文化日活动的开展（以感恩日为例）

感恩日为我校校园文化日主题活动之一，时间为每年的9月10日。该活动以教师节为契机，通过一系列感谢师恩主题教育活动，大力倡导、培养十一校园的感恩文化，让每一位十一学子学会感恩，并落实到行动上；让每一位老师深切感受到全校学生的关心，感受到学生对他们工作的认可。

26.1 工作问答

问：各种各样的校园文化日怎么承办？

答：校园文化日会在每学期开学初面向全校进行公示，通过机会榜的形式欢迎感兴趣、有能力的学生组织申报承办。申报承办时要向团委递交相关方案，方案通过后即正式获得校园文化日的承办资格。

26.2 工作流程图

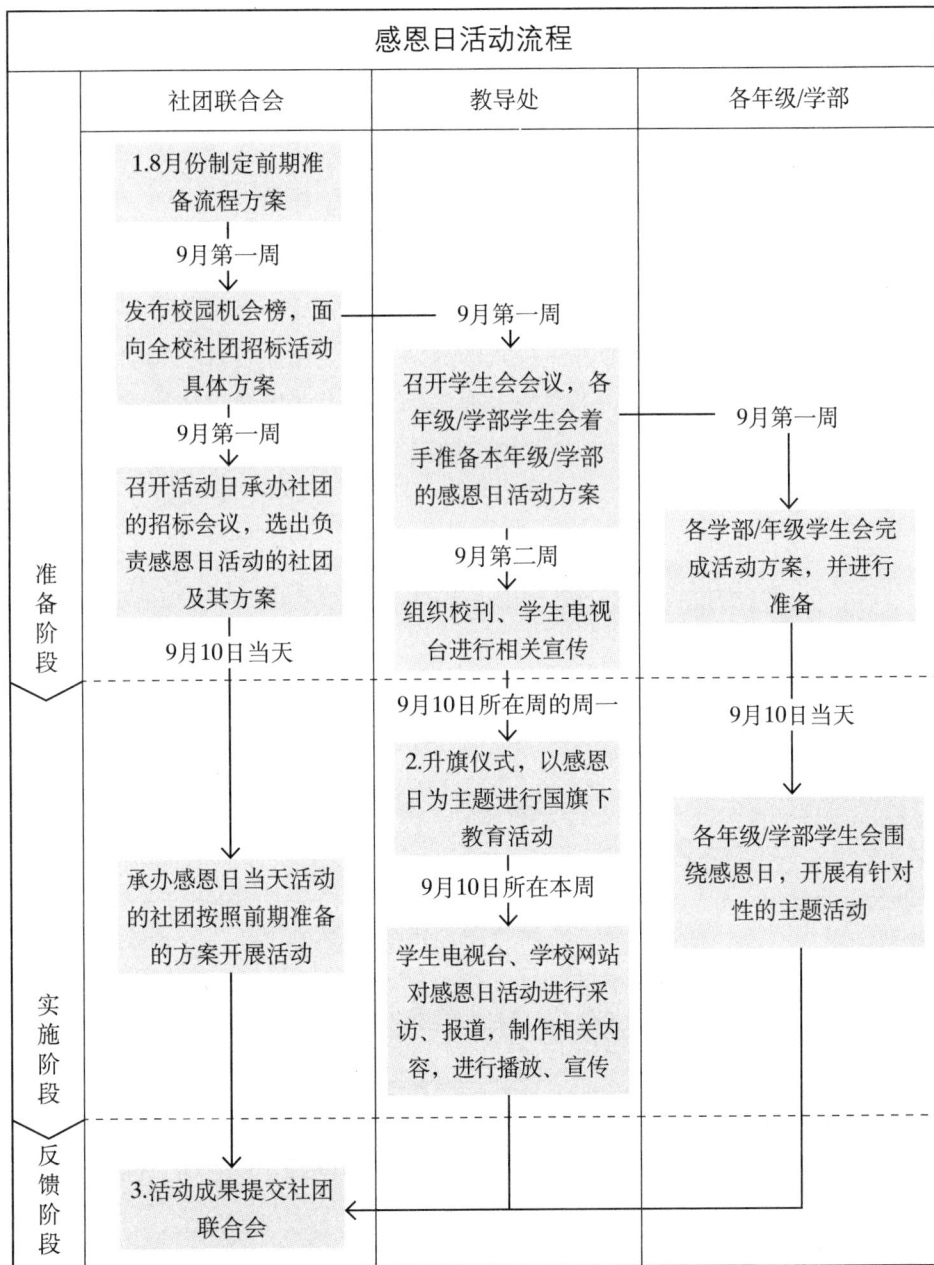

感恩日活动流程		
社团联合会	教导处	各年级/学部

准备阶段

社团联合会：
1.8月份制定前期准备流程方案
↓ 9月第一周
发布校园机会榜，面向全校社团招标活动具体方案
↓ 9月第一周
召开活动日承办社团的招标会议，选出负责感恩日活动的社团及其方案
↓ 9月10日当天

教导处：
9月第一周
↓
召开学生会会议，各年级/学部学生会着手准备本年级/学部的感恩日活动方案
↓ 9月第二周
组织校刊、学生电视台进行相关宣传

各年级/学部：
9月第一周
↓
各学部/年级学生会完成活动方案，并进行准备

实施阶段

社团联合会：
承办感恩日当天活动的社团按照前期准备的方案开展活动

教导处：
9月10日所在周的周一
↓
2.升旗仪式，以感恩日为主题进行国旗下教育活动
↓ 9月10日所在本周
学生电视台、学校网站对感恩日活动进行采访、报道，制作相关内容，进行播放、宣传

各年级/学部：
9月10日当天
↓
各年级/学部学生会围绕感恩日，开展有针对性的主题活动

反馈阶段

3.活动成果提交社团联合会

26.3 工作关键点

面向全校征集活动方案和承办团队，以及活动前的方案落实。

26.4 对接部门

社团联合会、各学生承办团队、各年级/学部、电教中心。

26.5 参考文件

北京市十一学校第二届感恩日活动方案。

27．室内外升旗仪式节目制作及节目播放

如果由于天气等原因，周一升旗仪式改为在室内进行，升旗仪式的内容通过电视播放，就需要提前进行升旗仪式的视频制作。在室外升旗时，为了提高升旗仪式的效果，根据升旗仪式的主题，需要播放各种视频节目，节目正常播出是保证升旗仪式严肃性的必要条件。相关流程是了解播放需求、准备相关设备、进行设备调试、正常播出的保证。

27.1 工作问答

问：室内升旗仪式视频如何制作？

答：负责升旗仪式的老师确定国旗下讲话的选题，并提供视频文字脚本，然后选定仪式主持人。负责视频制作的老师进行相关音频、视频资料的拍摄和收集，按照脚本进行节目的剪辑制作，节目完成后，由升旗仪式负责老师审核通过，并交由年级周一播放，同时负责视频制作的团委干事周一负责公共区域电视的播放。

27.2 工作流程图

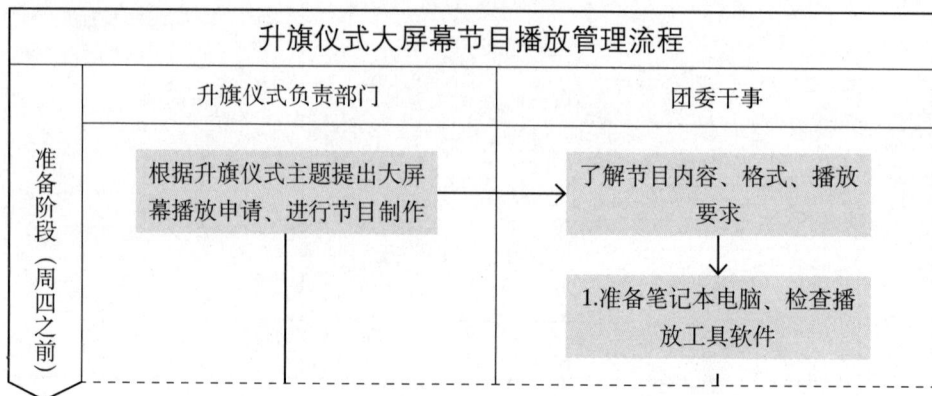

升旗仪式大屏幕节目播放管理流程		
	升旗仪式负责部门	团委干事
准备阶段（周四之前）	根据升旗仪式主题提出大屏幕播放申请、进行节目制作	了解节目内容、格式、播放要求
		1.准备笔记本电脑、检查播放工具软件

调试阶段（周五）	节目制作完成 →	2.检查、调试大屏幕设备，试播节目
升旗仪式播出阶段（周一）	播出过程监督 →	3.提前20分钟试播 4.节目播出
反馈改进阶段	反馈播出意见 →	5.听取意见反馈，提出改进方案

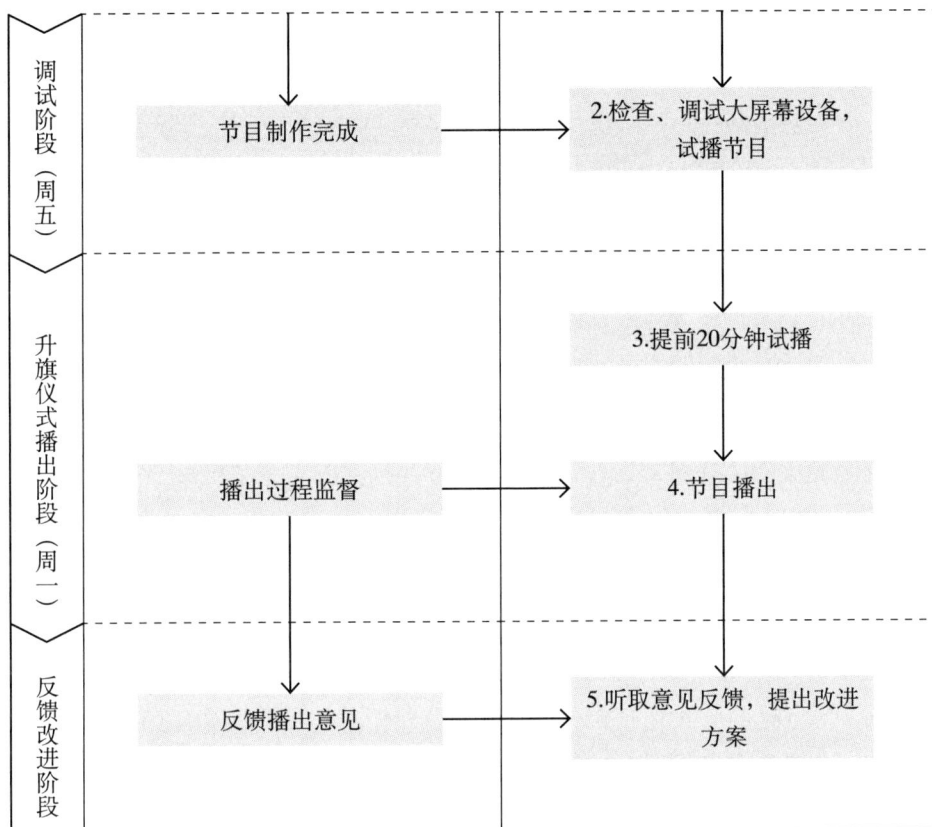

27.3 工作关键点

内容审核、及时完成。

27.4 对接部门

升旗仪式负责人。

28．名家大师进校园课程的录像与节目制作管理

名家大师进校园课程是我校一项重要的社会资源，记录、整理该课程资料使之成为我校师生的宝贵财富具有重要的意义。

28.1 工作问答

问：在哪里可以找到名家大师进校园课程的录像？

答：目前电教中心和学生电视台都在参与录制，录制后的内容交给团委干事进行制作和存储管理，有关该课程录像的问题可以向团委干事咨询。

28.2　工作关键点

制作、存储。

28.3　对接部门

名家大师进校园负责老师。

29．学生电视台的业务技术指导与管理

学生电视台担负着学生自我管理与教育的重要责任，培养、提高学生的技术能力，对于提高节目质量、保证节目效果是重要的保障。同时，学生电视台为喜欢电视传媒的学生搭建了一个实践的平台。要激发学生对电视传媒的兴趣，并进行设备、耗材与场地管理，确保学生人身安全和学校财产安全。

29.1　工作问答

问：如何才能成为学生电视台的成员？

答：如果你对电视传媒有兴趣，乐于为全校同学服务，有责任感和团队合作精神，都可以参与到电视台的活动中来，向电视台台长和团委老师提出申请，就可以加入，学生电视台将为你的专业成长提供广阔的活动空间和资源。

29.2　工作关键点

电视业务培训与指导、安全保障。

29.3　对接部门

学生电视台成员。

30．闭路电视、操场大屏幕节目的编排、播放与系统维护管理

闭路电视和大屏幕目前仍是我校信息发布的一个重要平台，管理与运行好这个平台对于提高信息的发布效率非常重要。

30.1　工作问答

问：我如何通过学校闭路电视和大屏幕进行宣传报道？

答：教师的内容可以直接通过OA系统发送给团委干事和学部教务员；学生社团组织需要报道的内容可以直接交给社团负责老师进行审核，由他通过OA系统发送给团委干事以及各学部负责电视播放的教务员，并提出播放要求。

30.2 工作流程图

十一学校校园电视宣传工作流程

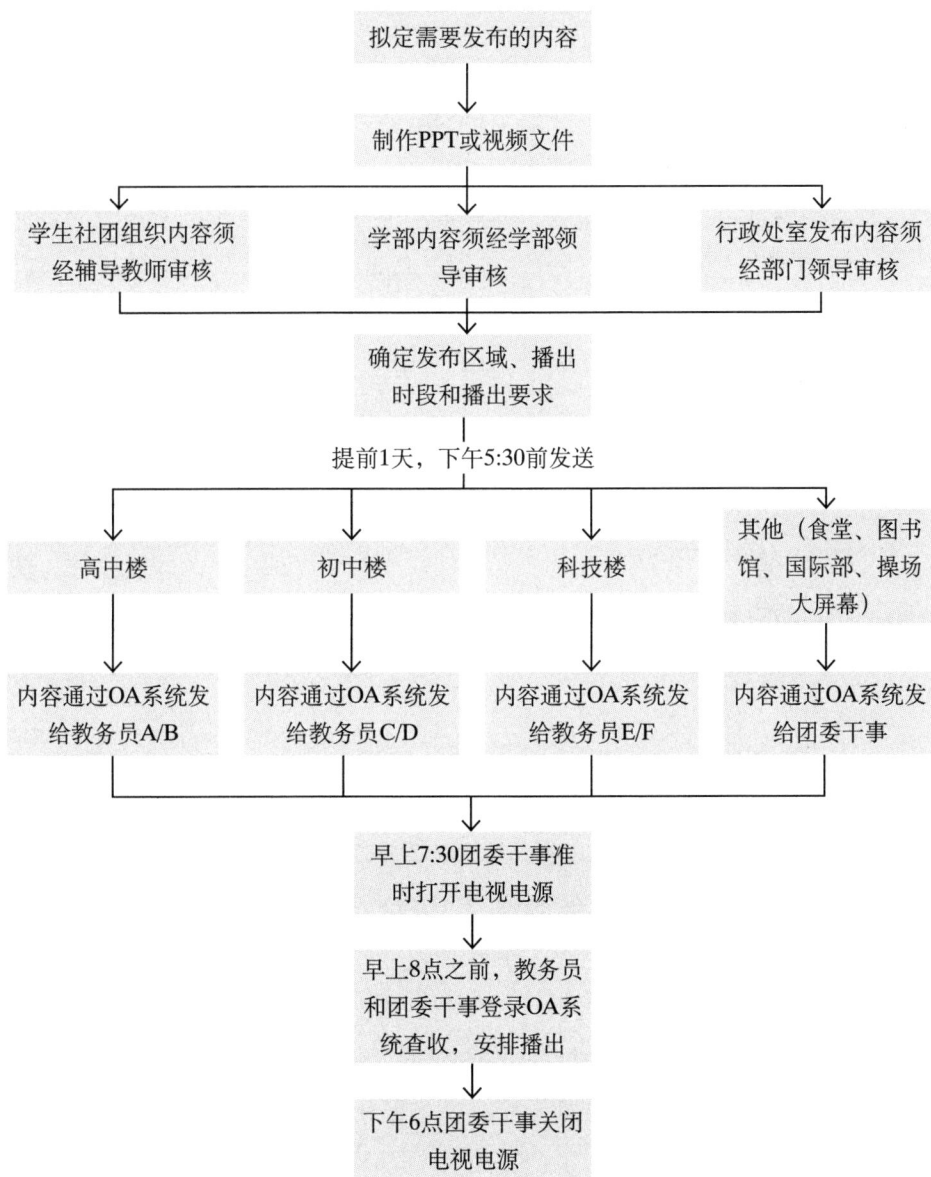

```
拟定需要发布的内容
        ↓
制作PPT或视频文件
```

学生社团组织内容须经辅导教师审核　　学部内容须经学部领导审核　　行政处室发布内容须经部门领导审核

```
确定发布区域、播出
时段和播出要求
```

提前1天，下午5:30前发送

| 高中楼 | 初中楼 | 科技楼 | 其他（食堂、图书馆、国际部、操场大屏幕） |

内容通过OA系统发给教务员A/B　　内容通过OA系统发给教务员C/D　　内容通过OA系统发给教务员E/F　　内容通过OA系统发给团委干事

```
早上7:30团委干事准
时打开电视电源
        ↓
早上8点之前，教务
员和团委干事登录OA系
统查收，安排播出
        ↓
下午6点团委干事关闭
电视电源
```

30.3 工作关键点

及时接收，定时播出。

30.4 对接部门

各学部、处室、学生社团。

31. 会议室、报告厅音响设备更换与升级管理

确保音响设备的完好与扩声效果是提高各种会议质量的重要保证，定期维修与更换升级设备是良好的扩声效果的必要条件。会议室、报告厅音响设备日常使用管理由电教中心负责，在设备出现故障，并影响使用效果时，通知团委干事进行检修调试；进行设备的升级改造，需经学校主管技术教师（团委干事）现场进行问题确认，并提出升级、购买方案，报学校领导批准，再进行设备购买更换。

31.1 工作问答

问：使用会议室、报告厅遇到设备问题，如何解决？

答：在使用过程中需要设备支持，或者遇到技术问题时，可以直接和电教中心联系、解决。电教中心解决不了的技术问题，或者涉及设备更换、购买的问题，由团委干事到现场进行确认，并提出升级方案，报领导批准。

31.2 工作关键点

问题确认、及时解决。

31.3 对接部门

电教中心。

32. 学校各种大型活动的技术支持

学校各种大型活动（狂欢节、开学典礼、毕业典礼、成人仪式等）的技术支持是活动得以开展的必要条件，需要进行大量设备的调试、技术人员的协调、对活动过程中各种突发问题的处置等，以及精心的技术设计与组织，这样可以保障活动高效、顺利地开展。

32.1 工作问答

问：各种大型活动的技术如何保障？

答：在制定活动方案的过程中，可以邀请团委干事参与，让团委干事了解活动的具体内容，以及对技术设备的具体需求，这样可提前进行相关的准备和设备的调试，保证活动的效果和质量。

32.2 工作流程图

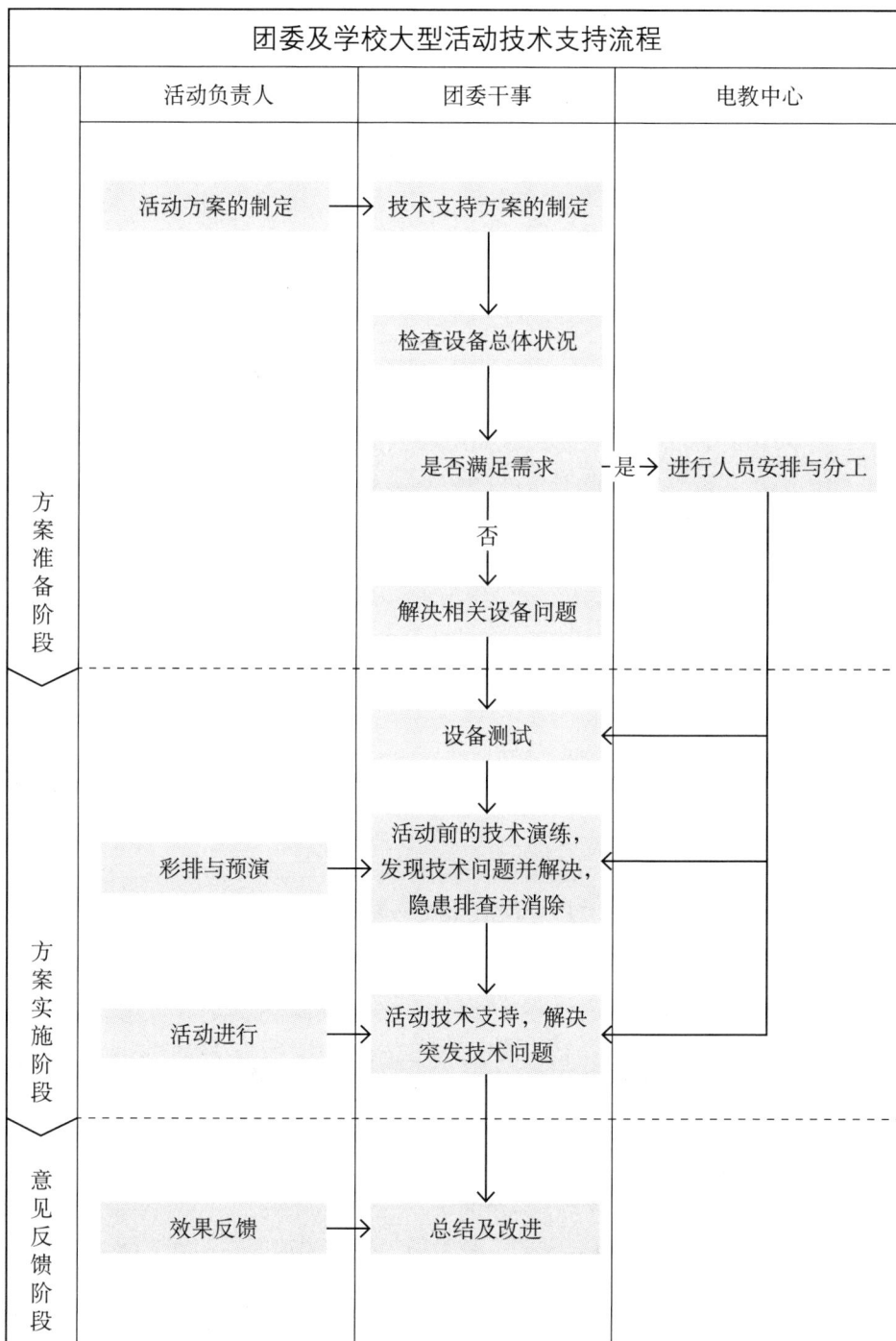

团委及学校大型活动技术支持流程			
	活动负责人	团委干事	电教中心

方案准备阶段

活动方案的制定 → 技术支持方案的制定

↓

检查设备总体状况

↓

是否满足需求 —是→ 进行人员安排与分工

↓ 否

解决相关设备问题

方案实施阶段

设备测试 ←

↓

彩排与预演 → 活动前的技术演练，发现技术问题并解决，隐患排查并消除 ←

↓

活动进行 → 活动技术支持，解决突发技术问题 ←

意见反馈阶段

效果反馈 → 总结及改进

32.3　工作关键点

提前准备，反复调试，发现隐患。

32.4　对接部门

电教中心。

33．容光钟的管理与维护

容光钟是十一学校的一面形象窗口，定期的校时、线路维护，各种活动的报时服务是一项非常重要的工作，保障设备正常运行对于提高学校形象有着重要的意义。

33.1　工作问答

问：荣光钟报时服务如何启动？相关问题如何咨询？

答：为了不影响正常的课堂教学，容光钟报时服务平时处于关闭状态，当学校有重大活动或特殊节日需要启动报时服务时，活动主管部门至少提前一天向团委干事提出需求，由团委干事进行报时服务的设置。与容光钟相关的其他问题均可以咨询团委干事。

33.2　工作关键点

定期校时与系统检修。

33.3　对接部门

总务处、各学部。

34．高中楼、初中楼、科技楼、音美楼广播铃声系统的管理与维护

作息铃声与广播是学校生活的时间指令，准确、准时的个性化铃声服务是一项重要的任务，同时，还要进行故障的排除、线路与设备的更新维护。

34.1　工作问答

问：作息铃声如何修改？铃声系统出现故障如何反馈？

答：修改作息铃声应由学部提出要求，并至少提前一天把修改的时间表发送给团委干事。当铃声出现异常时，教务员应及时通知团委干事进行处理。

34.2 工作流程图

学部作息铃声修改流程

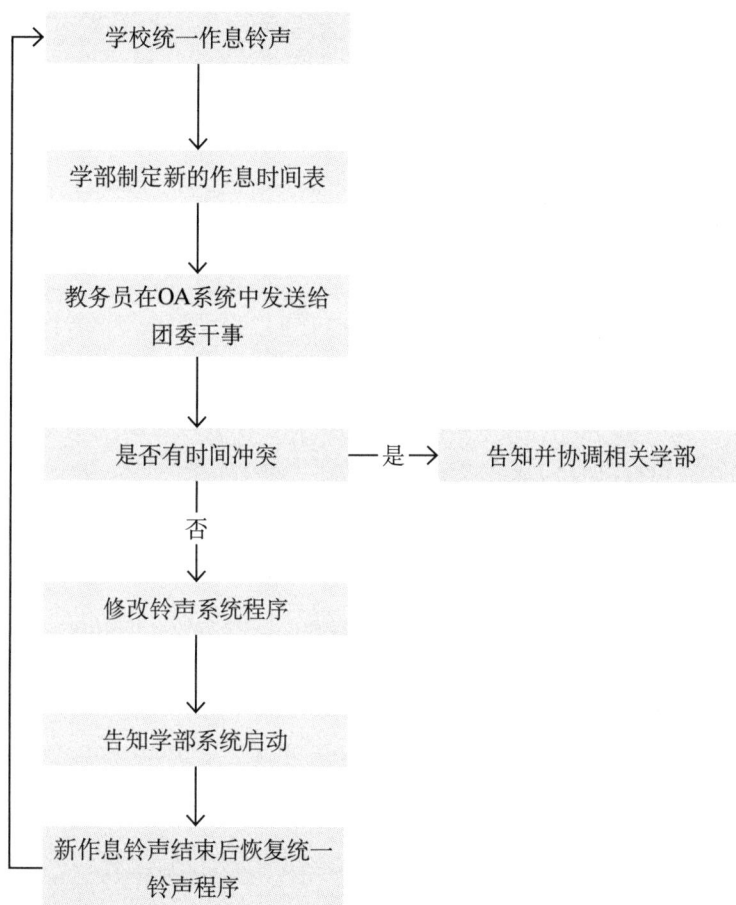

学校统一作息铃声

↓

学部制定新的作息时间表

↓

教务员在OA系统中发送给团委干事

↓

是否有时间冲突 ——是→ 告知并协调相关学部

↓ 否

修改铃声系统程序

↓

告知学部系统启动

↓

新作息铃声结束后恢复统一铃声程序

34.3 工作关键点

及时获取铃声修改信息以及问题反馈。

34.4 对接部门

各学部、年级主任、教务员。

35．体育馆、操场音响系统的管理、维护与使用

体育馆和操场音响与灯光系统较为复杂，在那里举办的活动相对重要，确保设备运行的质量和效果就显得尤为重要，日常维护管理以及应用过程中的技术保障是主要的责任。

35.1　工作问答

问：要使用体育馆舞台灯光音响，如何预约？

答：至少提前一天直接和团委干事联系，并提出使用需求，由团委干事进行设备的前期检修与准备，并提供相应的技术支持，以保证使用的效果。

35.2　工作关键点

维护、更新，技术保障。

35.3　对接部门

各学部、年级、班级以及学生社团。

36．录像等媒体资源的管理

我校的录像等视频媒体资源多，存储分散，建设一个统一的媒体资源库，可以有效保障资源的存储安全、方便查询、下载与使用。

36.1　工作问答

问：如何查找学校活动的相关视频资料？

答：目前学校的各种活动视频均由电教中心负责摄制采集，定期交给团委统一进行备份存储管理，需要活动视频可以直接和电教中心负责摄像的老师联系，也可以找团委干事查询。

36.2　工作关键点

登记、编目。

36.3　对接部门

学校各个部门。

37．活动摄像以及摄像设备与资源的管理

学校重大活动的摄像支持与节目编辑，外请摄像人员的协调工作，录像资源的收集整理，摄像设备的管理，等等。

37.1　工作问答

问：如何解决视频节目制作的设备问题？

答：学校鼓励学生进行影视节目的制作尝试，体验影视制作的乐趣，学校影视技术教室为全校爱好影视的学生提供支持，团委竭诚为全校喜爱影视制作的学生提供全方位的技术服务。

37.2　工作关键点

设备的安全、技术保障。

37.3　对接部门

全校师生。

37.4　参考文件

影视技术教室使用登记表、摄像设备使用登记表。

附1　北京市十一学校2014届高三学部成人仪式活动方案

活动主题：晨光下蜕变

活动时间：2013年12月9日

活动地点：体育馆羽毛球场

参加对象：全体高三同学、教师、家长（共约1000人）

主题释义：关键词为"改变"

18岁的我们，正经历着一次重要的改变。从前投向教室外成荫绿木的目光，如今锁在了面前摊开的厚练习簿上；从前阳光下边跑边笑的身影，如今成日地埋首于自习室固定的一隅；从前遍布校园各个角落的足迹，如今只印在了教室、食堂、宿舍之间；从前无忧无虑，带着身体一起欢跳的心，如今沉静下来，学会了权衡利弊。

我们似乎变"老"了，不会再一有空就抱起篮球冲向球场，不会再为一个心血来潮的主意四处奔忙。我们总是瞥一眼窗外，再瞥一眼腕上的时间，抹去几个念头，又专注于学习了。心灵如某个星期六上午被狂风吹起的红叶，原本在及楼高的空气中轻扬，飘着飘着却落到了地上，变"懒"了，变安静了，变踏实了。

可是我们并没有失掉无疆的思绪、昂扬的斗志、明媚的快乐和沸腾的信念。我们仍有年轻的心，它带给我们力量；我们又收获了理智和思维，它们带给我们通途和方向。像在糖水中撒入了一匙咖啡末，我们不是变苦了，我们变得更醇厚了。

这是18岁的我们的变化。

活动流程

入场

在体育馆中间铺设红地毯。

老师和学生会成员在楼梯两侧与同学们击掌。

登上楼梯后,给每位同学发《宪法》、成人徽章以及许诺卡。同时学生和家长交换书信。

同学们入场后随机入座,家长按指引进入二层看台。

会场内大屏幕循环播放同学们从小到大的照片,配以音乐。

正式仪式

Part 1　成长带给我们的改变

主持人由播放的照片引出主题——改变。

高中活动视频回顾:高一军训、高一拓展、泼水节、入境教育(视频中的线索:暗含行为、心理的改变,逐渐走向成熟)。

同学们表演节目。

Part 2　学校带给我们的改变

校长致辞:以学校努力带给我们的变化,以及期待我们成人后的改变为主题。

现场采访:学生谈走班制等让我们产生的改变。

Part 3　让我们自身改变,懂得表达感恩

主题细化

A. 感恩学校及老师。B. 感恩同学。C. 感恩父母。

流程

有关感恩的歌曲联唱。

集体唱响十一校歌,表达对母校的感恩之情。

通过短信表达对老师最真挚的感谢。

相声剧:反映同学之间的情感。凸显:不要吝惜感谢的言语。

同学之间相互拥抱，打破一切隔阂。

学生和家长同时阅读书信，现场随机采访学生和家长的感想。

诗朗诵（老师、家长、学生）。

拥有了良好的心态。

主题细化

A．由不现实到现实。B．由浮躁、患得患失到踏实、平和淡定。C．由以往学习生活的心态转变为高三心态。

流程

抽签谈梦想——主题A

在准备阶段收集全年级同学曾经有过的各种不现实的梦想，记名写在纸条上，活动时由台下的学生会成员现场抽取并分享，然后请这些被抽到的同学讲述他们现在基于现实的梦想。

舞台剧互动挑战——主题B

借鉴《谢天谢地你来啦》节目组织3个互动舞台剧（每个短剧请一个完全不知情的参与者与台上演员一同表演，若是演不下去则算挑战失败，换下一个短剧）。参与者为现场自愿参加的同学及老师。以幽默为主。

视频与现场采访——主题C

视频中表现不同方向／经历的同学曾经的想法与心态，现场请他们分享进入高三以后即将成人之时的心态。（视频与现场采访相同的一组同学）

不同方向／经历指：竞赛、自招、高考、出国，组织社团的同学、艺术方向的同学、体育队的同学、特殊代表（如参加飞行员考试的同学）。

学会承担责任

主题细化

对自己的责任，对他人、集体的责任，对社会的责任。

流程

引入主题

个人独白：关于学会承担责任的个人故事（以画外音的形式），计划为三个故事，谈自己逐渐学会了承担责任：对自己的责任、对他人的责任以及对

社会的责任。(播放音乐或者视频)

朗诵：独白结束后，三个独白的人走上舞台，进行一段诗朗诵——有关自己对于承担责任方面的改变。

给自己的许诺

给自己一个承诺，改变一个坏习惯。写在事先发放的许诺卡上，统一收回，毕业典礼时发还给同学们以见证自己的承诺。

成人寄语

老师、家长一起给同学们成人寄语，主要表达对同学们逐渐承担起对家庭、集体、他人、社会的责任的希望。

出旗、唱国歌

成人宣誓

仪式结束

组织同学们有序地上台与老师、家长合影。

学生会成员清扫现场。

人员分工（略）

附2　北京市十一学校2013—2014学年"同伴行·方圆梦"开学周课程方案

一、开学典礼

目的：

1．用梦想引领新学年的开始，激励学生做好规划，明确成长方向。

2．营造青春励志的温暖氛围，进行好玩刺激的环节设计，让师生终身难忘。

3．让开学典礼成为师生共庆的节日，为师生、生生交流提供互动的平台，让每个人都为十一感到骄傲。

时间：9月1日9:00—9:30

参与人员：全校师生

场地安排:

1. 在操场东侧大屏幕下方的位置搭建一个小型舞台,各方队的后面设有大礼物盒和"梦想贴吧"的背景墙。

2. 初中、高中交叉而坐,为学生提供同伴交流的机会。

3. 全校师生席地而坐。

具体流程:

1. 开始部分——入场时播放欢快的背景音乐,营造节日的氛围。各学部按照事先划分好的区域集合,初中、高中学部交叉,师生一起席地而坐,利于开学第一天师生、生生间的交流,为创造良好的师生关系和同伴关系提供机会。

(1)容光钟九点报时。

(2)升旗仪式。

(3)开学典礼正式开始(全体师生席地而坐)。

2. 引入部分——马术课程学员展示,引出新学期新朋友吉祥物,吉祥物解读,突出梦想主题。

(4)马术课程学员展示。

巡操场一周,同时打着带有吉祥物的"志远意诚,思方行圆"的旗语,此时全校师生随着旗语一起舞动。

(5)吉祥物给全体学生送礼物。

马术表演师生从操场看台下引导出10个由校领导、老师、学生代表装扮成的吉祥物,他们走入各个学生方队,为学生送上毛绒吉祥物等礼物,同时在队伍中与学生互动。装扮成吉祥物的领导、老师、学生摘下大头套,亮相学生中间,瞬间让学生惊喜和感动。

(6)解读吉祥物。

紧扣培养目标,突出责任担当,引出"方圆梦"主题。

3. 高潮部分——从梦想天使现场分享个人新学年的梦想到短片观看,了解身边人的梦想,到优秀校友现场梦想演说,再到最后全体学生写下自己的梦想卡片。层层深入,渐进引导,最终让学生厘清志向,坚定成为社会栋梁和民族脊梁的奋斗目标。

（7）梦想短片播放。

观看来自同学、校友、老师、校工等人的梦想短片，通过身边人的梦想分享，让梦想的话题聚焦在实实在在的看得见、摸得着、感受得到的地方。视频里的梦想话题能够引起同学们的共鸣。

（8）大屏幕抽取梦想天使，现场分享他们新学期的梦想（每个学部1人）。

（9）现场梦想演说（毕业年级年度荣誉学生代表）。

关于梦想话题的精彩演说，能够让学生对新学年全新的一切有深刻的认识，对自己梦想的确定和实现有清晰的梳理，对成为社会栋梁和民族脊梁的目标更加坚定。

（10）全体学生填写梦想卡。

4．收尾部分

（11）按响开学铃声。

首先敲响建校的老校钟，然后传出现在使用的布谷鸟铃声。从建校钟声的敲响到布谷鸟铃声的响起，寓意着十一学校悠久历史、深厚文化的传承生生不息，代代十一人继续为民族、国家的重任而不懈努力。

（12）发放开学护照、签名互动、在背景板上粘贴梦想卡。

开学护照是学校送给大家的富有创意的新学期纪念，是每个学年起始时的珍贵收藏。护照上的每一个活动、每一枚印章、每一张珍邮，都凝结着十一文化，都在讲述着十一学校那些温暖的人和事！它既是学校文化的积淀，也是学生成长的见证。

梦想卡粘贴在方队后面的背景板上，背景板可设计成贴吧或人人网的页面形式，贴近学生的生活，让大家畅所欲言，在书写自己梦想的同时也能够分享同伴的梦想，最后可以将梦想背景板做成海报在学校宣传栏张贴，让所有学生分享彼此的新学期梦想，同时，这也将是年鉴项目组很好的素材。

二、开学典礼预案

1．如果前一天晚上下雨，第二天晴天草坪潮湿无法就座，可以每人发放一个泡沫地垫（提前做好准备）。

2．如果当天下雨，开学典礼将改在体育馆进行。起始年级全部参加，其他年级选派代表参加。（具体执行方案附后）

三、开学周活动安排

目的：

延续开学典礼欢快、励志的气氛，让学生在接下来的一周里，通过"开学护照"和"梦想贴吧"活动的参与，明确自己新学年的目标，将"梦想"主题落到实实在在的地方。

时间：9月1—6日

地点：食堂前（9日后到学生中心团委办公室）

参与人员：全校师生

具体流程：

1. 起始年级"开学护照"盖章、兑奖。一周内起始年级"开学护照"食堂前盖章并兑换礼物，前100名奖励限量版吉祥物，100名后换取其他礼物。

2. 其他年级完成"开学护照"者，盖纪念章领取奖品，前100名奖励限量版吉祥物，100名后换取其他礼物；完成护照电子版上传进行护照评选，获得晋级认证。

3. "梦想贴吧"展示分享。

（1）填写梦想卡并张贴在"梦想贴吧"，现场没有张贴的可以在一周内进行补贴，"梦想贴吧"背景墙展示。

（2）梦想整理，制作梦想视频或PPT，大屏幕播放，海报制作，梦想留存，年鉴项目组保存资料。

附3　北京市十一学校2014年十事实办学生工程

1. 改建图书馆顶层社团活动中心，提供便捷的电教设备，让这里成为学生最喜欢的活动场所。

2. 高中楼增设4部电梯，方便学生日常学习生活。

3. 洗手池增加热水，方便学生冬季洗手。

4. 建立假期社会实践基地，2014年达到60个，让每一位学生都有机会体验自己的理想职业。

5. 改建、升级科技楼的一个学生影院，使其成为专业、舒适的电影观赏场所。

6. 设立20万元的"收藏十一"专项基金，在学生公寓顶层设立学生作品陈列室，收藏学生个性化发展成果。

7. 构建公共区域打印、复印、扫描系统，满足学生的实际需求。

8. 构筑让学生感到温馨、舒适、愉悦的阅读区，让图书馆成为学生静心阅读的地方。

9. 提升校园无线网络速度，保证运行的稳定性，BNDS（北京市十一学校）再也不会让你失望。

10. 体育馆多个场馆内设立LED电子大屏幕，让体育项目多媒体教学成为可能，营造各种活动现场直播的震撼效果。

附4 北京市十一学校2013年校园狂欢节活动方案

一、设计思路：关键词——共同筹备、主题自定、全员参与、师生同乐

1. 此次狂欢节将首次引入教学班承办的理念，以各个学部/年级不同的学科教学班为单位，承办开幕式花车巡游、游艺小项目等活动。目的在于实现全校师生倾情参与，体验承办过程，凸显自我创意，并在创意中分享快乐，在分享中建立融洽的师生关系，营造校园和谐氛围，共同迎接新年的到来。

2. 继2011年的卡通、2012年的魔幻后，2013年狂欢节将打破固定单一的主题设计，真正将活动的主动权交给老师和学生。大家可以根据个人意愿乔装打扮，我们鼓励原创的设计与装扮主题，每人可以选择自己感兴趣的形象。

3. 盛装的师生自由参加各个板块的活动项目，筹备组将根据花车装扮、个人参与活动情况评选出系列大奖，活动现场更有专业摄影师与摄像师抓拍精彩瞬间。

二、时间安排：2013年12月31日

本次狂欢节宛如一场大型交响乐，将由三部乐章组成。

9:20 全校师生集中在学校大操场上，准备参加狂欢节（之前是筹备时间）。

9:30—10:10 第一乐章：缔造狂欢国度——狂欢节开幕、花车巡游。

10:10—12:00 第二乐章：狂欢奇遇记——15个分布在校园各处的狂欢活动项目登场，全校师生自由参与。

13:00—15:00　第三乐章：新年的祝福——各学部/年级以教学班为单位，独立安排自己的新年活动。

15:30　静校

三、具体活动项目简介

第一乐章：缔造狂欢国度

1. 花车巡游

在这一环节中，最重要的部分即为花车巡游、游行队伍的组织。花车巡游部分由各个年级/学部不同学科教学班承办。每个学科有一辆花车，由老师和学生共同商讨，自定展示主题，一起装饰，共同完成花车巡游活动。同时，发动、组织教学班的学生、老师组成游行队伍，围绕花车的主题，进行个性化装扮的设计布置，力求做到全员参与、师生同乐。

狂欢节筹备组：

（1）提供电动车辆，每辆车的固定配置有小型音响系统、麦克风、专职司机。电动车辆统一租赁，会在12月30日上午抵达十一学校，以供大家布置。花车统一停放在国际部与体育馆之间的过道处。车辆样式参见附图1（略）、行进路线参见附图2（略）。

（2）提供服装租赁、展板制作的校外资源，方便大家制作相关装饰道具、展板、服装等。海报、展板制作直接找××公司。

（3）各学科可以根据自身情况设立相应的奖励机制，表彰、鼓励积极参与、做出重要贡献的学生，奖品花费包含在下列第（4）项经费中。

（4）经费：花车其他装扮和租赁服装费用由狂欢节筹备组统一拨发，采取先垫付，提供发票报销的方式。预算方案请于12月18日前在OA系统中发给负责老师。

（5）建议各学科充分发掘教学班学生的创造力，每个教学班可以组建筹备组、表演组、啦啦队等，通过各种方法调动学生主动参与的积极性。从主题确定、花车装扮、游行队伍人员选择、其他学生个性化装扮等诸多方面鼓励学生，实现全员参与。

有关游行队伍的建议：

（1）游行队伍不必方阵化，不强调统一的排练。但可以选拔部分有表演特长、艺术展示功底的学生组成骨干队伍，在花车游行过程中围绕花车表演各种才艺，活跃气氛。（人数在50人以内为宜，具体由各个学科根据自身需要决定）

（2）在花车主题之下，鼓励师生进行个性化的装扮，通过各具特色、千奇百怪的个性化装扮营造狂欢节的浓烈场面。

（3）花车行进过程中，游行队伍伴随花车一同前行，队伍组成形式由各学科自定。

2．梦想成真

行进路线的关键地点暗藏不同惊喜，花车经过时释放这些惊喜，让每一个参与的老师和学生感受到别样的快乐。

惊喜一：植物大战僵尸——建华实验学校操场

惊喜二：卡通玩偶秀：机器猫、加菲猫、米奇、大黄鸭、跳跳虎、大狗熊、超级马里奥、天线宝宝、功夫熊猫、变形金刚、奥特曼

3．表演区介绍

以花车行进路线为依托，将整个校园划分为行进区和3个综合表演区。在每个综合表演区将安排不同的文艺表演项目，配合花车游行方阵的行进，壮其声势，丰富活动，共同营造热烈的欢乐氛围。

表演区一：龙狮会（日新广场）

表演区二：魔幻秀场（食堂门口）

表演区三：舞动青春（操场看台上）

第二乐章：狂欢奇遇记

1．操场上提前搭起四座大型帐篷，环绕中心表演舞台。

2．DIY T台秀：操场中心舞台集中表演各种文艺节目，个人可以展示自己的个性化装扮，有各种大奖派发。

3．密室逃脱：利用图书馆五层社团活动中心四个房间进行密室逃脱游戏。

4．丛林大冒险：在五星花园，设计各种冒险小游戏。

5．美食总动员：美食摊位在校园不同地点设置，让参与狂欢节的师生能够很方便地买到、品尝到各种风味小吃和饮品。

6．星球大战：在操场看台附近的帐篷内，进行有奖竞猜游戏、知识擂台PK。

7．玩具总动员：在操场看台附近的帐篷内，对各种小玩具进行展览，可以玩不同年代的小游戏，老师和学生的玩具一起分享。

8．星球电影院：科技楼一层、二层报告厅播放电影。

9．与龙娃同行：篮球场，闯关赛，各种比赛进行串联，主持人扮演龙娃的形象。

10．功夫熊猫：与熊猫大侠一起比试武艺，切磋侠之大义。

11．COSPLAY秀场：国际部一层大厅。

12．爱心甜点制作：图书馆、科技楼一层大厅、小木屋和操场帐篷内，现场制作爱心小饼干。

13．校服熊专卖。

14．动物王国寻宝：在全校各个地点预先设置不同宝物，参加者根据寻宝图的各种提示到各个地点寻宝，搜集一个宝物就有小奖，搜集齐所有宝物的人可以兑换大奖。

15．欢乐午宴：在国际部六层，邀请一年来对学校各方面工作有突出贡献的家长、校友。

四、项目承办负责人（略）

附5 北京市十一学校2013年泼水节实施方案

目的：师生相处，考前放松，营造和谐、快乐的校园氛围。

时间：6月20日—7月10日下午3:30—4:10

地点：以大操场西南侧为主

内容：

1．学部自行设计简短的开泼仪式。

2．以自由泼水为主，师生、生生彼此泼洒祝福，传递快乐。

3．学部可自行设计其他活动内容，所需费用需学部自行解决。

具体安排：

1．6月14日，活动协调会。请学部主任或主要负责老师14:00到图书馆一层家长互助中心参加协调会。

2．6月18日前，各年级成立活动实施团队，将具体实施时间和负责老师发给××老师。

3．活动当天上午9点前，学部在教导处、总务处协助下，完成水池搭建和蓄水工作。

4．各年级应在活动当天下午3:30在主席台下集合，准备开泼仪式。正式开始泼水前要求学部（区）老师必须全部在主席台上和校长一起进行第一盆水的开泼仪式。请各位老师着好装，备好装备，装满水，准时到主席台就位。(这一点非常重要，它是校长向全校老师发出的邀请！)

5．开泼仪式上务必强调安全注意事项。

6．活动结束后，负责师生需整理现场，晒晾水池需到指定地点。

工作筹备：

1．各学部：

(1) 师生动员，全员参与，强调活动中"安全第一"。

(2) 学生自备泼水用具（倡议携带小一点儿、不尖锐的盛水器具）

(3) 妥善保管自己的贵重物品，尽量不要随身携带，尤其是怕水的手机、照相设备等；身体不适的同学建议不参加泼水，可为同学加油助威。

(4) 不穿雨衣，不打伞，活动中男生禁止裸露上身。

(5) 带毛巾、备用衣物、鞋袜到学校，活动结束后更换，防止感冒。

(6) 有序、安全地参与活动，禁止疯狂追打等不安全行为，禁止将老师、同学扔入水池内。

(7) 活动中出现突发事件及时向主席台报告。

(8) 禁止向拍照、摄像等工作人员泼水。

(9) 参与活动筹备的同学可根据具体工作时数和个人实际需求在选课后台进行或社会实践，或社区服务，或额外加分的学分申报，学部负责老师给予审核。

2．教导处：活动总协调、老师泼水工具准备等。

3．总务处：协助各学部做好水池注水、晒水工作，做好活动后现场保洁工作。

4．保卫处：做好安全巡查工作，处理突然发生的安全事件。

5．电教中心：现场广播、电视系统畅通，播放活动视频和音乐，以及现场活动摄像等。

6．医务室：设置活动现场临时医务点，方便学生出现问题时及时救助。

7．办公室：活动精彩画面拍摄及新闻稿撰写和网站上传。

附6　北京市十一学校2013届初中毕业典礼方案

主题　致我们即将绽放的青春

铃声（上下课）

1．字幕：2023年6月十一学校70年校庆后（情景剧）　8班负责

各行各业的人士（每班至少出现一位同学，尽量选特色服装）陆续登台，自备台词介绍自己的身份，台词的最后一句必须是"我2013年6月毕业于北京市十一学校"。

介绍的最后一位自称是歌手，带动台上所有人合唱一曲。乐曲第二段邀请老师登台合唱。

曲落，主持人出现。

十年后，我们天各一方；但今天，我们欢聚一堂。

十年后，我们扬帆远航；但此时，我们分享时光。

十年后，我们鏖战沙场；但此刻，我们共筑辉煌。

与其十年后再来回忆过往，不如让我们珍惜现在，铭记我们在一起的点点滴滴、分分秒秒。

第一乐章　我的成长

还记得即将进入中学的我们满满的都是雀跃、憧憬和畅想，那么即将迎来我们的老师们又是一种什么样的心情呢？

2．请三位老师讲关于我们的故事

老师们以他们的智慧描画我们，以他们的阅历塑造我们，所以我们来了，兴高采烈，义无反顾。

3．（感恩）歌曲合唱两首

4．指定同学上台讲军训故事

配合视频

好萌的一群孩子啊，难以想象这是曾经的你我。当时我们是那样盼望着长大，恨不得举手投足都表示出：我是个大人。所以我们努力读书，尽力获取可以标志成熟的学问；所以我们拼命锻炼，希望拥有不被忽视的身高和体重，所以我们积极参与，珍惜每一次可以表现自己、证明自己的机会。所有这一切，构造了我们五彩斑斓的回忆。

字幕：2010年9月—2011年7月

5．T台秀

关于法兰西文化日的回忆、搭T形的台子、T台秀、唱歌、在台上表演。播放法兰西文化日当时的视频，对比现在的T台秀，可以邀请老师参加。

还记得当时为了设计LOGO，公茂杰老师曾经不厌其烦地陪伴我们修改再修改，排练T台秀，黄恕老师搭进了无数的空闲时间；演出效果极好的话剧则凝聚了陈文珊老师和耿畅老师的心血；从LOGO到视频，从排练到演出，从服装道具到订制纪念品，每个环节都有李艳芳老师和魏小林老师的细致指导。特别感谢老师们曾经为我们的付出。正是这些付出，换来了我们刻骨铭心的回忆。

字幕：2011年9月—2012年7月

初二了，我们在飞速地长大。同时我们开始关注大人的世界、成人的思想。每每元旦联欢之后，我们带着欢声笑语回去度假，就开始好奇老师们的元旦联欢是怎样的。没了课堂上的严肃和严谨，没了办公室里的一丝不苟和威严，狂欢的老师是什么模样？让我们来看看教师元旦联欢大揭秘。

6．各种模仿秀

7．老师们的节目

字幕：2012年9月—2013年7月

音乐：沉稳、抒情的音乐

初一、初二留给我们太多欢笑，各种春游和秋游、各种运动会、各种校园狂欢节、各种美食冷餐、各种社团巡礼，带来的就是各种HAPPY、各种热闹、各种欢畅。接下来我们迎来了人生的第一次磨炼、第一场考验——我们初三了！

8. 配合初三的视频（15班负责　由高文婷同学的作文改编）

同学三年，我们有太多的话想要说给彼此；同窗三年，我们有太多的感动属于彼此；让我们来仔细聆听我们的声音。

9. 歌曲联唱

当时各班的参赛曲目联唱加一个老师合唱（四个学生、一个老师，一共五首歌），歌手分布在全场各个角落，歌声形成此起彼伏的效果，最后汇聚于舞台上的老师合唱。每班可只唱参赛曲目的一段。

每班领歌者在本班唱完本班曲目，开始往舞台上走，与老师的小合唱在第二段加入进去。

第二乐章　毕业仪式—师恩难忘

我要毕业了，我很快乐，因为我收获多多；我很激动，因为我憧憬多多；我努力不伤感，因为我眷恋多多。请李希贵校长为我们添上初中生活浓重的色彩——毕业致辞、发毕业证书。

校长发言。

校长给每个同学发毕业证书，按班进行。

各班自己设计向老师行礼谢恩（在台下）的方式，要求别致、深情，时间在五分钟之内。

在十一留下我的印迹（需提前准备，在活动开始前完成）：

提前两天向各班发出征集毕业留言的通知，主背景为一片大海或天空（可以加入同学们的照片或者代表年级特色的装饰），各班可自行设计本班留言板的形状和颜色（限制大小），留言需在毕业典礼前全部结束，将留言板带到会场。

十一学校，我的母校！三年前，我欢呼着投入你的怀抱，现在我将离开，留下我的印记和深情祝福。

选读十条留言。

请我们共有的家长魏主任致辞。

第三乐章　我的青春我做主

毕业，不是结束，而是开始，我们将开始新的一段人生、新的一段旅程；

今天的离开不代表分别，相信将来的我们必定会让母校以我们为荣！

祝福我的同学们，每个人都有精彩的人生；祝福我的老师们，每一天都喜乐安康；祝福我的母校，每一年都蒸蒸日上！不要流泪，让我们尽情欢笑，把最美好的笑容留给母校；不能成语，让我们尽情欢唱，唱响2013，唱响十一学校，唱响我的青春！

全体老师、同学起立进行歌曲合唱、合跳，选三至四首歌曲（请所有同学提前准备）：《兔子舞》《最炫民族风》《骑马舞》《甩葱歌》。

照相、留言。

活动结束，下课铃响。

（2014年3月正式实施）

北京市十一学校学生中心工作手册

一、学生中心简介

十一学校学生中心位于学校图书馆一层北侧，由教导处办公室、学生成长服务中心和家长互助中心三部分组成，承担全校学生的德育工作。

学生中心主要为十一学生提供各项评优、校园活动、失物招领等服务，为年级/学部提供管理制度、信息传达、检查反馈等服务。

学生中心对外主要面对海淀区教委中教科、周边社区单位及学生家长，积极促进教师、学生、家长及社区四条脉搏一起跳动，共同服务于十一学校全体学生的成长。

二、服务理念

核心服务理念：为学生搭建多样的平台，为教育者提供需要的支持；帮助学生实现多元的成长。

高热度服务：学生中心的教师以真诚、热情的态度面对学生，让学生感受到教育服务的温暖，让学生中心成为学生碰到困难时第一个想到的地方。

高品质服务：学生中心的教师要根据学生成长的需求调整工作内容，优化工作流程，为学生提供符合教育精神、针对性强的高品质服务。

个别化服务：学生中心的个别化服务既体现为力争满足每一个学生个别化的成长需求，也体现为为家长和社区提供形式多样的服务。

三、主要信息

工作人员：_____

办公地址：北京市海淀区玉泉路66号北京市十一学校图书馆一层

办公电话：_____

四、时空坐标系

工作名称	开始时间	完成时间	地点	备注
名家大师进校园	16:30	17:30	图书馆二层报告厅	根据课程内容及申报人数场地（有时有调整）
家长互助	16:30	17:30	家长互助中心	每周二
家长有约	16:30	17:30	家长互助中心	每周四
校服文化中心家长志愿者	11:40 16:20	13:20 17:30		
常规管理家长志愿者	11:40 16:20	13:20 17:30	十一校园	
家长课堂	16:00	17:30	图书馆二层报告厅	双周五
失物招领			学生成长服务中心	
社区课程				
学长有约	16:30	17:30	学生成长服务中心	每周三
学生需求、建议及提案上交				
校长有约	11:40	13:20	友谊宫	每天中午
网上答疑				
每月百星	上月中旬	次月初	学校橱窗	
校服文化中心管理	11:40 16:20	13:20 17:30	校服文化中心	
校内社会实践	11:40 16:30	13:00 17:30	松林书苑	
学校德育宣传			各橱窗	
管理学院	每学期初	每学期末		
部门档案管理				
升旗仪式事务管理	7:30		学校大操场	天气严寒时进行室内升旗
技能测试管理	16:30	全体学生	各测试场地	双周三
校园吉尼斯	16:20	17:30	日新广场	每月一期

学生影院	16:20	17:30	科技楼一、二层学生影院	每周一、三下午
学生礼仪服务	各种颁奖典礼方案确定后	各种颁奖典礼完成	各颁奖场地	
综合实践课程建设				
学分管理				
常规教育及检查				
学校制度文件起草、修订及解读				
德育研讨及分享沙龙				教育沙龙时间定于小学段
导师及分布式岗位培训				
处理市区文件				
德育课题申报及落实				
奖学金评审及颁奖	12月初	12月底	国际部六层报告厅	
国旗队协助管理				
期末评优	12月底	1月中（下）旬		

五、岗位职责

姓名		岗位名称	德育主管	工作地点	图书馆一层学生成长服务中心
直接上级	教导处副主任	岗位定员	1	联系方式	
岗位职责	1. 综合实践课程 2. 学分管理 3. 制定（或修订）学生管理制度文件 4. 教育沙龙 5. 处理上级文件 6. 德育课题申报 7. 家长课堂 8. 社区课程				

姓名		岗位名称	教导员	工作地点	图书馆一层教导处办公室
直接上级	教导处副主任	岗位定员	1	联系方式	
岗位职责	1．常规检查负责人 2．国旗方队管理（协助年级） 3．每月百星 4．升旗仪式（事务管理） 5．学生影院 6．重要活动学生礼仪服务 7．校内橱窗负责人 8．期末评优				

姓名		岗位名称	教导员	工作地点	图书馆一层教导处办公室
直接上级	教导处副主任	岗位定员	1	联系方式	
岗位职责	1．名家大师进校园 2．技能测试 3．校园吉尼斯 4．常规检查 5．行政组长 6．校服文化中心 7．校内社会实践 8．管理学院				

姓名		岗位名称	教导员	工作地点	图书馆一层学生成长服务中心
直接上级	教导处副主任	岗位定员	1	联系方式	
岗位职责	1．失物招领 2．校长有约 3．学长有约 4．家长有约 5．家长互助 6．学生提案建议 7．常规检查 8．校级奖学金评审 9．问题咨询				

六、具体工作事项

1．综合实践课程

1.1 综合实践课程优化

1.1.1 工作问答

问：什么是综合实践课程的优化？

答：综合实践课程优化是根据学校各年级/学部及学生团队、各处室综合实践课程的新变化，对《课程手册》里的原有综合实践课程进行优化设计，增加、删减或完善一些综合实践课程的设计。

问：综合实践课程优化的主要依据是什么？

答：主要依据是学校各年级/学部及学生团队、各处室综合实践课程的实践情况，由教导处汇总，力争让综合实践课程的优化落地。

问：教导处在综合实践课程优化工作中要落实哪些工作？

答：①汇总各年级/学部及学生团队、各处室综合实践课程的实践情况。②根据汇总的情况进行《综合实践课程优化方案》的编写。③《综合实践课程优化方案》提交校长（校务会）申请审核。④审核通过后联系课程与教学研究院在《课程手册》中进行替换。

1.1.2 工作流程图

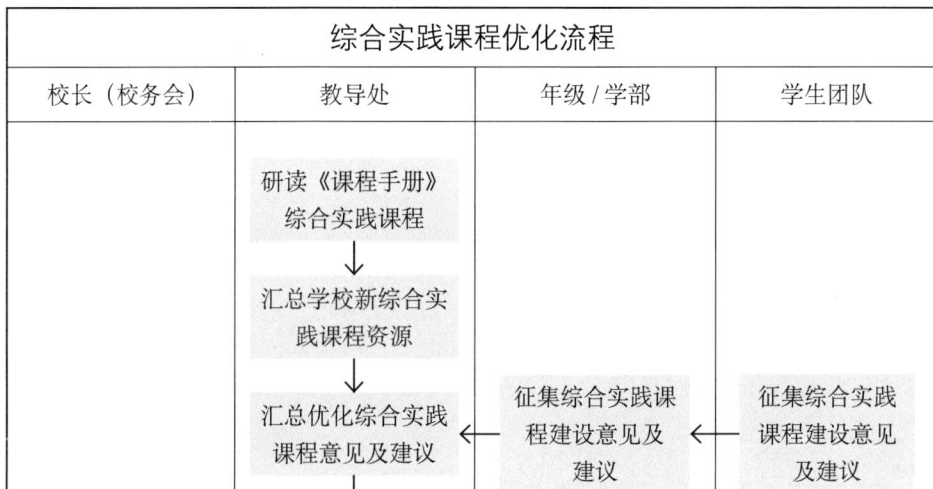

综合实践课程优化流程			
校长（校务会）	教导处	年级／学部	学生团队
	研读《课程手册》综合实践课程 ↓ 汇总学校新综合实践课程资源 ↓ 汇总优化综合实践课程意见及建议	← 征集综合实践课程建设意见及建议	← 征集综合实践课程建设意见及建议

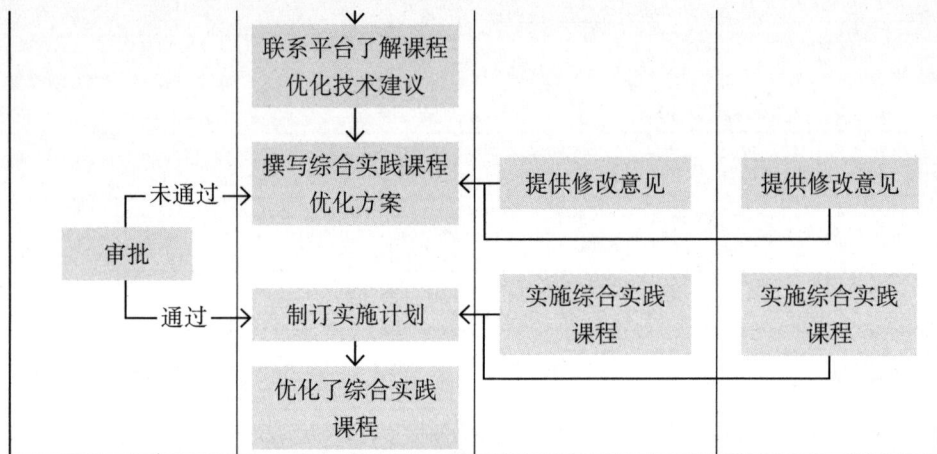

联系平台了解课程优化技术建议 → 撰写综合实践课程优化方案 ← 提供修改意见 | 提供修改意见

审批 —未通过→ 撰写综合实践课程优化方案

审批 —通过→ 制订实施计划 ← 实施综合实践课程 | 实施综合实践课程

制订实施计划 → 优化了综合实践课程

1.1.3 工作关键点

撰写《综合实践课程优化方案》。

注意事项：①方案要体现十一学校的培养目标，符合十一学校的教育理念和教育精神。②方案的格式要规范，结构要完整，即包括课程目标、课程内容、课程诊断等环节。③方案既要反映十一学校学生综合实践的现状，又能促进学生综合素质的进一步提升。④一定要汇总原综合实践课程方案在实施中出现的问题，以及老师和学生的修订建议，使制定的新方案更完善。

1.1.4 对接部门

①与校务会对接：申请校务会审核。②与年级/学部对接：征集优化综合实践课程建设的意见及建议。③与学生团队对接：征集优化综合实践课程建设的意见及建议。④与课程与教学研究院对接：把审核后的《综合实践课程优化方案》交给课程与教学研究院，纳入其编写的《课程手册》。

1.2 《综合实践课程手册》编写

1.2.1 工作问答

问：如何确定项目组编写成员？

答：①综合实践课程的实际负责老师。②教导处负责综合实践课程设计的老师。③愿意加入综合实践课程的老师。

问：模板的书写有何要求？

答：一个规范的综合实践课程模板格式上必须包括课程目标、课程方案、课程内容、课程实施、课程评价与诊断等环节；内容充实，符合教育精神。

问：如何对项目组编写的初稿进行修改及提升?

答：①根据《北京市十一学校行动纲要》修改不符合学校培养目标的内容。②对项目组成员上交的初稿内容进行优化整合。③对项目组成员上交的初稿文字进行修改。

1.2.2　工作流程图

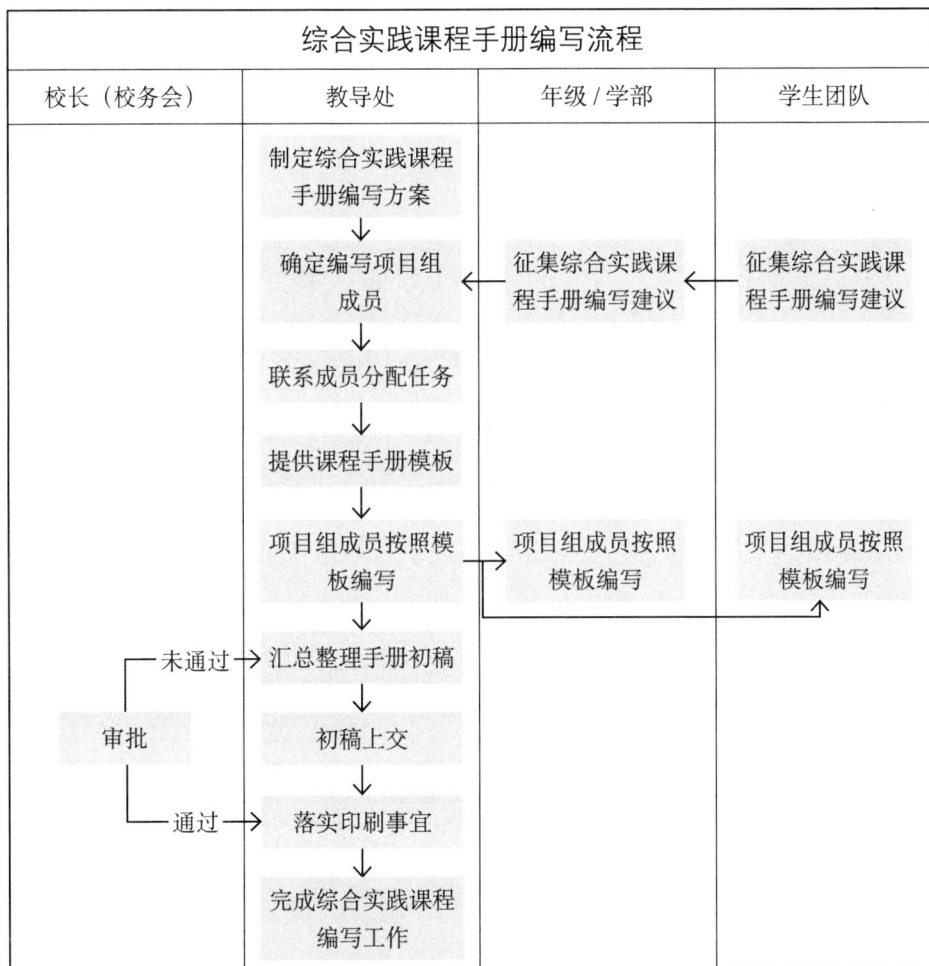

综合实践课程手册编写流程			
校长（校务会）	教导处	年级／学部	学生团队
	制定综合实践课程手册编写方案		
	确定编写项目组成员	征集综合实践课程手册编写建议	征集综合实践课程手册编写建议
	联系成员分配任务		
	提供课程手册模板		
	项目组成员按照模板编写	项目组成员按照模板编写	项目组成员按照模板编写
未通过	汇总整理手册初稿		
审批	初稿上交		
通过	落实印刷事宜		
	完成综合实践课程编写工作		

1.2.3　工作关键点

提供《综合实践课程手册》模板。

注意事项：①从众多综合实践课程中精选有代表性的课程进行模板设计。②对模板撰写者提出"格式规范"的要求。③在师生中就模板的初稿内容进行意见征集。④对模板的初稿进行优化及提升。⑤将模板初稿提交校领导申请审核。

1.2.4 对接部门

①与校务会对接：申请校务会审核。②与年级/学部对接：征集《综合实践课程手册》编写意见及建议。③与学生团队对接：征集《综合实践课程手册》编写意见及建议。④与品牌主管对接：把审核后的《综合实践课程手册》交给学校品牌主管联系设计及印刷事宜。

1.3 综合实践课程平台建设

1.3.1 工作问答

问：如何确定综合实践课程平台设计方案？

答：根据《课程手册》的综合实践课程内容确定综合实践课程平台设计方案。

问：平台初步设计从哪些方面审核？

答：①看综合实践课程平台的框架结构是否符合《课程手册》的综合实践课程内容。②看综合实践课程平台的操作是否简便。

问：平台建设中碰到的最多的问题是什么？如何改进？

答：经过一个学期的检验，平台建设中碰到最多的两类问题是：①权限问题。②技术培训问题。权限问题改进办法：在开学初设计统计模板，对所有课程的权限表进行精确统计。技术培训问题改进办法：针对老师们忙，不能悉数参加技术培训的情况，让平台设计公司出示赋予学分的操作PPT。

1.3.2 工作流程图

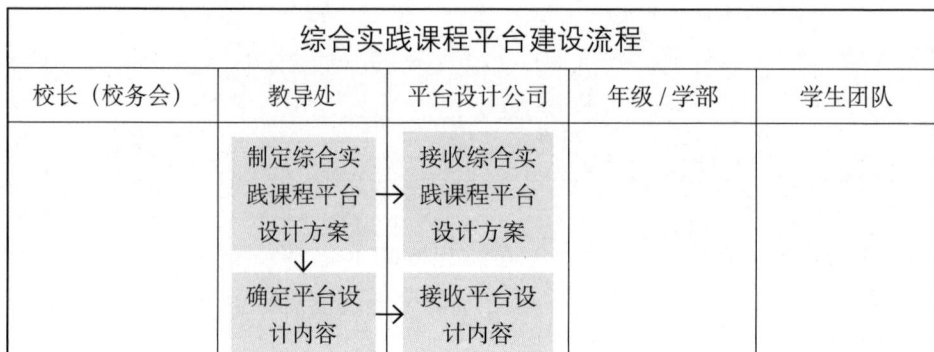

综合实践课程平台建设流程				
校长（校务会）	教导处	平台设计公司	年级/学部	学生团队
	制定综合实践课程平台设计方案 →	接收综合实践课程平台设计方案		
	↓			
	确定平台设计内容 →	接收平台设计内容		

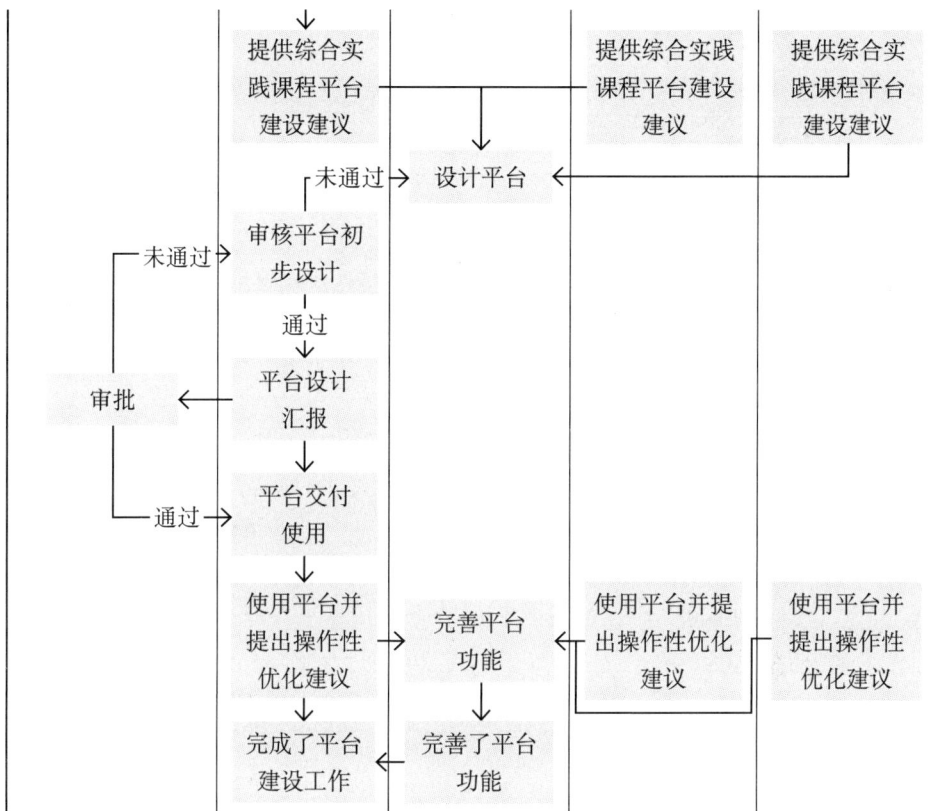

1.3.3　工作关键点

提供综合实践课程平台建设建议。

注意事项：①教导处综合实践课程负责老师对综合实践课程要熟稔于心，对平台负责人要提出课程框架方面的建议。②教导处综合实践课程负责老师要征集"志远"、"意诚"、"思方"、"行圆"和"自主实践"课程每一个具体课程负责老师的意见和建议，及时发现平台的问题，督促技术员从技术上进行改进。③教导处综合实践课程负责老师要经常询问学生，了解学生选课平台上的问题，督促技术员从技术上进行改进。

1.3.4　对接部门

①与校务会对接：申请校务会审核。②与年级/学部对接：征集综合实践课程平台建设意见及建议。③与学生团队对接：征集综合实践课程平台建设意见及建议。④与平台设计公司对接：就平台设计方案及技术操作与平台设计公司进行对接，发现内容或操作方面的问题，第一时间加以解决。

2．学分管理

2.1 工作问答

问：有学分方面的问题找哪位老师咨询？

答：属于综合实践课程学分方面的问题请找相应的老师咨询，也可以去学生中心咨询。

问：卓越学生、优秀学生和专项优异学生评选在学分方面有哪些具体要求？

答：请见各年级《课程手册》中《北京市十一学校卓越学生、优秀学生、专项优异学生评选办法》的具体规定。

问：奖学金评选与学分挂钩吗？

答：只有"方圆奖学金"评选与学分挂钩，具体标准是：学业总成绩居年级前10%，且学校特色课程（综合实践课程）总学分居年级前10%者，参评我校杰出学生"方圆奖学金"。

2.2 工作流程图

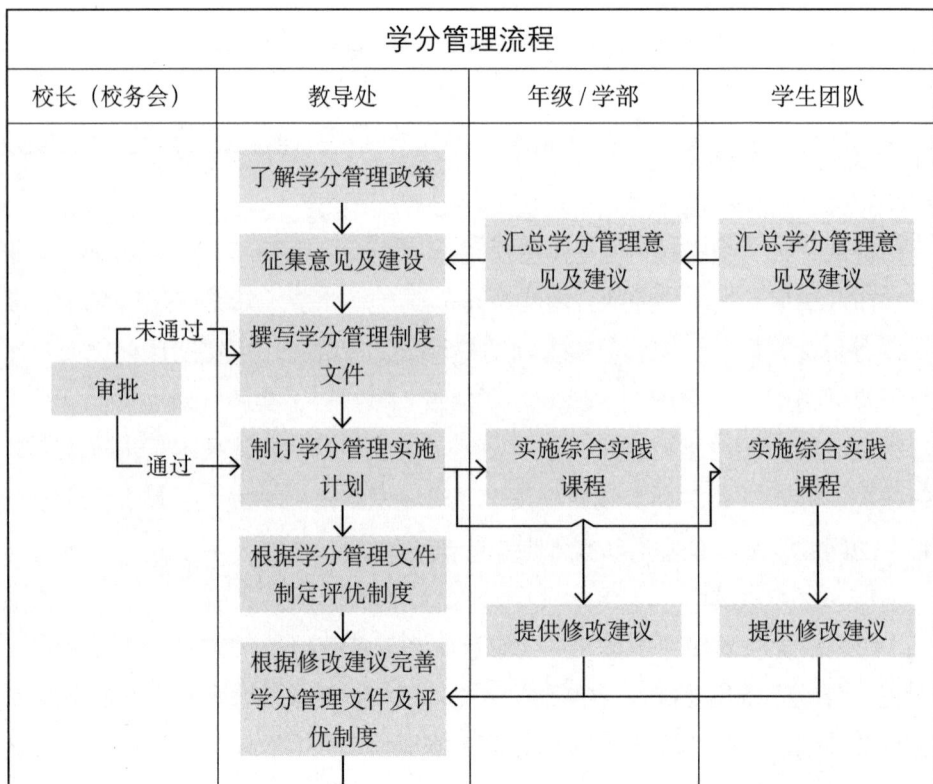

学分管理流程			
校长（校务会）	教导处	年级/学部	学生团队
	了解学分管理政策		
	征集意见及建设 ←	汇总学分管理意见及建议 ←	汇总学分管理意见及建议
未通过 → 撰写学分管理制度文件			
审批			
通过 → 制订学分管理实施计划		实施综合实践课程	实施综合实践课程
	根据学分管理文件制定评优制度		
		提供修改建议	提供修改建议
	根据修改建议完善学分管理文件及评优制度 ←		

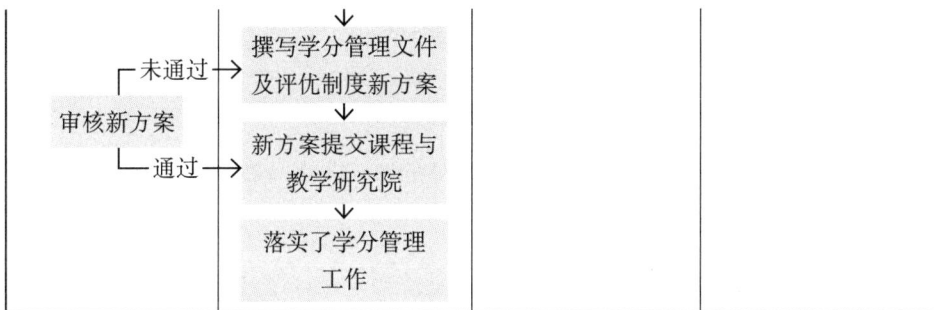

审核新方案
├─ 未通过 → 撰写学分管理文件及评优制度新方案
└─ 通过 → 新方案提交课程与教学研究院 → 落实了学分管理工作

2.3 工作关键点

制定评优制度文件。

注意事项：

①评优制度的学分要求一定要符合学生综合实践课程的实际情况，既不能太低，否则起不到促进学生综合素质提升的作用；又不能太高，否则影响学生期末评优的积极性。②评优制度一定要把传承和创新有机结合起来，既传承原评优制度的合理因素，又根据学校综合实践课程建设要求纳入创新元素。③对于评优制度中设计不完善的地方，坚决改进，力求更完善。

2.4 对接部门

①与校务会对接：申请校务会审核。②与年级/学部对接：征集综合实践课程学分管理制度文件修改及完善的意见及建议。③与学生团队对接：征集综合实践课程学分管理制度文件修改及完善的意见及建议。④与课程与教学研究院对接：把审核后的《综合实践课程优化方案》交给课程与教学研究院，纳入其编写的《课程手册》。

3．制定（或修订）学生管理制度文件

3.1 工作问答

问：制定学校制度文件最重要的是什么？

答：是遵循"制度文件符合教育精神，促进学生成长"的原则。

问：年级/学部教师及全体学生在制定制度文件中拥有什么权利？

答：在制定之前，全校师生拥有建议权；在制定过程中，全校师生拥有参与制定权；在制度文件正式施行后全校师生拥有修改建议权。

问：如何处理学校制度文件与年级管理制度的关系？

答：凡是年级内事务的管理由年级制定相应的制度文件，涉及全校学生的应由教导处制定制度文件。

问：学生了解重要制度文件的途径有哪些?

答：有学校橱窗、学校网站、学校大屏幕、课程与教学研究院的《课程手册》。

3.2 工作流程图

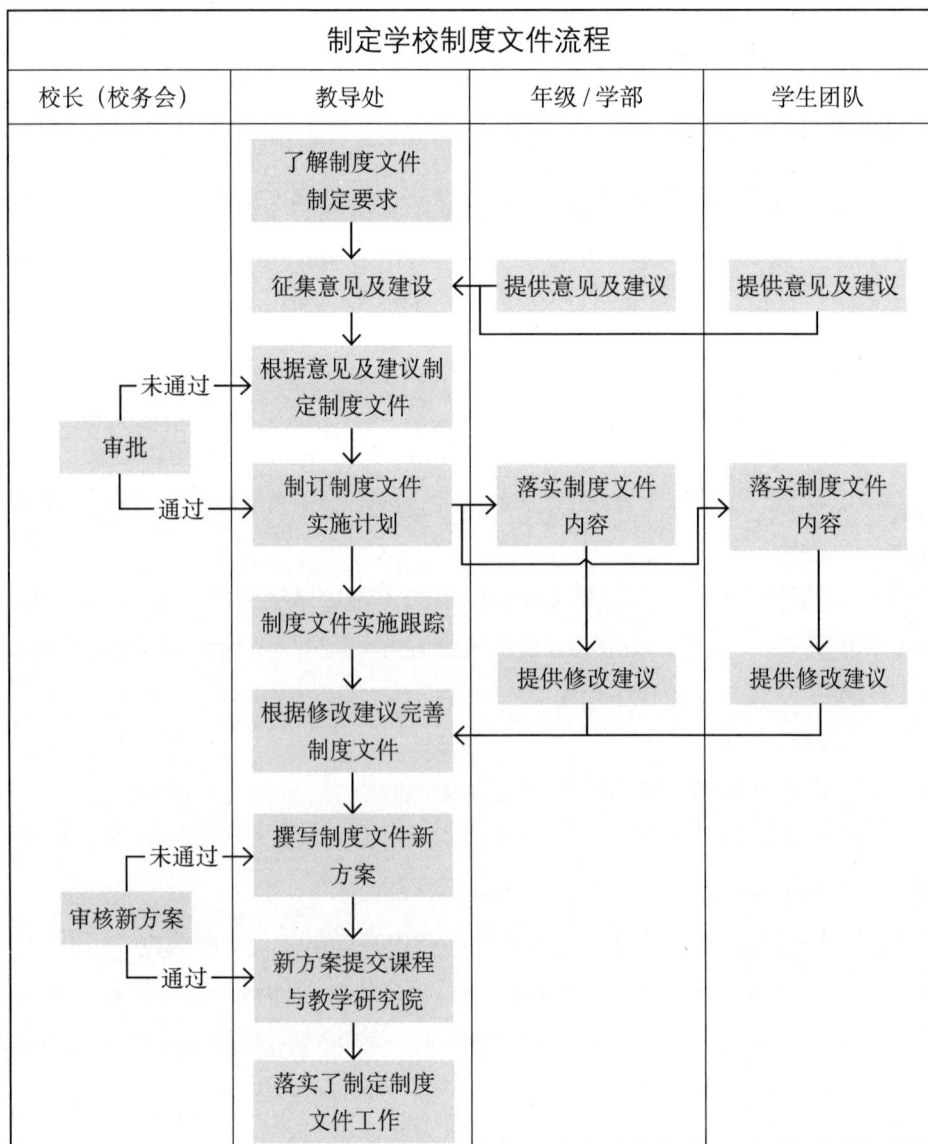

制定学校制度文件流程			
校长（校务会）	教导处	年级／学部	学生团队

校长（校务会）	教导处	年级／学部	学生团队
	了解制度文件制定要求		
	征集意见及建设	提供意见及建议	提供意见及建议
审批 未通过	根据意见及建议制定制度文件		
通过	制订制度文件实施计划	落实制度文件内容	落实制度文件内容
	制度文件实施跟踪	提供修改建议	提供修改建议
	根据修改建议完善制度文件		
审核新方案 未通过	撰写制度文件新方案		
通过	新方案提交课程与教学研究院		
	落实了制定制度文件工作		

3.3 工作关键点

根据修改建议完善制度文件。

注意事项：

①学校制度文件一经制定就具有严肃性，不能朝令夕改，执行中不做原则性妥协。②学校制度文件均为试行文件，在实施过程中发现问题要及时汇总，并在下一步修订中考虑进去，使制度文件更完善。③重要的制度文件制定前一定要充分征集老师和学生的意见与建议，不能闭门造车；一定要经过校长（校务会）审批环节。

3.4 对接部门

①与校务会对接：申请校务会审核。②与年级/学部对接：征集制度文件修改及完善的意见及建议。③与学生团队对接：征集制度文件修改及完善的意见及建议。

4．教育沙龙

4.1 工作问答

问：教育沙龙的主题如何确定？

答：根据学校每学期的教育重点或学校教育工作中出现的新问题或新现象进行确定。

问：教育沙龙的发言人如何确定？

答：主要从学科教师中产生，有时候根据教育沙龙的主题也适量推荐学生或各处室的职员作为发言人。

问：教育沙龙组织者是否一定要对发言人进行指导？

答：教育沙龙组织者在发言人准备材料的前期提供足够的教育沙龙相关信息，可以不对发言人进行任何指导，除非发现发言人上交的材料存在大的跑题现象。

问：教育沙龙组织者具体准备时要完成哪些工作？

答：要完成教育沙龙海报制作、时间确定、地点确定、在OA系统中通知、电教设备落实、发言人确定、发言人材料收集及整理、沙龙主持人确定、发言顺序确定、现场照片拍摄、新闻稿撰写等准备工作。

4.2 工作流程图

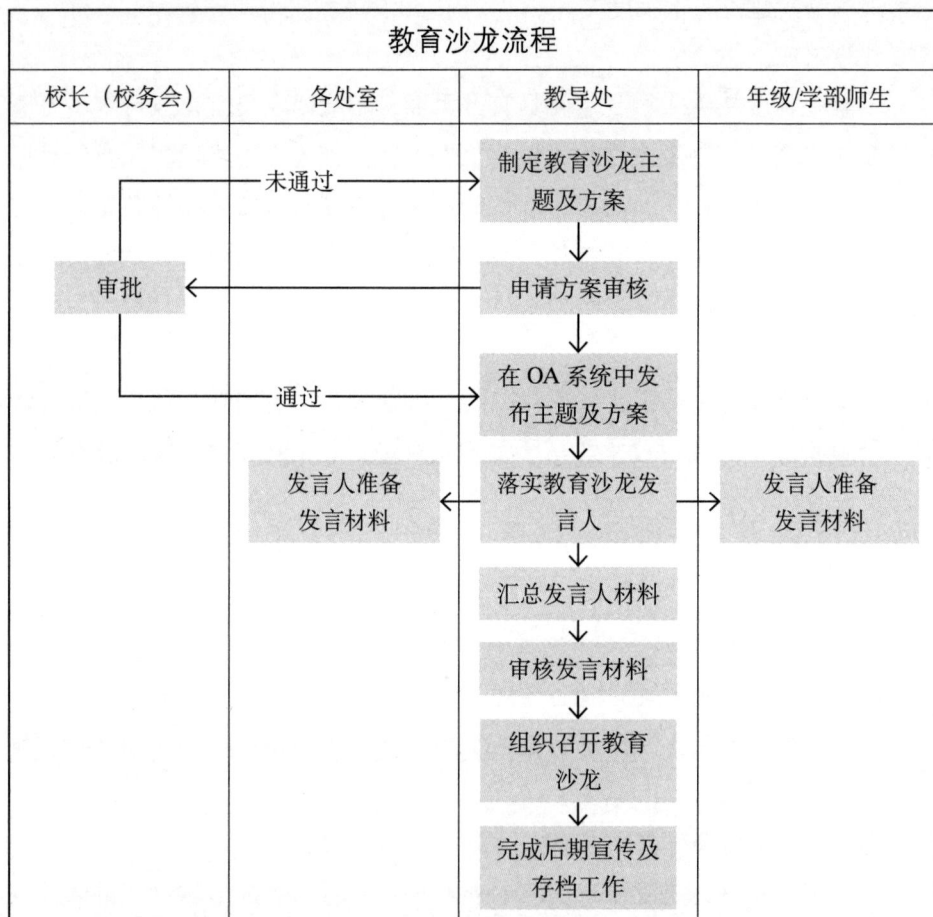

教育沙龙流程			
校长（校务会）	各处室	教导处	年级/学部师生

```
校长（校务会）          各处室              教导处              年级/学部师生

                  ──未通过──→      ┌──────────────┐
                                  │ 制定教育沙龙主  │
                                  │ 题及方案       │
                                  └──────────────┘
                                         ↓
  ┌────────┐                     ┌──────────────┐
  │ 审批    │←────────────────   │ 申请方案审核   │
  └────────┘                     └──────────────┘
                                         ↓
                  ──通过──→        ┌──────────────┐
                                  │ 在 OA 系统中发 │
                                  │ 布主题及方案   │
                                  └──────────────┘
                                         ↓
       ┌──────────────┐          ┌──────────────┐      ┌──────────────┐
       │ 发言人准备     │←────────│ 落实教育沙龙发 │─────→│ 发言人准备     │
       │ 发言材料       │          │ 言人          │      │ 发言材料       │
       └──────────────┘          └──────────────┘      └──────────────┘
                                         ↓
                                  ┌──────────────┐
                                  │ 汇总发言人材料 │
                                  └──────────────┘
                                         ↓
                                  ┌──────────────┐
                                  │ 审核发言材料   │
                                  └──────────────┘
                                         ↓
                                  ┌──────────────┐
                                  │ 组织召开教育   │
                                  │ 沙龙          │
                                  └──────────────┘
                                         ↓
                                  ┌──────────────┐
                                  │ 完成后期宣传及 │
                                  │ 存档工作       │
                                  └──────────────┘
```

4.3 工作关键点

落实教育沙龙发言人。

注意事项：①在确定教育沙龙发言人时一定要综合考虑主题要求、部门成员组成、学科均衡等因素，力求发言人构成具有合理性。②在教育沙龙举办前一定要收集发言人的发言材料，提出修改意见，确保教育沙龙的质量。③举办教育沙龙前一定要把时间、地点等相关信息通知到每一个发言人，确保每一个发言人到场。

4.4 对接部门

①与校长（校务会）对接：申请（校长）校务会审核。②与年级/学部师

生对接：征集教育沙龙发言人及发言材料。③与学生团队对接：征集教育沙龙发言人及发言材料。④与各处室老师对接：征集教育沙龙发言人及发言材料。

5．处理市区文件

5.1　工作问答

问：向年级/学部或学生团队征收市区文件要求上交的材料时要注意什么？

答：要注意把通知中的材料要求、上交时间等说清楚，最好的做法是把市区征收材料通知发给材料提供者。

问：如何审核和汇总上交的材料？

答：根据市区通知内容审核年级/学部或学生团队上交的材料。必须对上交的材料进行汇总、整合，最好不要不加编辑就把原始材料上交。对于需要整合再加工的材料要进行编辑和再加工，上交的材料既要全面又要有高度。

问：如何选择年级/学部或学生团队作为材料提供者？

答：本着公平公正的原则，利用处理市区文件的机会，向市区推出年级/学部或学生团队的优秀做法和成果。

问：处理市区文件最重要的方面是什么？

答：最重要的是了解学校各个层面的工作情况，能把学校各个层面的闪光点向市区汇报。

5.2　工作流程图

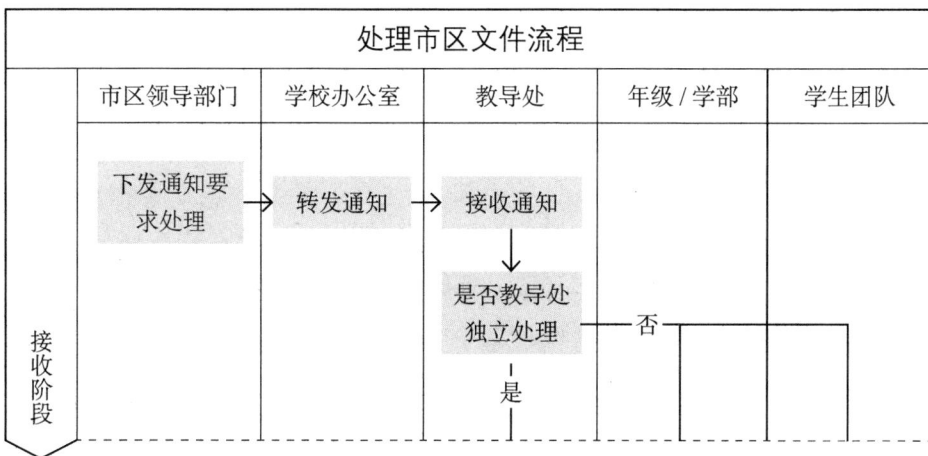

处理市区文件流程				
市区领导部门	学校办公室	教导处	年级 / 学部	学生团队
下发通知要求处理 →	转发通知 →	接收通知 ↓ 是否教导处独立处理 ↓ 是	否	

接收阶段

| | | | | 独立处理 | 接收教导处转发的通知 | 接收教导处转发的通知 |

处 理 阶 段

| | 接收通知 | ← | | 上交通知 | | |

未通过

| | | | | 审核落实材料 | → | 落实通知内容 | 落实通知内容 |

通过

| | | | | 整理上交材料 | | |

上 交 阶 段

| | 记录文件处理情况 | | 回复办公室 | | |

| | 接收材料 | ← | | 上交材料 | | |

| | 评奖文件反馈 | → | 接收并转发评奖通知或证书 | → | 接收评奖通知或证书 | 接收评奖通知或证书 |

| | | | 处理了市区文件并存档 | | |

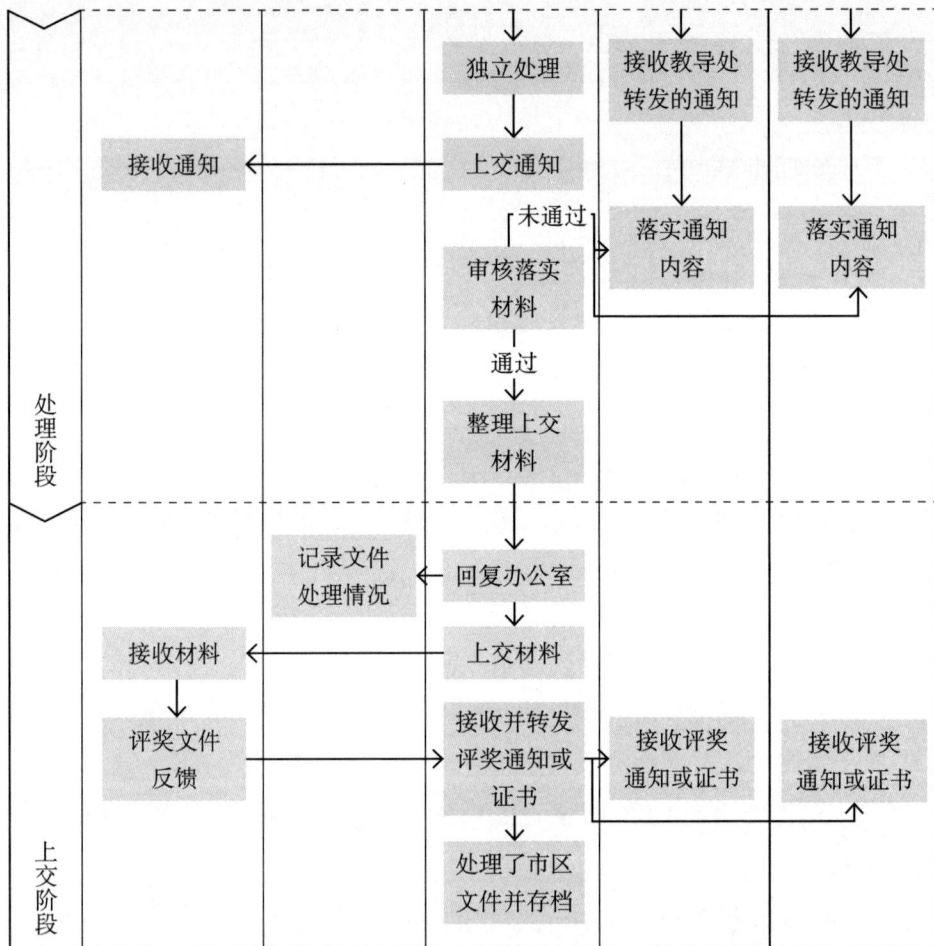

5.3 工作关键点

上交材料。

注意事项：①上交材料一定要在市区通知要求的截止时间之前。②上交材料一定要符合市区通知要求，并确保上交材料符合数量和质量要求。③汇总上交材料后，一定要向提供材料的老师和学生致谢。④上交材料后一定要存档，为今后的市区评优及证书发放提供依据。

5.4 对接部门

①与市区教委领导部门对接：接收通知及发送材料。②与学校办公室老师对接：接收通知及落实回复。③与年级/学部师生对接：转发通知及汇总材料。④与学生团队对接：转发通知及汇总材料。

6. 德育课题申报

6.1 工作问答

问：如何确定课题组成员？

答：课题组成员应该是和课题主题有交集的教师，这是课题质量得以保证的前提。

问：如何处理课题申报与平常工作的关系？

答："在工作中研究，在研究中工作"是对二者关系的概括。

问：课题申报如何充分利用校本资源？

答：在撰写课题报告时要充分利用校本资源，具体要求是思路开阔，能拓展校园活动的边界，挖掘同一个校园活动在不同方面的教育价值。

问：如何确定所申报的课题内容？

答：①根据课题申报通知确定申报内容。②根据学校工作需要申报课题内容。③根据学校工作亮点申报课题内容。

6.2 工作流程图

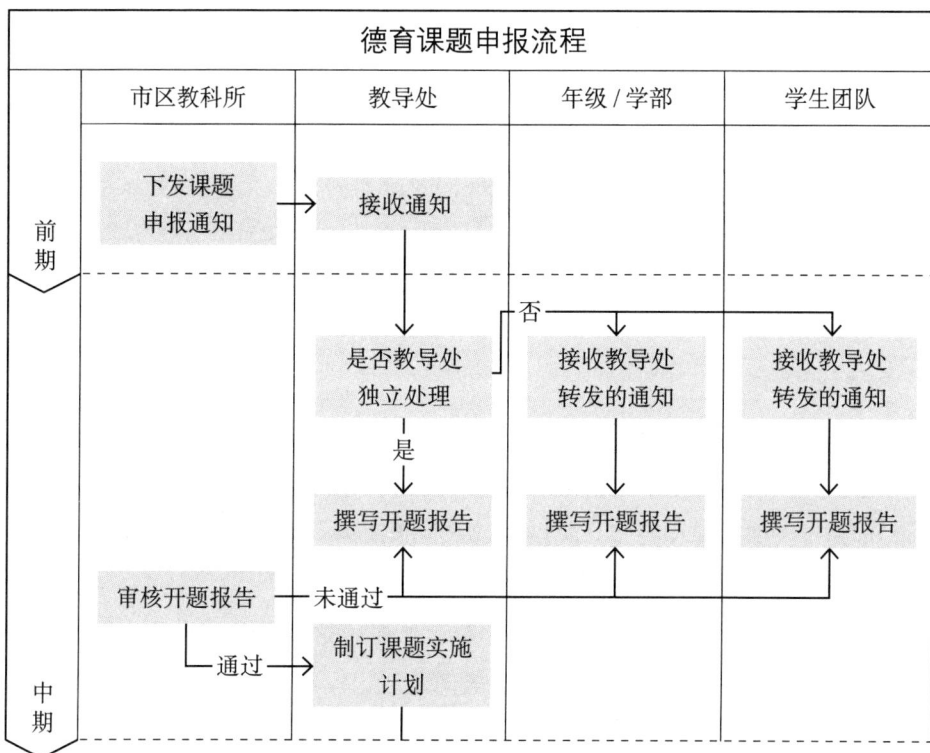

德育课题申报流程

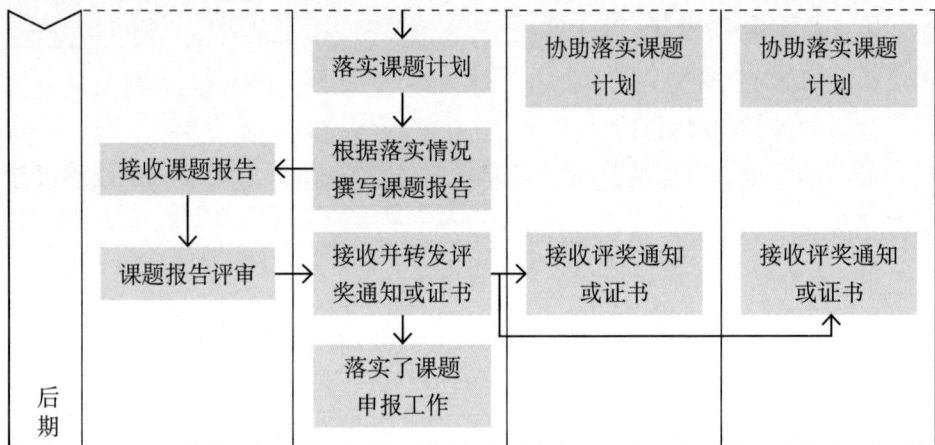

后期

落实课题计划 → 根据落实情况撰写课题报告 → 接收并转发评奖通知或证书 → 落实了课题申报工作

协助落实课题计划

协助落实课题计划

接收课题报告 → 课题报告评审

接收评奖通知或证书

接收评奖通知或证书

6.3　工作关键点

根据落实情况撰写课题报告。

注意事项：①撰写课题报告前一定要大量搜集与课题相关的材料，确保课题质量。②撰写课题报告一定要符合课题通知中的格式要求。③课题组成员及负责人一定要准确，便于今后学术积分评比申报工作的开展。④课题报告撰写完后一定要征求课题组成员意见，进一步修改完善。⑤课题报告要及时上交，不耽误课题评比。

6.4　对接部门

①与市区教科所对接：接收课题通知及发送材料。②与年级/学部师生对接：转发通知及汇总材料。

7．家长课堂

7.1　工作问答

问：制订家长课堂学期工作计划时要注意什么？

答：要根据学生家长的需求、学校教育工作重点、教师工作亮点三方面来确定学期家长课堂课程内容，制订家长课堂学期工作计划时要有系统思维。

问：组织家长课堂讲座需要做哪些准备工作？

答：在家长课堂讲座开始之前需要做好确定专家、确定讲座时间、场地申请、电教申请、网上课程公告、邀请函发送、订车等准备工作。

问：外请专家做家长课堂讲座要注意什么？

答：外请专家来校讲座之前要跟专家申明不能有商业性质的活动，同时，在讲座时也要注意是否有隐含的商业活动，一旦发现，及时终止。

7.2 工作流程图

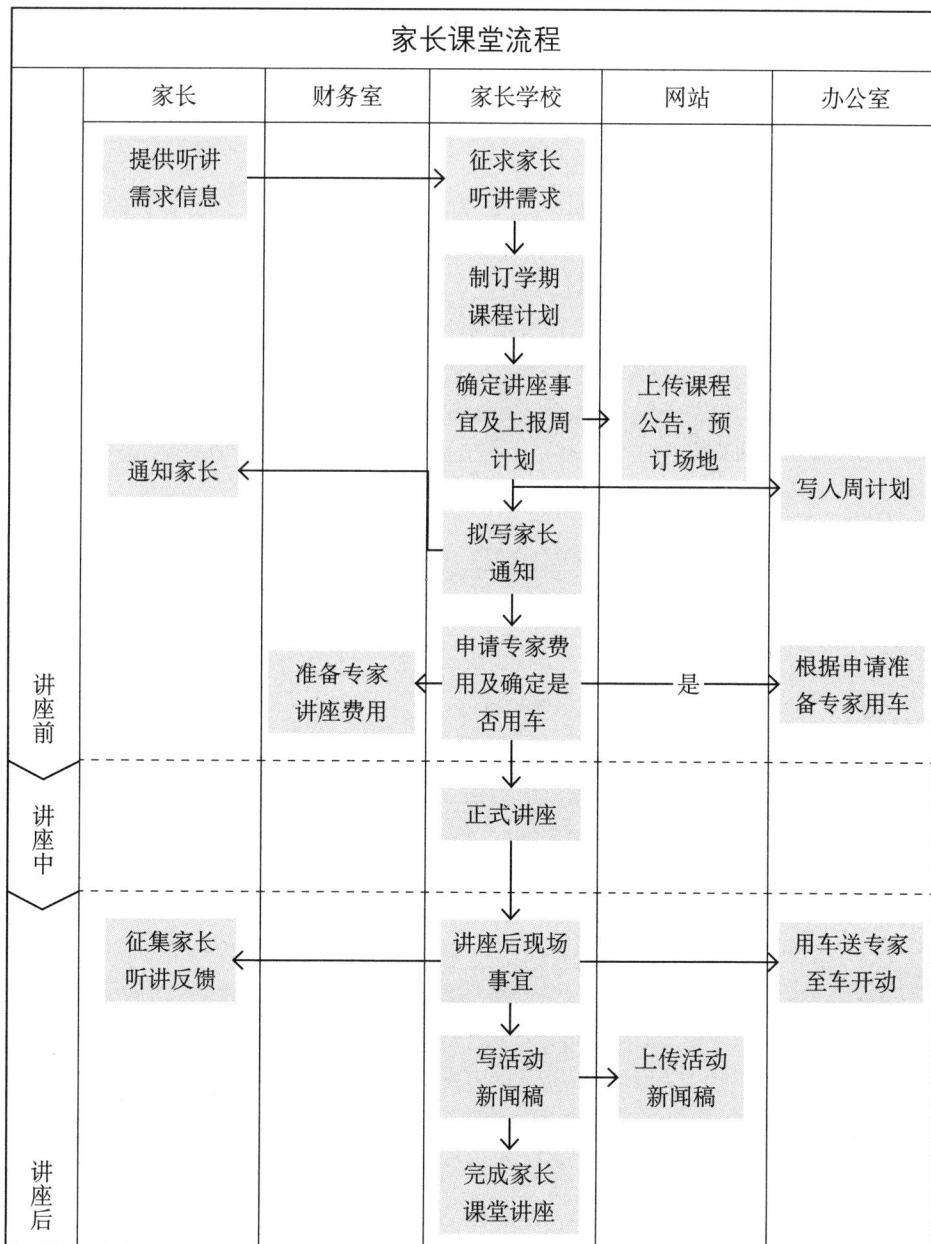

家长课堂流程

	家长	财务室	家长学校	网站	办公室
讲座前	提供听讲需求信息 →		征求家长听讲需求		
			↓ 制订学期课程计划		
			↓ 确定讲座事宜及上报周计划 →	上传课程公告，预订场地	
	通知家长 ←				写入周计划
			↓ 拟写家长通知		
		准备专家讲座费用 ←	↓ 申请专家费用及确定是否用车 —是→		根据申请准备专家用车
讲座中			正式讲座		
讲座后	征集家长听讲反馈 ←		讲座后现场事宜 →		用车送专家至车开动
			↓ 写活动新闻稿 →	上传活动新闻稿	
			↓ 完成家长课堂讲座		

7.3 工作关键点

制订学期课程计划。

注意事项：①制订家长课堂学期课程计划时一定要考虑学校的学期课程建设重点。②制订家长课堂学期课程计划时一定要注意校内外专家课程的比例问题。③制订家长课堂学期课程计划时一定要考虑各年级的教育需求及年级课程次数分配。

7.4 对接部门

①与年级/学部教务员对接：发送家长课堂通知。②与校内外专家对接：确定讲座各项事宜。③与财务室对接：申请及领取专家讲座费。④与党政办公室对接：公布周计划及申请专家用车。⑤与电教部门对接：申请讲座设备。⑥与网站对接：申请场地，上传新闻稿。

8. 社区课程

8.1 工作问答

问：为什么要设置社区课程？

答：要勇于担当，利用十一学校现有的课程资源为社区家长及学生服务；要具有资源意识，合理引进社区资源为十一学校学生的成长提供课程资源。

问：社区课程资源由哪些方面组成？

答：①十一学校资源。②社区资源。③家长志愿者资源。

问：如何发挥学校教师在社区课程中的核心作用？

答：一方面，给教师提供平台，比如让教师给社区居民讲课等；另一方面，请教师走进社区，让教师的专业能力和综合能力得到提升。

问：如何落实2014年"十事实办"中筹建60个学生社会实践基地工作？

答：①充分利用家长资源。②充分利用社区资源。③充分利用学校现有校外教育资源。④充分利用海淀区校外教育资源。

8.2 工作流程图

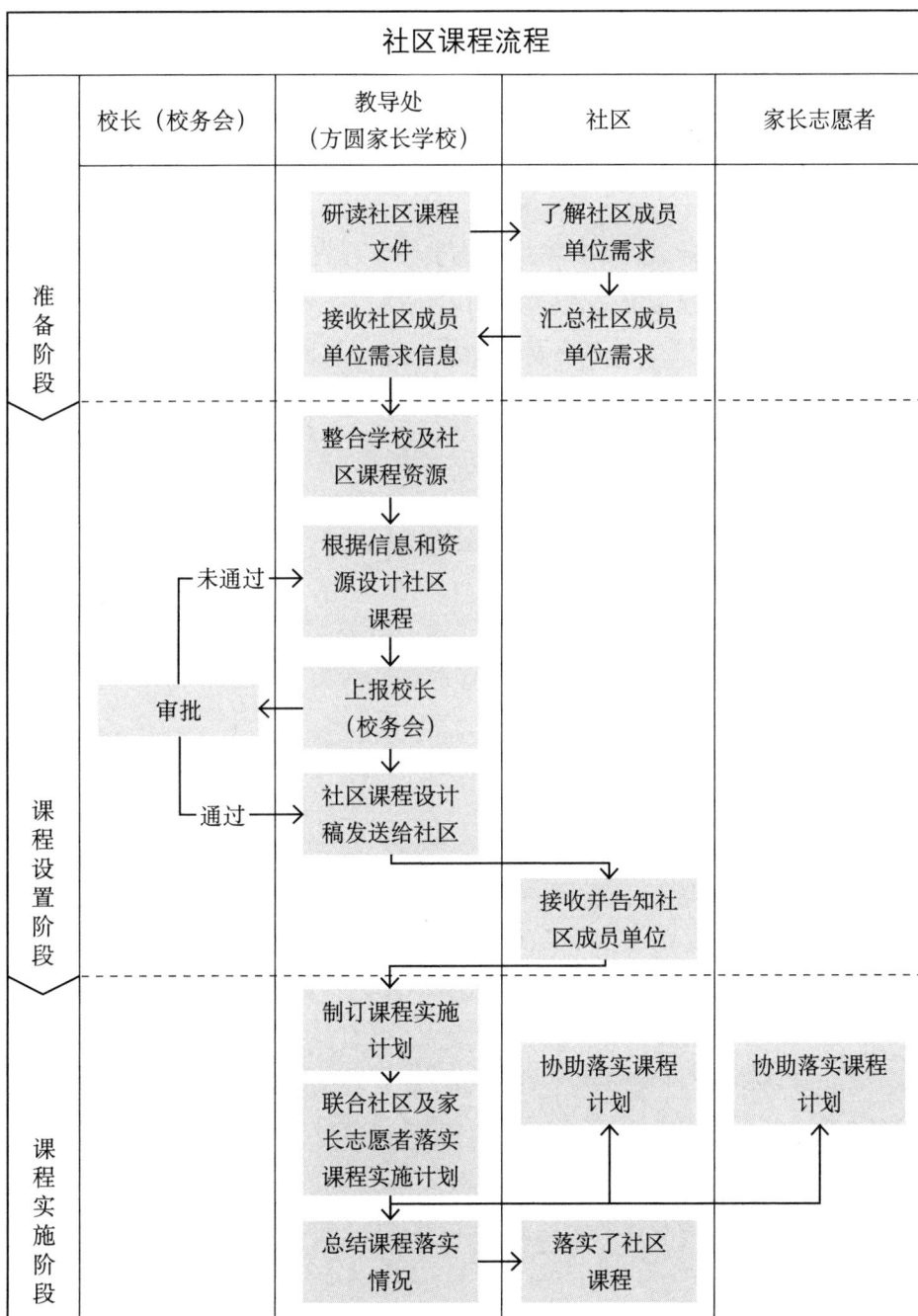

社区课程流程			
校长（校务会）	教导处 （方圆家长学校）	社区	家长志愿者

准备阶段

研读社区课程文件 → 了解社区成员单位需求

接收社区成员单位需求信息 ← 汇总社区成员单位需求

课程设置阶段

整合学校及社区课程资源

根据信息和资源设计社区课程

未通过

审批 ← 上报校长（校务会）

通过

社区课程设计稿发送给社区

接收并告知社区成员单位

课程实施阶段

制订课程实施计划

联合社区及家长志愿者落实课程实施计划

协助落实课程计划 | 协助落实课程计划

总结课程落实情况 → 落实了社区课程

8.3　工作关键点

（1）接收社区成员单位需求信息。

注意事项：①本着主动服务的精神去征集社区中小学等成员单位的需求，把好事情办好。②对于能满足的需求信息精心进行社区课程设置；对于不能满足的需求信息进行解释，以获得社区成员单位的理解。

（2）整合学校及社区课程资源。

注意事项：①勇于担当，利用十一学校现有的课程资源为社区家长及学生服务。②具有资源意识，合理引进社区资源为十一学校学生的成长提供课程资源。③充分发挥家长志愿者的作用，充分发挥十一学校教育理念的辐射作用，充分发挥十一学校教师在进社区活动中的核心作用。④提升教育境界，在社区课程的具体组织中对十一学校学生和社区学生要一视同仁。

8.4　对接部门

①与校长（校务会）对接：申请课程方案审核。②与社区主管单位对接：确定课程开设各项事宜。③与家长志愿者对接：请求协助组织社区课程的开设。④与社区中小学及居民对接：征求社区中小学听讲需求，以及发送社区课程通知。

9．国旗方队工作

9.1　工作问答

问：国旗方队每年什么时候交接？

答：校国旗方队由高一年级学生组成，每年11月初新老队员交接，具体工作由国旗方队队长安排，教导处老师负责指导和管理。

问：升降国旗的时间有什么规定？

答：每周一7:30开始举行全校升旗仪式，晚上降旗；每周二至周五7:30由国旗方队学生升旗，17:30（冬季17:00）由国旗方队学生降旗。

问：国旗方队成员的学分怎么认定？

答：严格记录考勤，期末根据国旗方队队长的学分申请由教导处审核并认定学分。

9.2 工作流程图

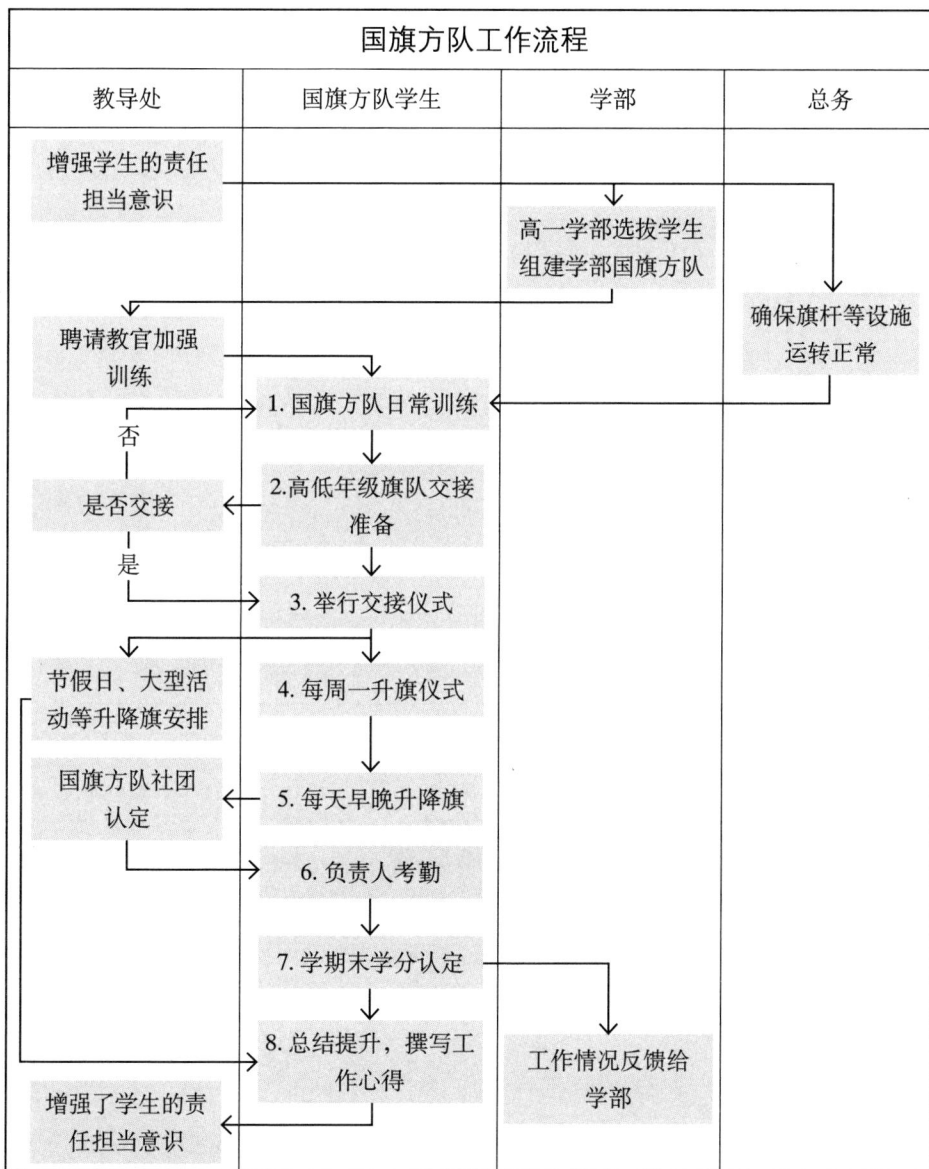

国旗方队工作流程			
教导处	国旗方队学生	学部	总务

增强学生的责任担当意识 → 高一学部选拔学生组建学部国旗方队

聘请教官加强训练

确保旗杆等设施运转正常

1. 国旗方队日常训练

否

是否交接 ← 2.高低年级旗队交接准备

是

3. 举行交接仪式

节假日、大型活动等升降旗安排

4. 每周一升旗仪式

国旗方队社团认定 ← 5. 每天早晚升降旗

6. 负责人考勤

7. 学期末学分认定

8.总结提升，撰写工作心得

工作情况反馈给学部

增强了学生的责任担当意识

9.3 工作关键点

高低年级国旗方队交接。

注意事项：①精选有责任心和有组织能力的国旗方队队长。②国旗方队各项工作交接到位。③交接期间教导处老师加大指导和检查。

9.4　对接部门

①与高一学部学生国旗方队对接。②发现旗杆有问题跟后勤对接。③每周升旗仪式主题及课件与团委对接。

10.　每月百星

10.1　工作问答

问：每月百星的主题如何确定?

答：根据学校培养目标、月度教育重点、年级月度特色来确定。

问：海报由谁印刷?

答：海报主要由学生广告公司印刷，如果广告公司告知不能如期印刷，就可以联系校外广告公司进行印刷。

问：每月百星如何认定学分?

答：凡是被评为"每月百星"的学生，教导处负责此项学分的老师根据综合实践课程的学分规定进行数字平台赋分。

10.2　工作流程图

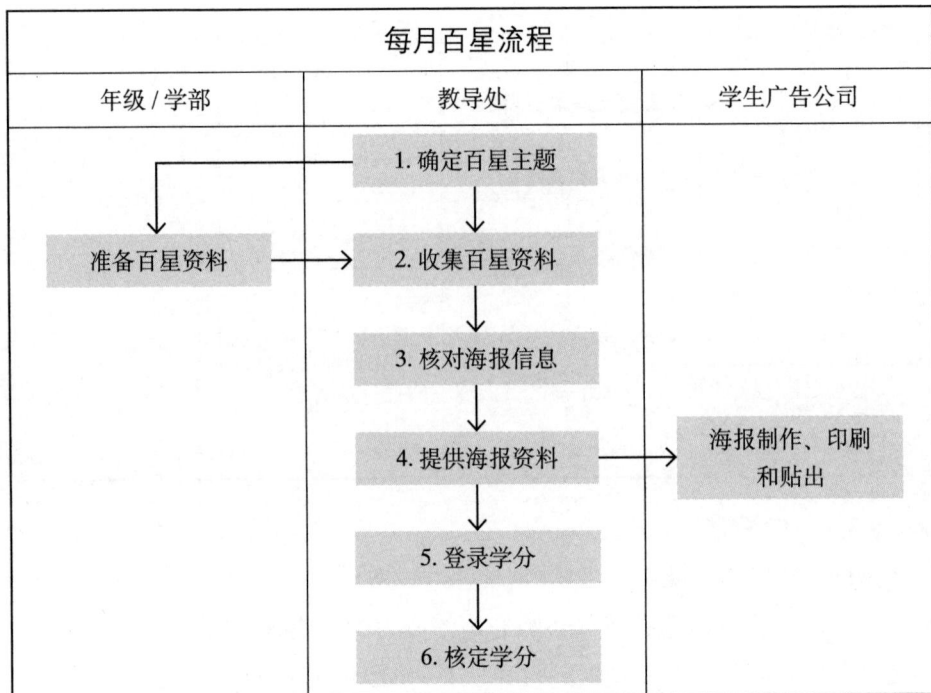

每月百星流程		
年级/学部	教导处	学生广告公司
	1. 确定百星主题	
准备百星资料	2. 收集百星资料	
	3. 核对海报信息	
	4. 提供海报资料	海报制作、印刷和贴出
	5. 登录学分	
	6. 核定学分	

10.3 工作关键点

海报制作、印刷和贴出。

注意事项：①把握好年级/学部上交材料的时间，以免影响海报制作、印刷和贴出时间。②对海报中的学生照片和文字要进行审核，保证海报质量。③海报张贴在橱窗中后经常有掉下的现象，要经常检查，发现海报掉下时要及时通知公司贴好。

10.4 对接部门

①与年级/学部对接：收集每月百星照片及文字材料。②与学生广告公司对接：落实海报设计、印刷和贴出。

11．升旗检查工作

11.1 工作问答

问：升旗检查工作的内容主要有哪些?

答：主要有学生迟到情况、学生升旗行为礼仪情况、国旗升空情况等。

问：升旗检查安排学生志愿者时要注意什么?

答：①西门迟到的学生比较多，要多安排学生志愿者。②面对国际部楼的运动场门出入学生比较多，要安排能力强的学生志愿者。

问：如何在升旗仪式活动中保证学生的安全?

答：①认真安排年级/学部队伍疏散的路线，协同体育组老师确保学生严格按指定路线疏散。②密切关注升旗仪式现场情况。③事先排查升旗仪式活动安全隐患并解决问题。

11.2 工作流程图

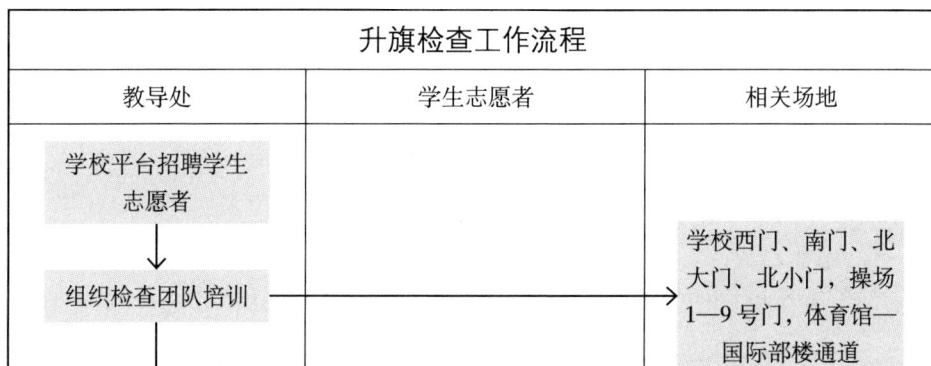

升旗检查工作流程		
教导处	学生志愿者	相关场地
学校平台招聘学生志愿者 ↓ 组织检查团队培训		学校西门、南门、北大门、北小门，操场1—9号门，体育馆—国际部楼通道

```
  ┌──────────────────┐    ┌──────────────────┐                    ↑
  │  打印升旗检查单  │ ──→│ 每周一学生准时到位│ ───────────────────┘
  └──────────────────┘    └──────────────────┘
                                  │
                                  ↓
                          ┌──────────────────┐
                          │ 履行职责、认真记录、│
  ┌──────────────────┐    │ 迟到学生出示校园卡│
  │    整理记录单    │ ←──│       登记       │
  └──────────────────┘    └──────────────────┘
          │
          ↓
  ┌──────────────────┐
  │ 及时通报各学部,  │
  │  上平台减学分    │
  └──────────────────┘
          │
          ↓
  ┌──────────────────┐
  │ 总结提升,改进工作│
  └──────────────────┘
```

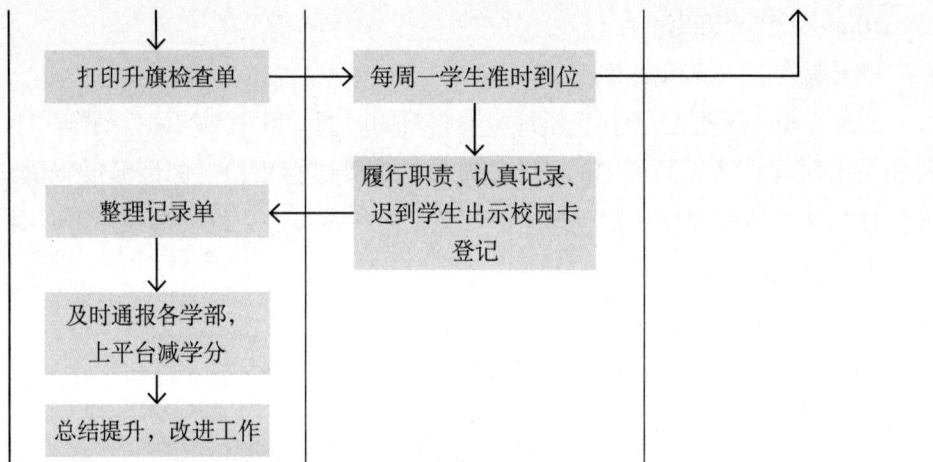

11.3　工作关键点

履行职责、认真记录、迟到学生出示校园卡登记。

注意事项：①对学生志愿者加强责任心教育。②如果学生志愿者在登记迟到学生过程中出现问题，教导处老师要帮助解决。

11.4　对接部门

①检查前与升旗仪式检查志愿者对接，明确检查事项。②检查结果与年级/学部对接，帮助年级/学部发现和解决问题。

12．学生影院

12.1　工作问答

问：请问学生影院什么时候放映？地点在哪里？

答：放映时间为每周一、周三下午4:20—5:20，地点在科技楼一、二层学生影院。

问：参加学生影院活动如何报名？

答：上选课平台报名，未在网上报名，或报名后未看电影或未交票，不能加学分。

问：小学段年级组织的与电影有关的活动如何申报学分？

答：小学段年级/学部若安排播放电影，请事先联系主管电影课程的老师并上交电影播放计划，以免影响学生报名。播映结束后由学部提供观影学生名单，一周内主管电影课程的老师加分完毕。

12.2 工作流程图

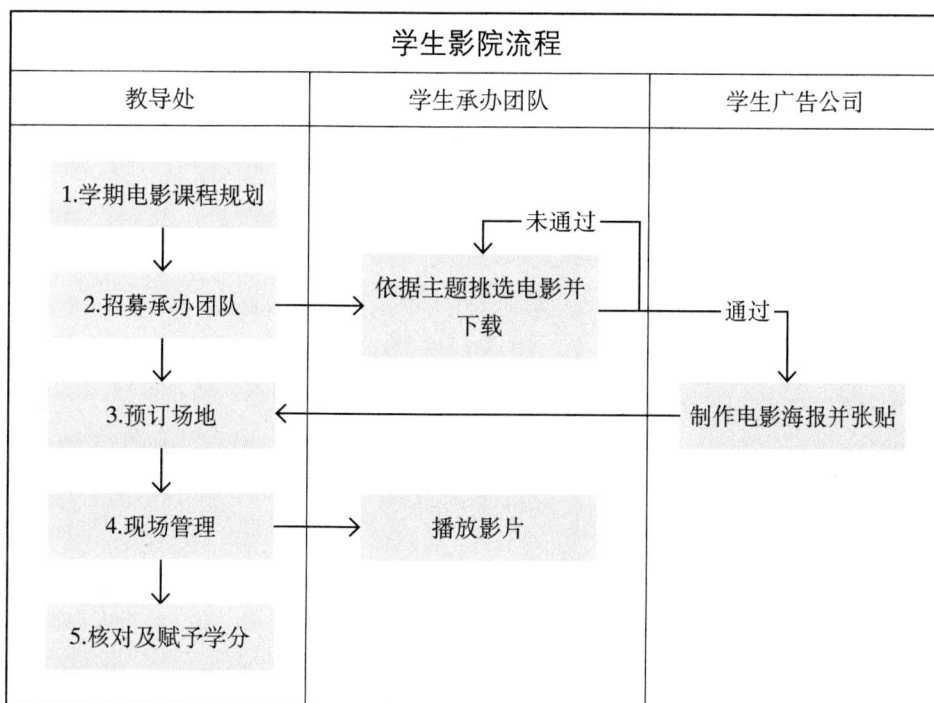

学生影院流程		
教导处	学生承办团队	学生广告公司
1.学期电影课程规划		
2.招募承办团队 →	依据主题挑选电影并下载 ← 未通过	
		通过
3.预订场地 ←		制作电影海报并张贴
4.现场管理 →	播放影片	
5.核对及赋予学分		

12.3 工作关键点

学期电影课程规划。

注意事项：①学期电影课程规划要符合学校的培养目标。②确定学期所放映影片时要征求教师、学生和家长的意见与建议，特别是要重视学生的建议。

12.4 对接部门

期末与年级/学部对接：为年级/学部评优提供学生影院学分数据。

13. 重大活动礼仪服务

13.1 工作问答

问：如何报名参加礼仪社团？

答：通过网上平台社团板块按社团正常报名流程申报。

问：重大活动礼仪服务常见必备物品是什么？

答：托盘、奖品和证书。

13.2 工作流程图

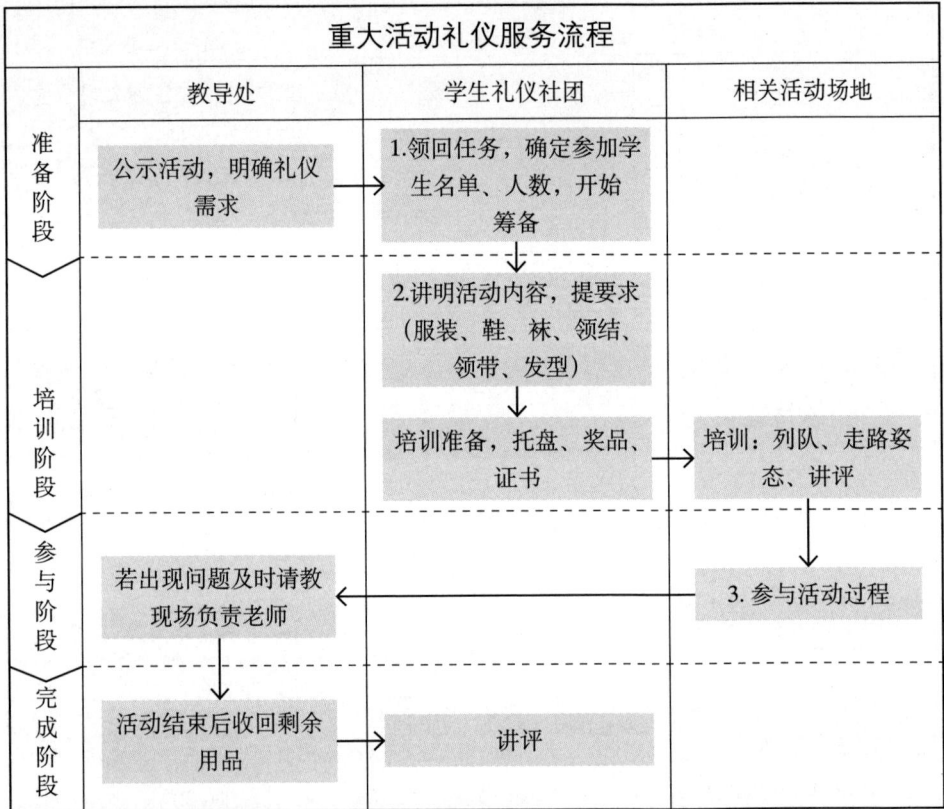

重大活动礼仪服务流程			
	教导处	学生礼仪社团	相关活动场地
准备阶段	公示活动，明确礼仪需求	1.领回任务，确定参加学生名单、人数，开始筹备	
培训阶段		2.讲明活动内容，提要求（服装、鞋、袜、领结、领带、发型） 培训准备，托盘、奖品、证书	培训：列队、走路姿态、讲评
参与阶段	若出现问题及时请教现场负责老师		3.参与活动过程
完成阶段	活动结束后收回剩余用品	讲评	

13.3 工作关键点

培训准备及培训。

注意事项：①服装、鞋、领结、领带、发型要求。②托盘、奖品、证书及其他物品。③相关场地彩排走场。

13.4 对接部门

与礼仪社团对接，确定重大活动礼仪服务具体事宜。

14. 期末校级荣誉评优

14.1 工作问答

问：确定期末校级荣誉评优时间表要注意哪些方面？

答：必须确保所有事项能如期完成，并能做到科学安排时间；必须结合年级工作安排时间表，尽量给年级留出充裕的时间。

问：学生学分上传到平台上要注意哪些方面？

答：①教导处必须在截止时间前加完学生的学分。②教导处老师要提醒各年级/学部老师及时给学生加学分。③教导处老师要在截止时间前一天确认所有教师负责的学分已经加完。

14.2 工作流程图

期末校级荣誉评优流程		
年级／学部	教导处	网站平台

年级／学部：
- 学生学分上传平台
- 接收各项合格学生名单
- 根据校级荣誉标准评选
- 提供最终名单
- 年级公示、年级表彰

教导处：
- 1.公布校级荣誉评优时间表
- 2.学生学分上传平台
- 3.审核数据是否有误（是/否）
- 转发各项合格学生名单
- 接收最终名单
- 4.审核名单是否有误（是/否）
- 5.确认最终名单，按名单提供证书、奖品
- 学生名单存档

网站平台：
- 记录学生数据
- 筛选各项合格学生名单
- 提供各项合格学生名单

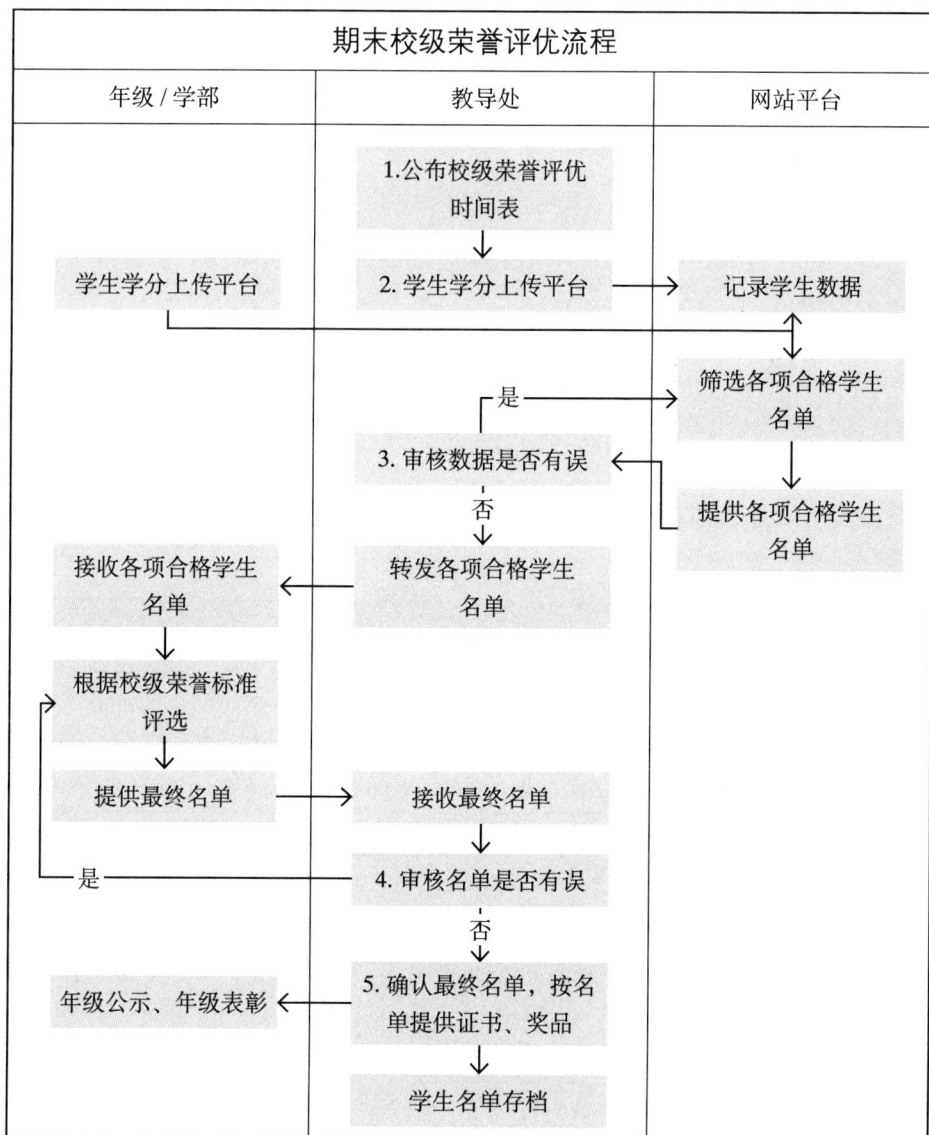

14.3 工作关键点

审核数据是否有误。

注意事项：①教导处首先根据自己的学分情况进行第一次筛查。②教导处老师要对平台数据进行第二次抽查。③就有问题的学分跟平台管理老师和学分管理老师进行沟通。④教导处老师对平台数据进行第三次确认。

14.4 对接部门

①与年级/学部对接：落实评优事宜。②与平台对接：提供准确数据。

15．名家大师进校园

15.1 工作问答

问：如何确定被邀请的名家大师人选？

答：尽可能大范围地进行调研，关注学生参与者对每期名家大师进校园活动的反馈。

问：学生如何参与名家大师进校园活动？

答：关注名家大师进校园活动海报宣传，每次开场前在平台上报名。

问：参与活动的学生如何获得有效学分？

答：①平台上有报名记录。②进出场均刷本人学生卡记录。③离场反馈单提交记录。

问：如遇特殊问题怎么办？

答：来图书馆一层教导处或拨打电话咨询。

15.2 工作流程图

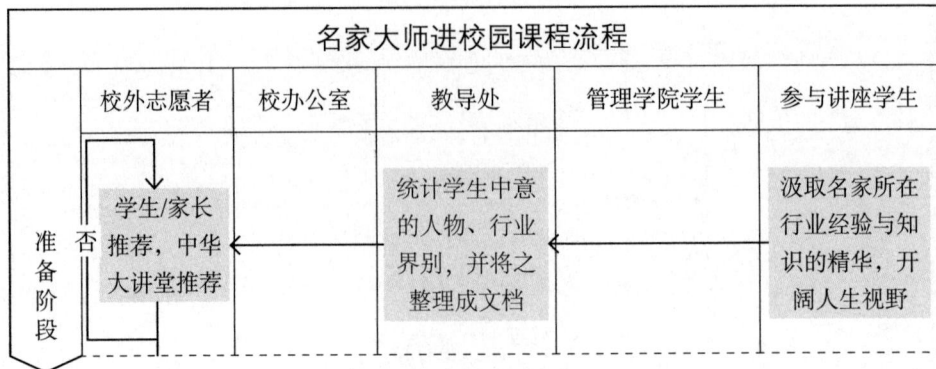

名家大师进校园课程流程					
	校外志愿者	校办公室	教导处	管理学院学生	参与讲座学生
准备阶段	否 学生/家长推荐，中华大讲堂推荐		统计学生中意的人物、行业界别，并将之整理成文档		汲取名家所在行业经验与知识的精华，开阔人生视野

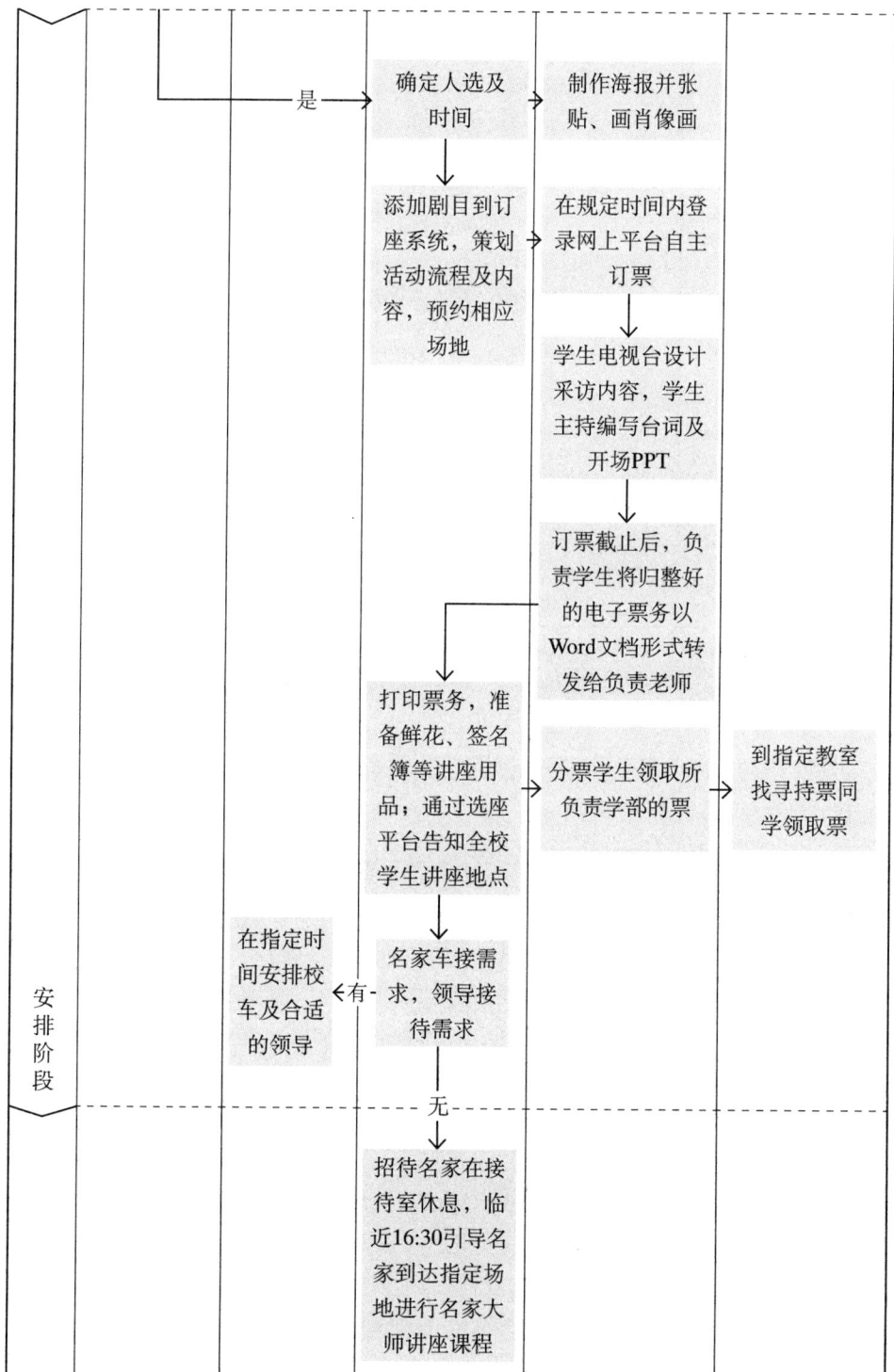

```
                          确定人选及          制作海报并张
              是 ─────→   时间      ─→    贴、画肖像画
                             │                 │
                             ↓                 ↓
                          添加剧目到订       在规定时间内登
                          座系统，策划  ─→   录网上平台自主
                          活动流程及内       订票
                          容，预约相应          │
                          场地                  ↓
                                            学生电视台设计
                                            采访内容，学生
                                            主持编写台词及
                                            开场PPT
                                                  │
                                                  ↓
                                            订票截止后，负
                             ┌──────────────责学生将归整好
                             │              的电子票务以
                             ↓              Word文档形式转
                          打印票务，准       发给负责老师
                          备鲜花、签名
              到指定教室     簿等讲座用       分票学生领取所     到指定教室
              找寻持票同     品；通过选座 →   负责学部的票 →    找寻持票同
              学领票        平台告知全校                      学领票
                          学生讲座地点
                             │
                             ↓
              在指定时        名家车接需
  安         间安排校   ←有─  求，领导接
  排         车及合适       待需求
  阶         的领导
  段                           │
                             无│
                             ↓
                          招待名家在接
                          待室休息，临
                          近16:30引导名
                          家到达指定场
                          地进行名家大
                          师讲座课程
```

活动进行阶段			讲座课程结束后，维持离场纪律；安排学生与名家签名、合影，请名家为学校留下赠言；送走名家		在票面上留下感想，交票离场	
总结与反馈阶段			登分：参与课程的同学0.2学分/人/次 整理活动照片，结合学生感想写新闻稿	收票同学将收回的票按学部分类整理		

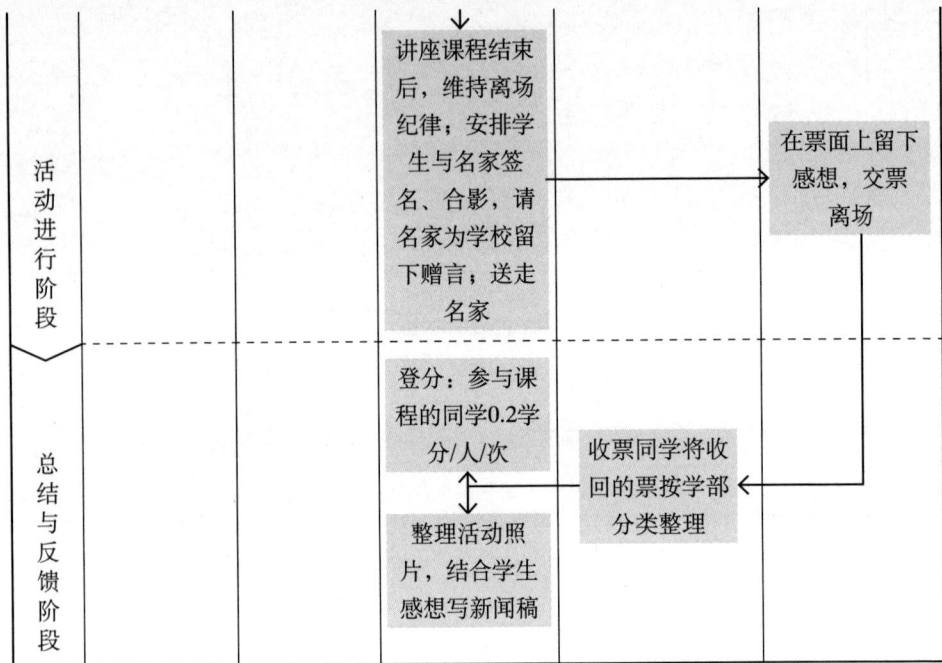

15.3　工作关键点

活动形式确定。

注意事项：活动形式决定了学生的受益程度，因此，学生负责团队参考学生的意向并结合名家大师的工作行业选择最优质的活动形式，例如讲座式、访谈式等。

15.4　对接部门

党政办。

16．校服售卖

16.1　工作问答

问：如何在网上选定、咨询、预约地址？

答：①网上选定地址会在开始选定前与通知一同发至各个年级教务员老师处。②咨询、预约地址请加微信：BNDS_UCC。

问：校服调换有何要求？

答：认真阅读校服售卖中心张贴的《校服调换须知》。

问：如何在网上预订校服？

答：①老生登录微信公众号，按提示步骤预订。②新生登录老师通知的预订网址，按网址提示步骤预订。③认真阅读《校服预订须知》。

问：如遇特殊问题，如何处理？

答：来图书馆一层教导处或拨打电话咨询。

16.2　工作流程图

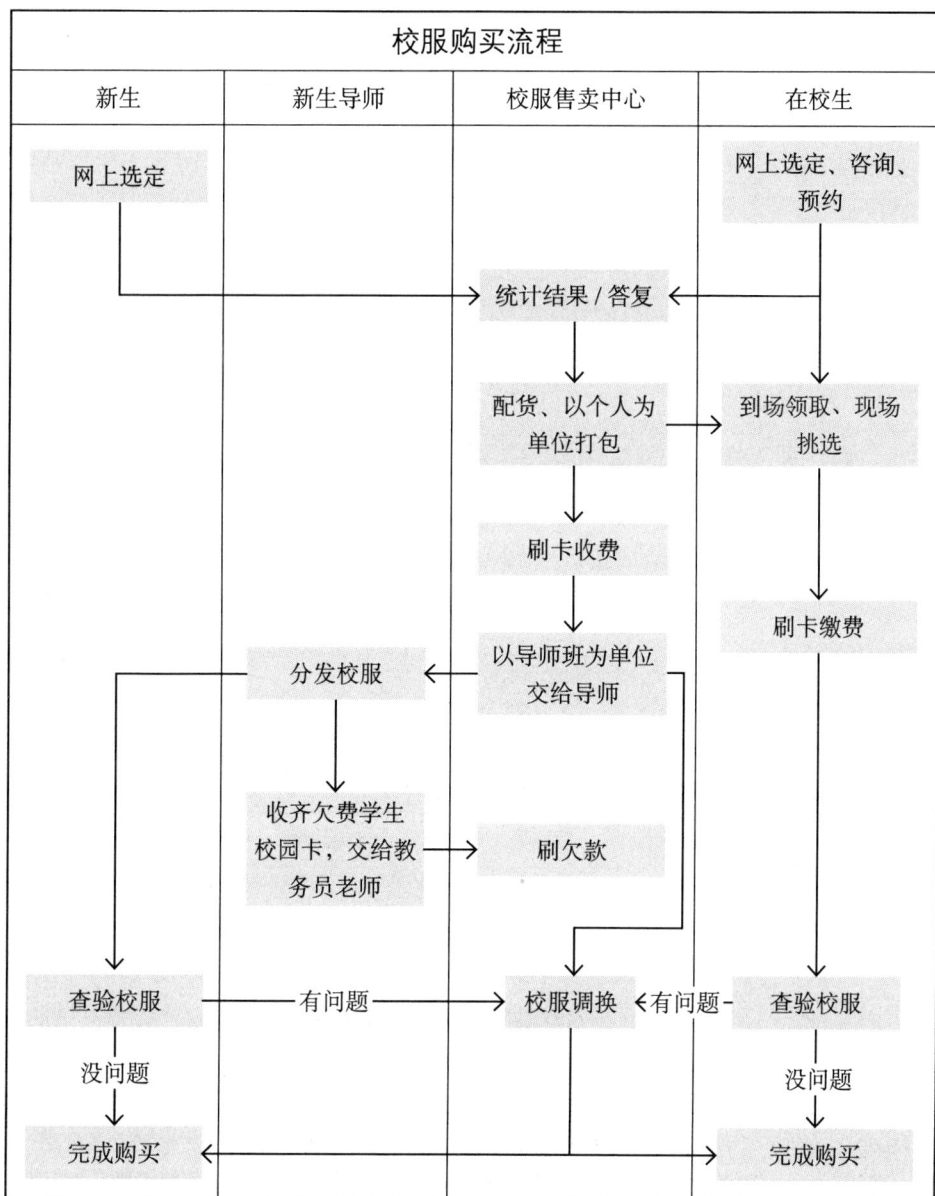

校服购买流程

16.3　工作关键点

分发校服。

注意事项：分发校服时要认真清点，在校服数量、校服款式等方面做到不出差错。

16.4　对接部门

学部导师。

17．管理学院

17.1　工作问答

问：管理学院为什么只赋予每个年级/学部一两位老师权限？

答：根据管理学院前期的工作经验，为了方便培训、管理规范、责权明晰，管理学院赋予每个年级/学部一两位老师权限。

问：管理学院负责老师有哪些职责？

答：了解管理学院方案，指导年级/学部老师岗位申请，指导学生岗位申报，负责学期末岗位赋分工作。

问：教导处老师在促进年级/学部双向沟通中要注意什么？

答：要有不厌其烦的态度，在期末赋分时会出现各种各样的问题，教导处老师要一一记录并及时反馈给平台，对同类型的问题教导处老师要对年级/学部的管理学院负责老师进行提醒。

17.2　工作流程图

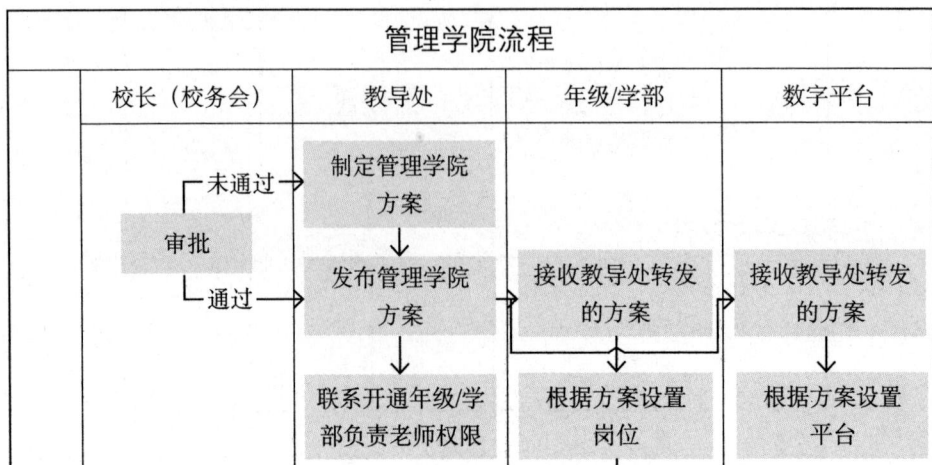

管理学院流程			
校长（校务会）	教导处	年级/学部	数字平台
审批 未通过 通过	制定管理学院方案 ↓ 发布管理学院方案 ↓ 联系开通年级/学部负责老师权限	接收教导处转发的方案 ↓ 根据方案设置岗位	接收教导处转发的方案 ↓ 根据方案设置平台

开学初	提供年级和平台双向沟通服务	平台上申请岗位	提供岗位申请服务
		学生申报岗位	提供岗位申报服务
学期中	征求师生岗位实践中的问题及建议	学生进行岗位服务	根据建议进行平台完善工作
	提醒期末岗位赋分	负责老师期末岗位赋分	提供岗位赋分服务
学期末	根据学生得分情况评优		
	完成了管理学院工作		

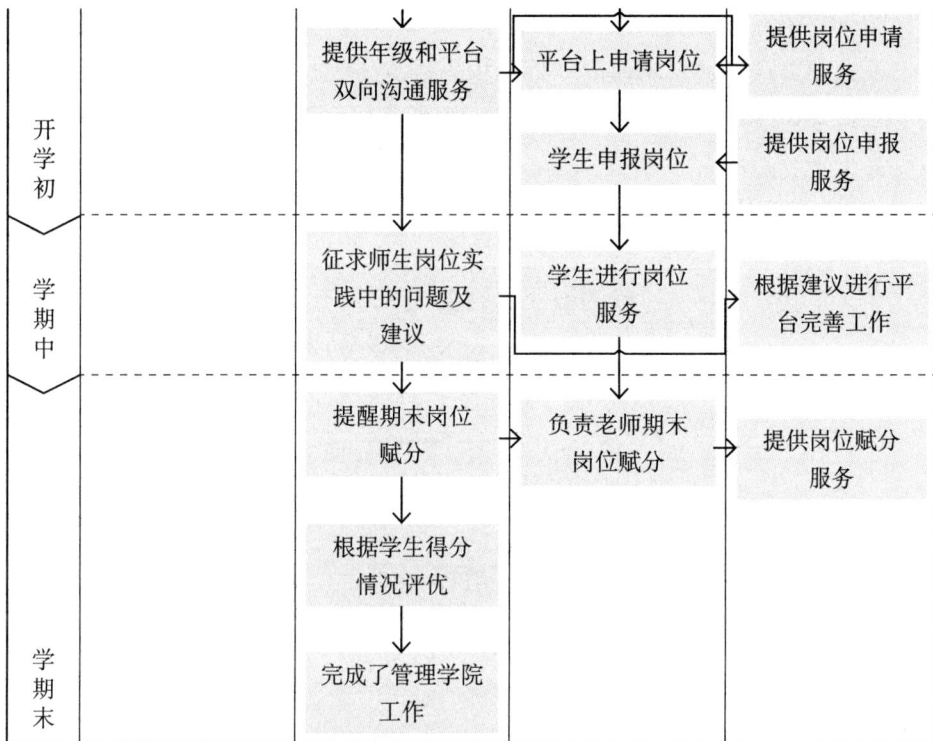

17.3　工作关键点

（1）年级/学部岗位设置。

注意事项：年级/学部岗位设置时要对原岗位进行优化整合，特别是要落实好必选岗位的申报。

（2）期末管理学院赋分。

注意事项：期末管理学院赋分时要注意以下三个方面：①切实根据学生的岗位实践情况进行赋分。②如何高效而保质地做好岗位赋分工作。③赋分时发现问题及时与教导处老师或平台沟通。

18．校内职业体验

18.1　工作问答

问：学生如何投标？

答：关注负责团队招标信息（海报、PPT等），按招标信息相关内容参与投标。

问：若学生公司质疑校内职业体验负责团队的工作质量，应如何处理？

答：向负责老师反映情况，监督校内职业体验负责团队的工作质量是负责老师必不可少的工作之一，同时每一位学生公司负责人也拥有督导负责团队并与之竞争的权力。

18.2　工作流程图

校内职业体验流程			
	学生顾客	负责团队	学生公司
招标阶段		招标　组织竞赛	校内职业体验需求　投标
筹备阶段		确定中标名单　分配摊位、签订协议	获取通知（通过／未通过）　上货，安排内部工作时间
经营阶段	消费与投诉	登记产品、收取摊位费　解决投诉　经营状况评估，判定留任情况　在备选商家中择优　拟定并签署新合约	学生商家经营（状况良好）　定期收支统计　留待备选

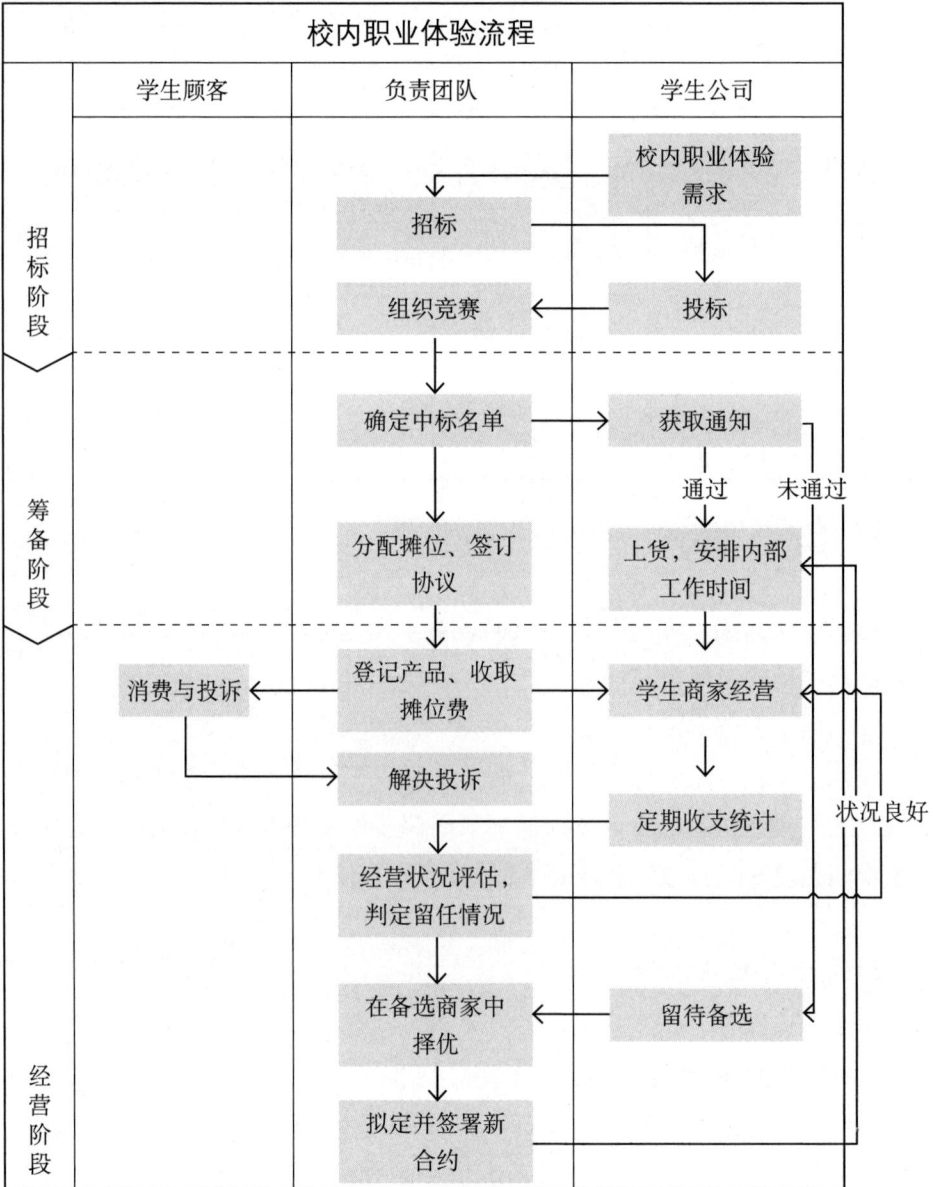

校内职业体验流程

18.3 工作关键点

学生商家竞标。

注意事项：成立校内职业体验负责团队，负责制定一系列相关标准，由负责社团、教导处老师及有兴趣的同学参与。所有入驻校内经营店铺的同学，都必须根据十一学校《学生手册》《课程手册》完成合理的方案策划，并经过公平公正的招标判定。

19．校园吉尼斯

19.1 工作问答

问：承办学生如何参与校园吉尼斯活动？

答：请关注任何形式的校园吉尼斯宣传信息。

问：校园吉尼斯有哪些活动类型？

答：包括任何有乐趣的、无危害的多人竞赛比拼类活动。充分参照《学生手册》的要求，杜绝一切违背中学生规章制度的另类活动。

问：如何策划校园吉尼斯活动？

答：要做好活动内容与形式，宣传途径，活动时间、地点，人员安排等一系列与活动有关的大事小情。

问：参与活动学生的学分有什么作用？

答：参照《学生手册》与《课程手册》相关要求，达到一定分数可参评专项优异奖项。

19.2 工作流程图

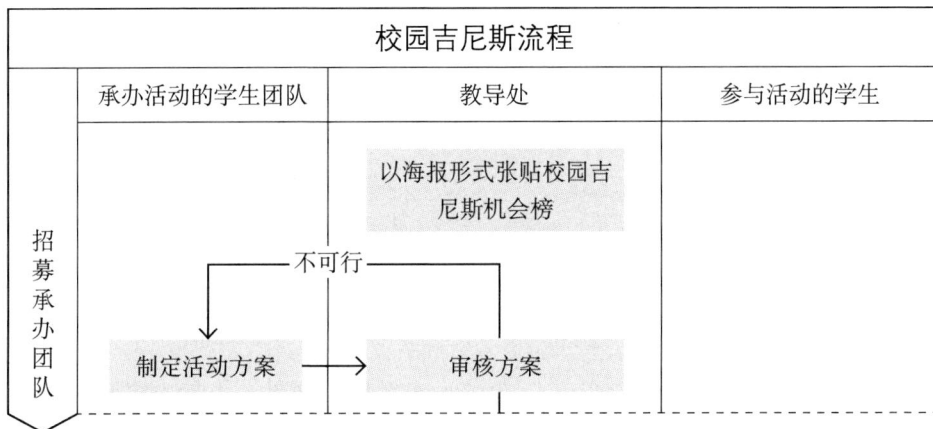

校园吉尼斯流程		
承办活动的学生团队	教导处	参与活动的学生
招募承办团队	以海报形式张贴校园吉尼斯机会榜 不可行 制定活动方案 → 审核方案	

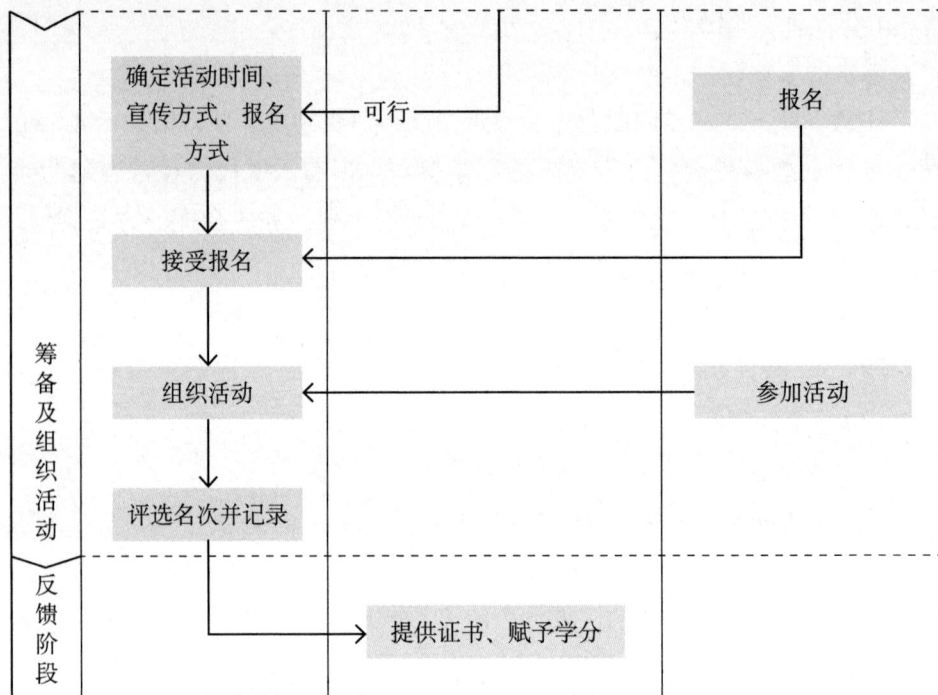

19.3 工作关键点

校园吉尼斯活动定位。

注意事项：校园吉尼斯承办团队对于活动的定位决定了活动策划的方向，优良的活动定位可以增强活动的趣味性，提高策划的丰富度。因此，承办团队需大致了解校园活动情况，选择最有可能吸引学生的中小型活动。

20．防寒服订购

20.1 工作问答

问：学生如何订购防寒服？

答：根据学生的需求制作网报平台，于开始订购前发至各位教务员老师处，教务员老师将通知学生网址。依照网上提示选购即可。

问：学生如何交费领取防寒服？

答：教务员老师以多种形式通知领取时间与地点。

问：防寒服订购后可否退订？

答：平台开放期间均可退订，平台关闭后则不可退订（具体退订方式见平台提示）。

问：如遇特殊问题如何处理？

答：来图书馆一层教导处或拨打电话咨询。

20.2 工作流程图

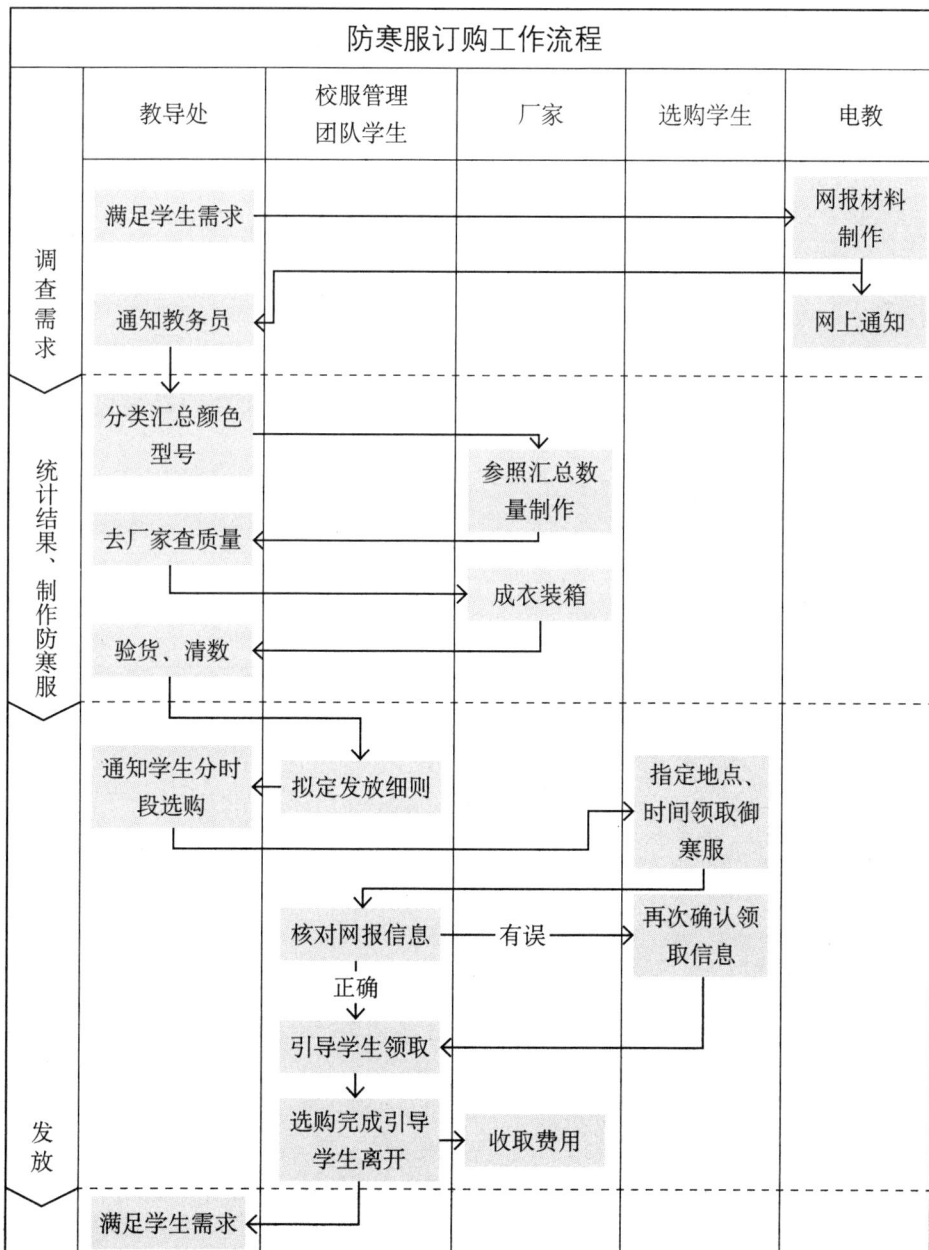

防寒服订购工作流程					
	教导处	校服管理团队学生	厂家	选购学生	电教
调查需求	满足学生需求 → 通知教务员				网报材料制作 → 网上通知
统计结果、制作防寒服	分类汇总颜色型号 去厂家查质量 验货、清数	参照汇总数量制作 成衣装箱			
发放	通知学生分时段选购 核对网报信息 —有误→ 正确 引导学生领取 选购完成引导学生离开 → 满足学生需求 ←	拟定发放细则	收取费用	指定地点、时间领取御寒服 再次确认领取信息	

20.3　工作关键点

数据呈递。

注意事项：根据平台老师所导出的数据，结合学生选定的备注，仔细筛选。利用Excel技巧修正视图效果，使资料显示简单明了。规整后交给厂家，确定件数、款式，保证交货时间。

21.　校长有约

21.1　工作问答

问：校长有约每天中午几点开始？

答：根据同学们在选课平台上预约的时间，一般情况下在11:30—11:45开始。

问：如果没有预约上，那么有意见、建议要提怎么办？

答：可以到学生成长服务中心找老师当面提出，老师可以联系负责校长有约的老师让出现这种情况的同学参与到校长有约中去。

21.2　工作流程图

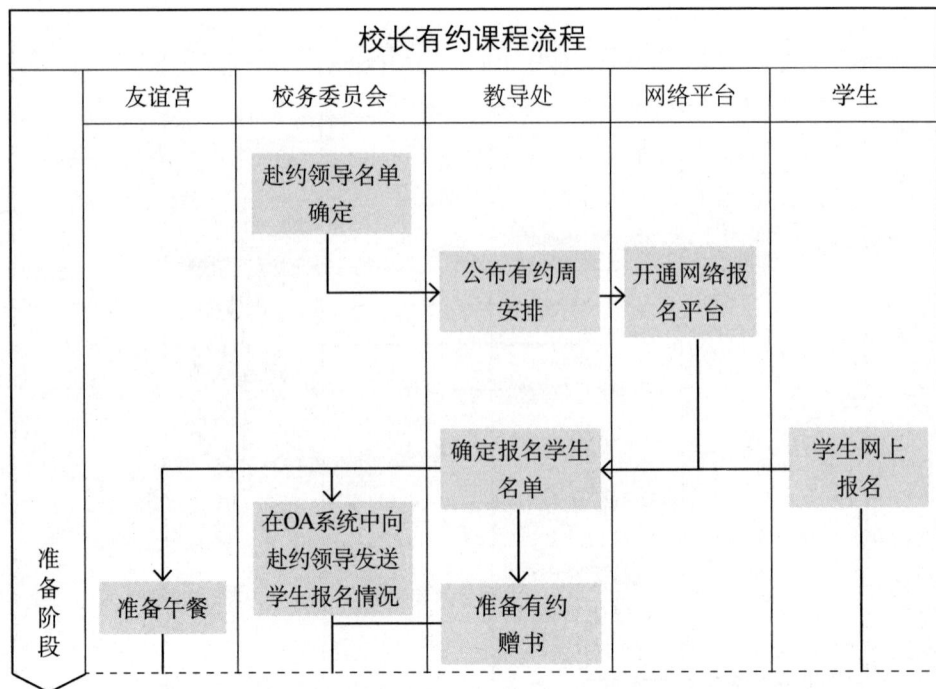

校长有约课程流程				
友谊宫	校务委员会	教导处	网络平台	学生
	赴约领导名单确定			
		公布有约周安排	开通网络报名平台	
		确定报名学生名单		学生网上报名
准备阶段	在OA系统中向赴约领导发送学生报名情况			
准备午餐		准备有约赠书		

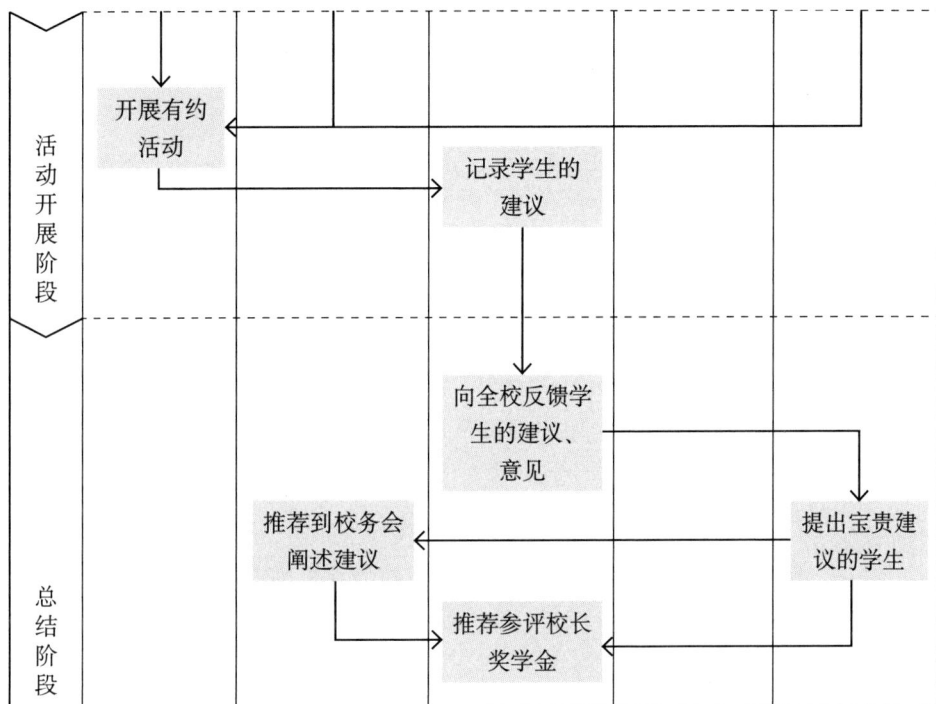

| 活动开展阶段 | 开展有约活动 | | 记录学生的建议 | | | |
| 总结阶段 | | 推荐到校务会阐述建议 | 向全校反馈学生的建议、意见 推荐参评校长奖学金 | | 提出宝贵建议的学生 | |

21.3 工作关键点

向全校反馈学生的建议、意见。

注意事项：①选课平台提前两周对学生开放。②如果领导有事不能如期赴约，要通知到当天报名的每个学生。③学期初设置本学期节假日自动无法选课。④平时记录好提出建设性建议的学生名单，期末推荐校长奖学金。

22．家长有约

22.1 工作问答

问：家长有约主要是干什么的？

答：主要是给家长与学生提供亲子沟通或者职业引导的平台。

问：参加家长有约课程有没有学分？

答：有，每次0.2学分，但前提是准时参加，真正在家长有约课程中学到东西。

问：没有在平台上报名可以参加家长有约课程吗？

答：欢迎所有同学参加家长有约课程，但是没有报名的同学无法加学分。

22.2 工作流程图

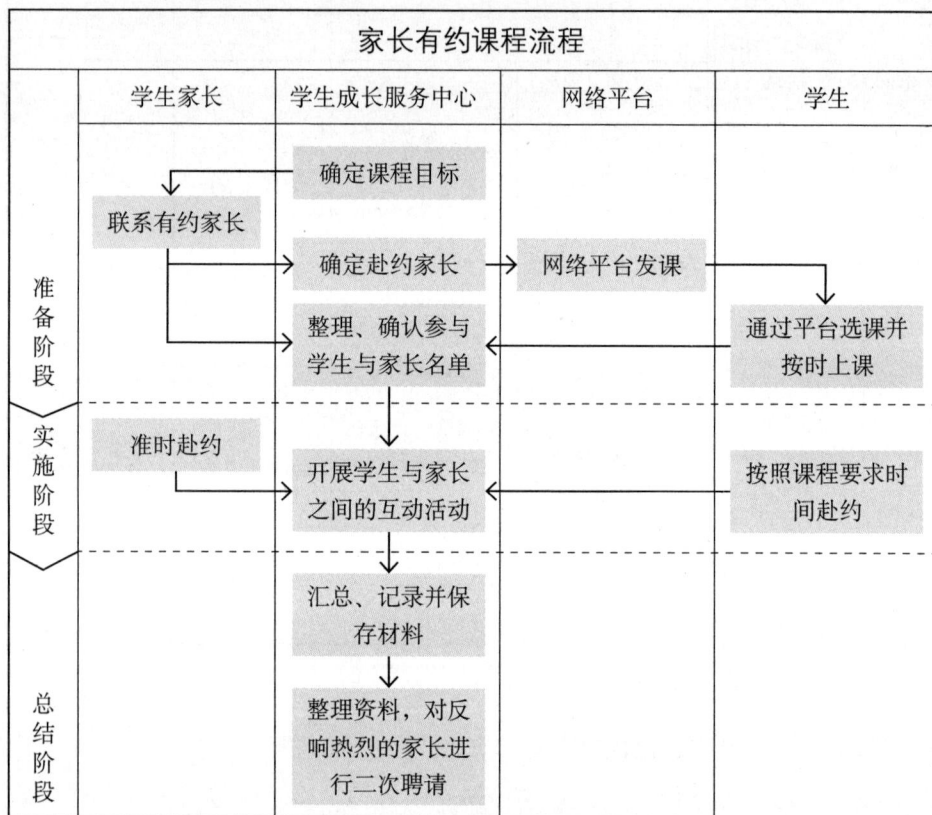

家长有约课程流程				
	学生家长	学生成长服务中心	网络平台	学生
准备阶段	联系有约家长	确定课程目标		
		确定赴约家长	网络平台发课	
		整理、确认参与学生与家长名单		通过平台选课并按时上课
实施阶段	准时赴约	开展学生与家长之间的互动活动		按照课程要求时间赴约
总结阶段		汇总、记录并保存材料		
		整理资料，对反响热烈的家长进行二次聘请		

22.3 工作关键点

联系学生家长，对反响热烈的家长进行二次聘请。

注意事项：①提前一周联系家长确定赴约时间。②提前一周发布课程信息，课程信息应包括家长的姓名、职业和互动主题。③记录下家长有约课程的主要内容。

23．学长有约

23.1 工作问答

问：我可以自荐做学长吗？

答：欢迎同学们踊跃报名加入学长团，审核合格后，会在校园内贴出精美海报进行宣传。

问：我想和某某学长有约，你们可以联系他/她吗？

答：这个必须可以。由学生成长服务中心联系并确认某某同学能否参加学长有约课程，并将结果告知推荐的学生。

问：没有在平台上报名可以参加学长有约课程吗？

答：欢迎所有同学参加学长有约课程，但是没有报名的同学无法加学分。

23.2 工作流程图

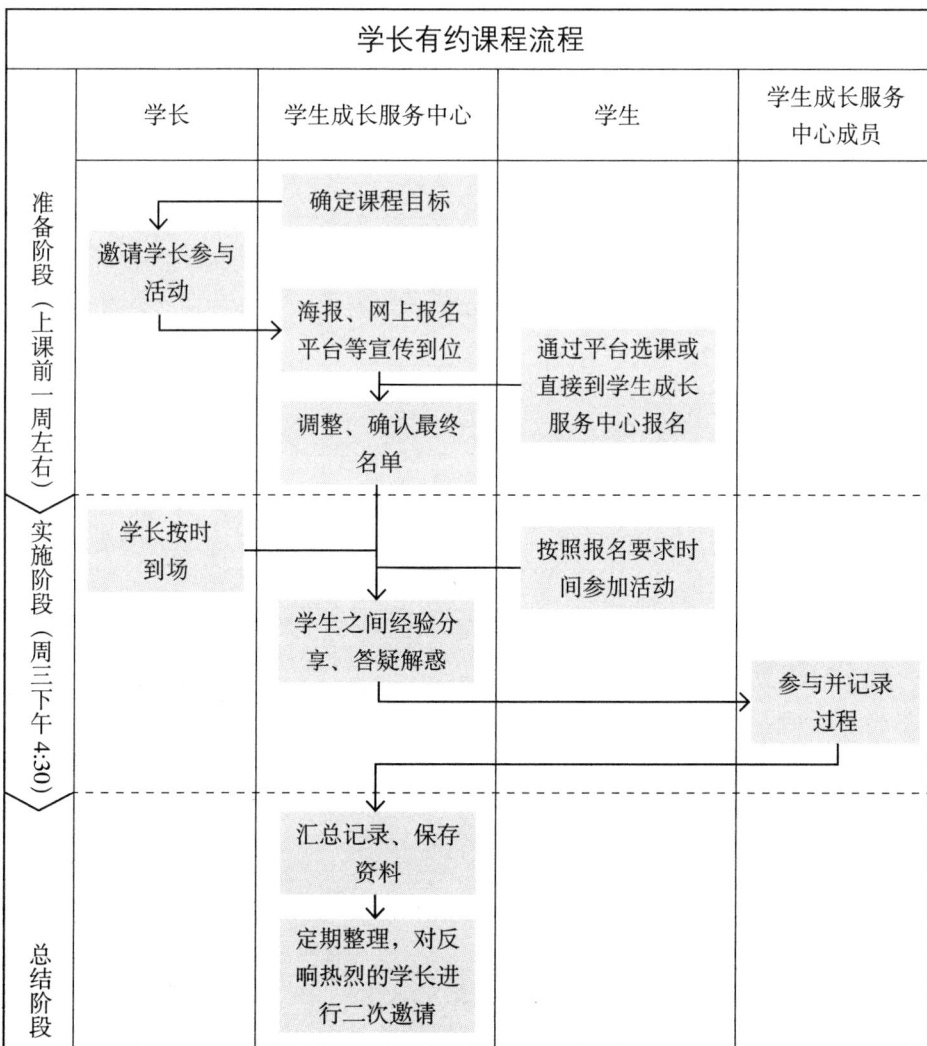

23.3 工作关键点

海报、网上报名平台等宣传到位，学生之间经验分享、答疑解惑。

注意事项：①参与的学长应该在某方面很突出或很成功，在校园内有一定的知名度。②确定好学长及活动时间后，应及时在平台上公布，并张贴关于学长的海报。③在互动分享过程中，学生成长服务中心成员要记录互动内容，并在活动结束后整理出来。

24．家长互助

24.1 工作问答

问：怎样查看每周家长互助课程的信息？

答：可以到选课平台上查看，上面有家长信息及互助主题。

问：学生家长参加了家长互助课程，会给学生加学分吗？

答：是不给学生加学分的。

问：家长互助课程确定主讲嘉宾的标准有哪些？

答：主讲嘉宾主要以高年级或者已经毕业的学生家长为主，学生学业成绩优秀并且全面发展，在校内有一定的知名度。

24.2 工作流程图

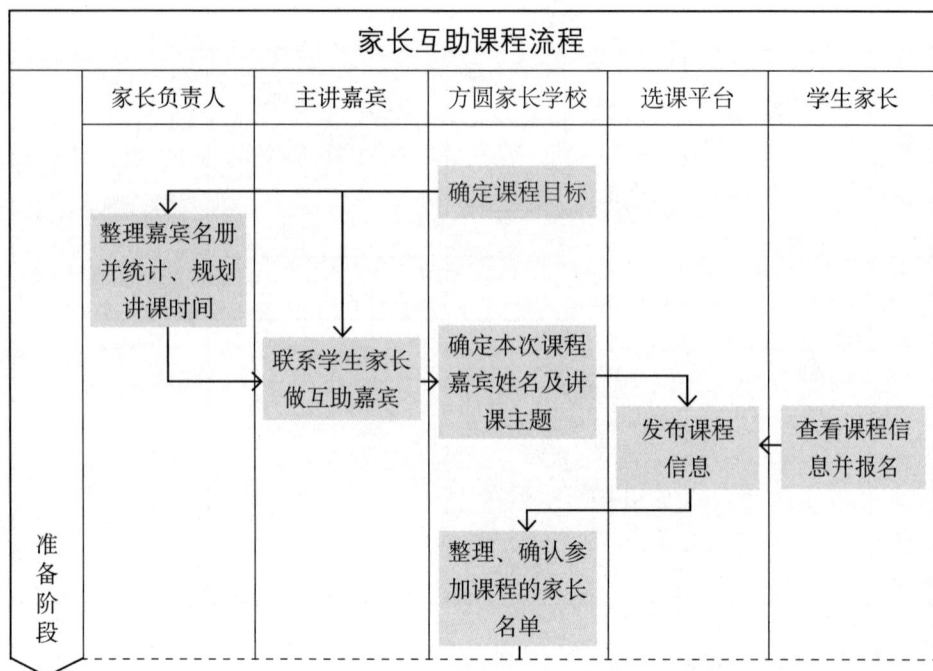

家长互助课程流程

	家长负责人	主讲嘉宾	方圆家长学校	选课平台	学生家长
准备阶段	整理嘉宾名册并统计、规划讲课时间	联系学生家长做互助嘉宾	确定课程目标 确定本次课程嘉宾姓名及讲课主题 整理、确认参加课程的家长名单	发布课程信息	查看课程信息并报名

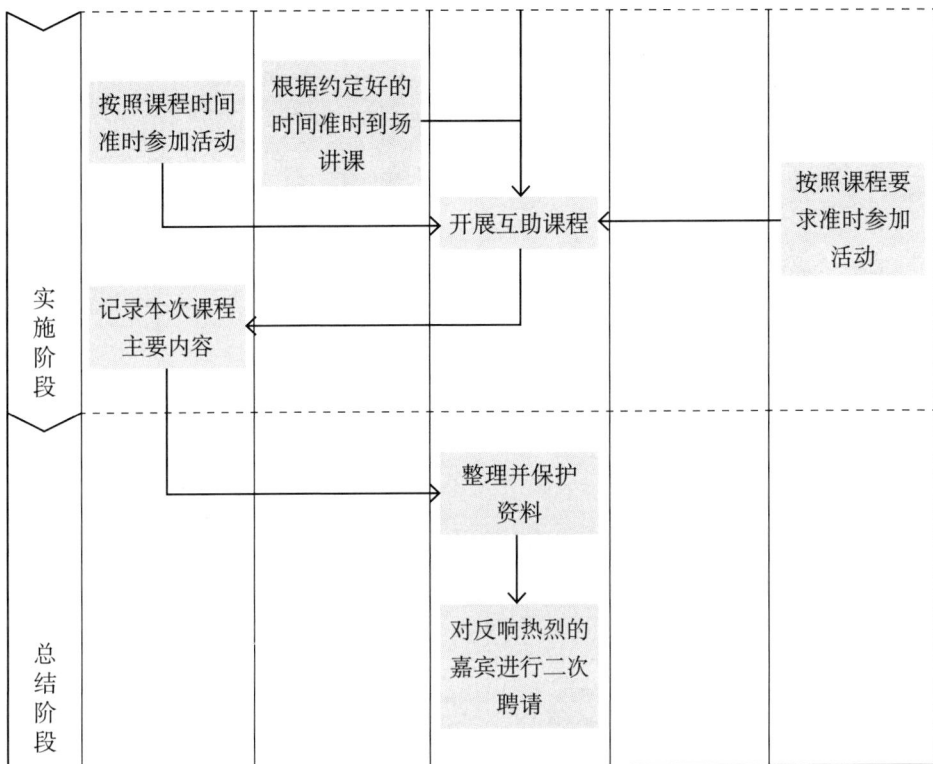

按照课程时间准时参加活动

根据约定好的时间准时到场讲课

按照课程要求准时参加活动

开展互助课程

记录本次课程主要内容

实施阶段

整理并保护资料

对反响热烈的嘉宾进行二次聘请

总结阶段

24.3　工作关键点

确定主讲嘉宾名单及主题。

注意事项：①主讲嘉宾主要以高年级或者已经毕业的学生家长为主，学生学业成绩优秀并且全面发展，在校内有一定的知名度。②确定好家长及活动时间后，应及时在平台上公布。③在互助交流过程中，值班家长要记录互助内容，并在活动结束后整理出来。

25．失物招领

25.1　工作问答

问：捡到东西加学分吗？

答：捡到贵重物品可以加学分。

问：怎样认领被捡到的物品？

答：说出丢失时间和大致丢失地点，与物品进行比对，确认后填写领回物品记录单。

25.2 工作流程图

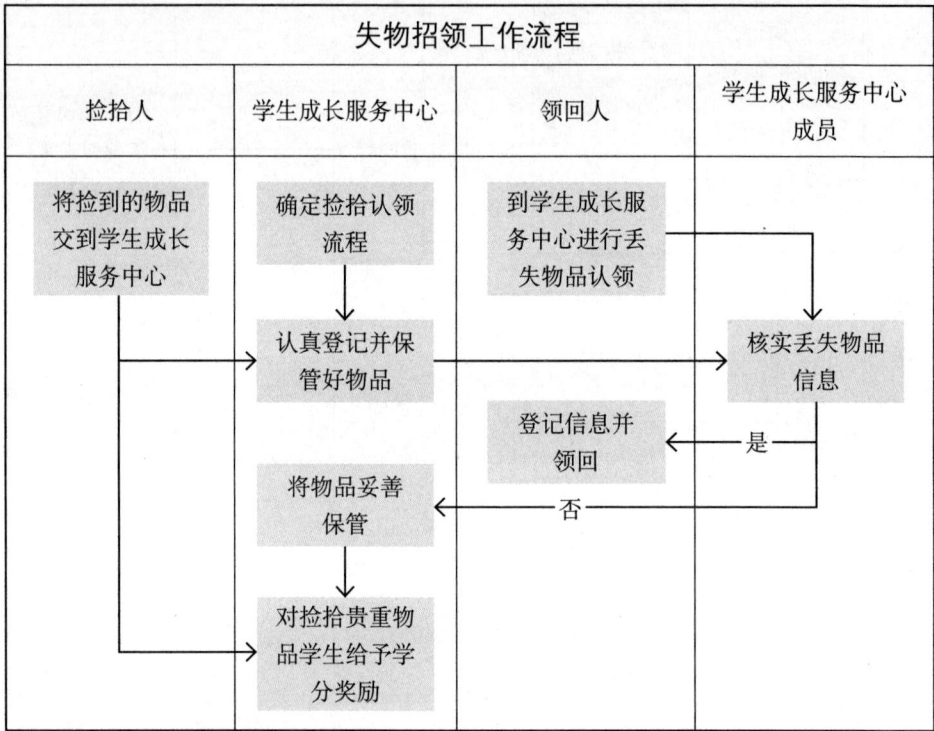

失物招领工作流程			
捡拾人	学生成长服务中心	领回人	学生成长服务中心成员
将捡到的物品交到学生成长服务中心	确定捡拾认领流程	到学生成长服务中心进行丢失物品认领	
	认真登记并保管好物品		核实丢失物品信息
		登记信息并领回	是
	将物品妥善保管	否	
	对捡拾贵重物品学生给予学分奖励		

25.3 工作关键点

认真登记并保管好物品，核实丢失物品信息。

注意事项：①捡到、领回物品务必登记。②认领物品时，一定要与物品丢失信息核对。③为杜绝凑学分行为，只对捡拾贵重物品的同学给予学分奖励。

26．笔记本电脑租借

26.1 工作问答

问：租笔记本需要抵押物品吗?

答：不需要。学校相信同学们，只需要提供学生卡进行信息登记，就可以租借。

问：租借笔记本需要什么手续?

答：首先要如实填写租借审批单，家长签字后，到学生成长服务中心进行电脑检查，确认电脑完好后可以租借使用。

26.2　工作流程图

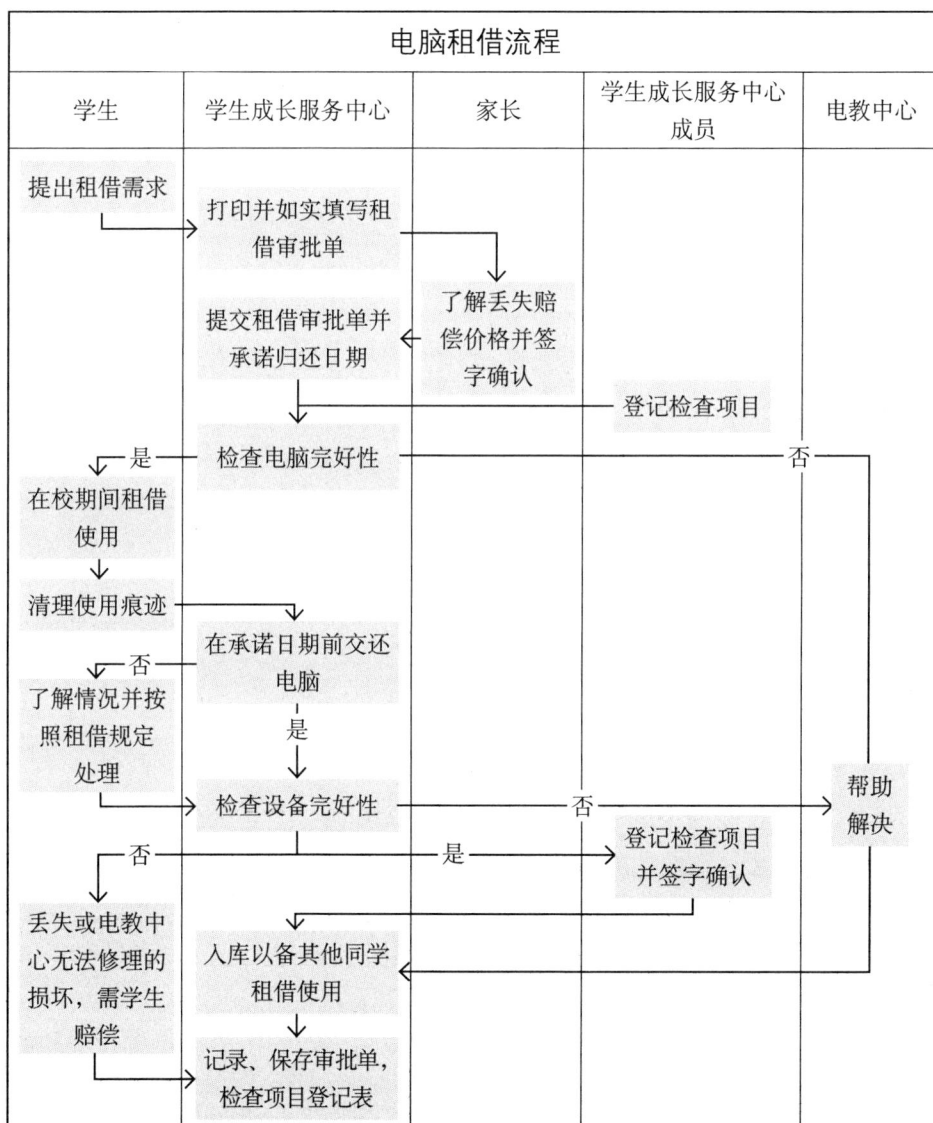

电脑租借流程				
学生	学生成长服务中心	家长	学生成长服务中心成员	电教中心

提出租借需求 → 打印并如实填写租借审批单 → 了解丢失赔偿价格并签字确认

提交租借审批单并承诺归还日期 ← 登记检查项目

检查电脑完好性　是／否

在校期间租借使用

清理使用痕迹 → 在承诺日期前交还电脑　是

了解情况并按照租借规定处理　否

检查设备完好性　否／是 → 登记检查项目并签字确认　帮助解决

丢失或电教中心无法修理的损坏，需学生赔偿　否

入库以备其他同学租借使用

记录、保存审批单，检查项目登记表

26.3　工作关键点

如实填写租赁审批单，检查设备完好性。

注意事项：①租赁审批单上的信息必须属实，并且要求家长签字。②仔细检查设备完好性并签字确认。③务必在承诺归还日期前将笔记本送回学生成长服务中心。

26.4 对接部门

与电教中心对接：如遇到学生成长服务中心无法解决的设备问题时，需要电教中心协助解决。

27．发放困难生补助

27.1 工作问答

问：困难生补助多长时间统计发放一次？

答：每年统计发放一次。

问：每次大概几个人，多少钱？

答：每次5人，每人补助500元。

27.2 工作流程图

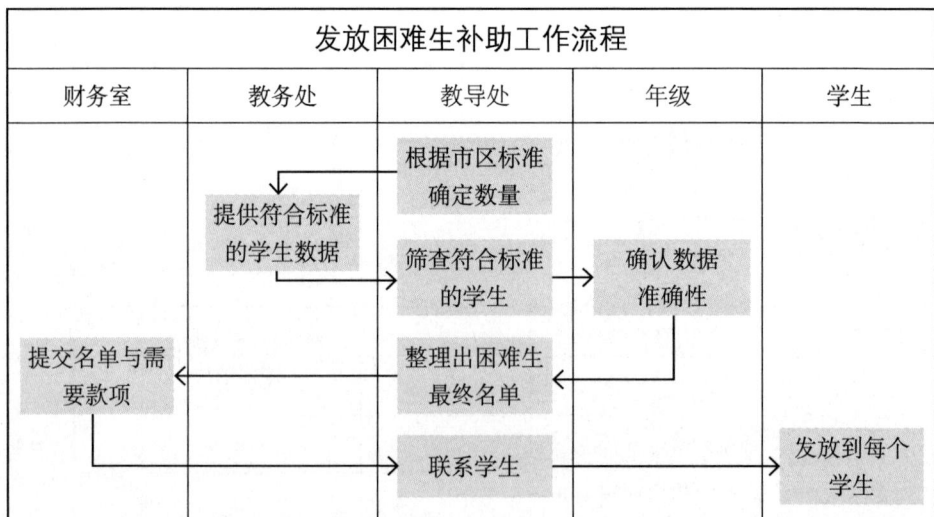

发放困难生补助工作流程				
财务室	教务处	教导处	年级	学生
提交名单与需要款项	提供符合标准的学生数据	根据市区标准确定数量 筛查符合标准的学生 整理出困难生最终名单 联系学生	确认数据准确性	发放到每个学生

27.3 工作关键点

筛查符合标准的学生，跟年级确认数据的准确性，提交财务室困难生名单与款项。

注意事项：①筛查出符合标准的名单后，务必与年级联系，核实数据是否真实、准确。②确保补助发放到每个学生手中。

27.4 对接部门

①与财务室对接：提交确切名单与金额。②与学部/年级对接：核实困难生信息的真实性、准确性。

28．校级奖学金评审

28.1　工作问答

问：校级奖学金都包括哪些奖项？

答：包括校长奖学金、紫荆奖学金、令德奖学金、金思维奖学金、乐仁奖学金、英才奖学金，共6项。

问：校级奖学金多久评选一次？

答：紫荆奖学金每年评选一次，其他5项奖学金每学期评选一次。

28.2　工作流程图

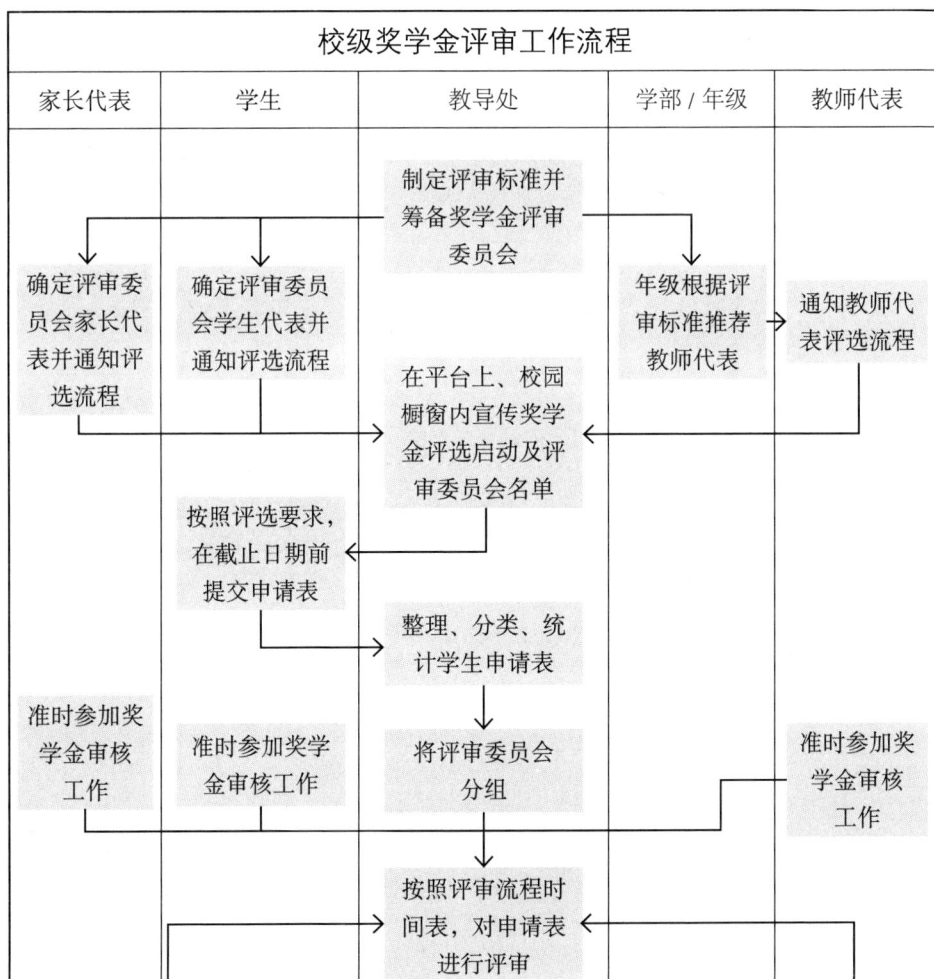

校级奖学金评审工作流程				
家长代表	学生	教导处	学部／年级	教师代表

制定评审标准并筹备奖学金评审委员会

确定评审委员会家长代表并通知评选流程

确定评审委员会学生代表并通知评选流程

年级根据评审标准推荐教师代表

通知教师代表评选流程

在平台上、校园橱窗内宣传奖学金评选启动及评审委员会名单

按照评选要求，在截止日期前提交申请表

整理、分类、统计学生申请表

准时参加奖学金审核工作

准时参加奖学金审核工作

将评审委员会分组

准时参加奖学金审核工作

按照评审流程时间表，对申请表进行评审

```
                              根据评审结果将
                              申请材料分类
                                  保存
                                   │
                                   ▼
      对结果存在疑义 ──────── 对评审结果进行 ──────── 对结果存在疑义      在截止时间
                  │            公示                              前提供相关
                  ▼                                              证明
       在截止时间前          对结果无疑义
       提供相关证明              │
                                   ▼
                              确定奖学金最终
                              获奖学生名单
                                   │
                                   ▼
                              对获得奖学金的
                              同学进行表彰
```

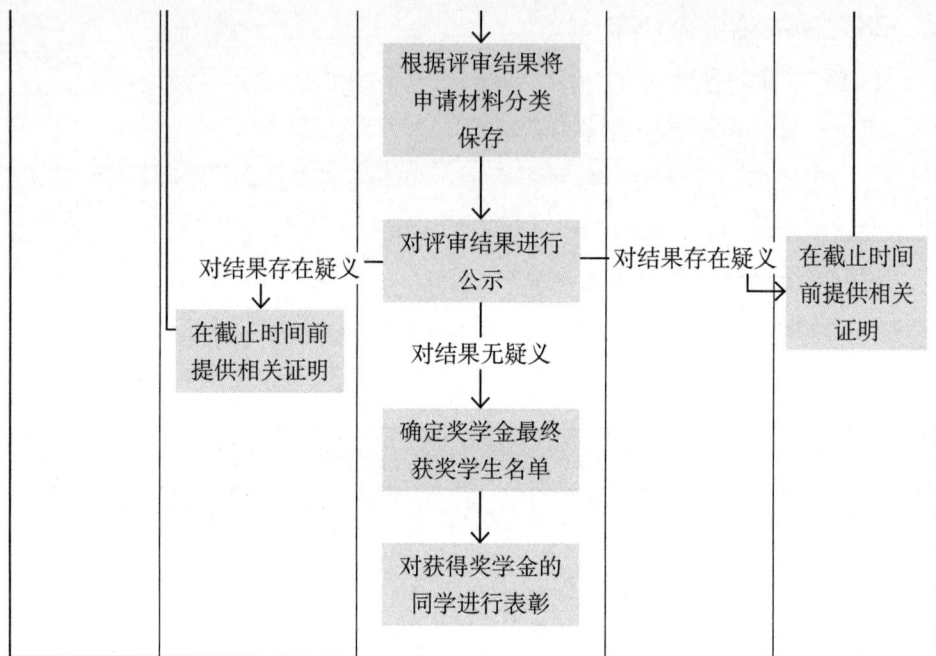

28.3　工作关键点

确定评审委员会成员、对申请材料进行审核、对结果进行公示。

注意事项：①利用多种方式宣传校级奖学金评审工作启动。②确保评审委员会成员包括学生、家长和所有学部/年级的教师代表，考虑各位评审委员会成员的工作倾向与特点，合理分组。③在结果未公示前，做好保密工作。④如有同学对公示结果产生疑义，一定要反馈给评审委员会。

28.4　对接部门

与学部/年级对接：由学部/年级主任推荐评审委员会的教师代表。

29．校级奖学金表彰

29.1　工作问答

问：如果不能准时参加表彰，跟谁请假？奖学金什么时候领？

答：不能参加表彰的同学需要到学生成长服务中心请假，奖学金在表彰活动结束后可以领取。

29.2 工作流程图

校级奖学金表彰工作流程				
学生筹备组	教导处	颁奖嘉宾	获奖学生	后勤、电教部门

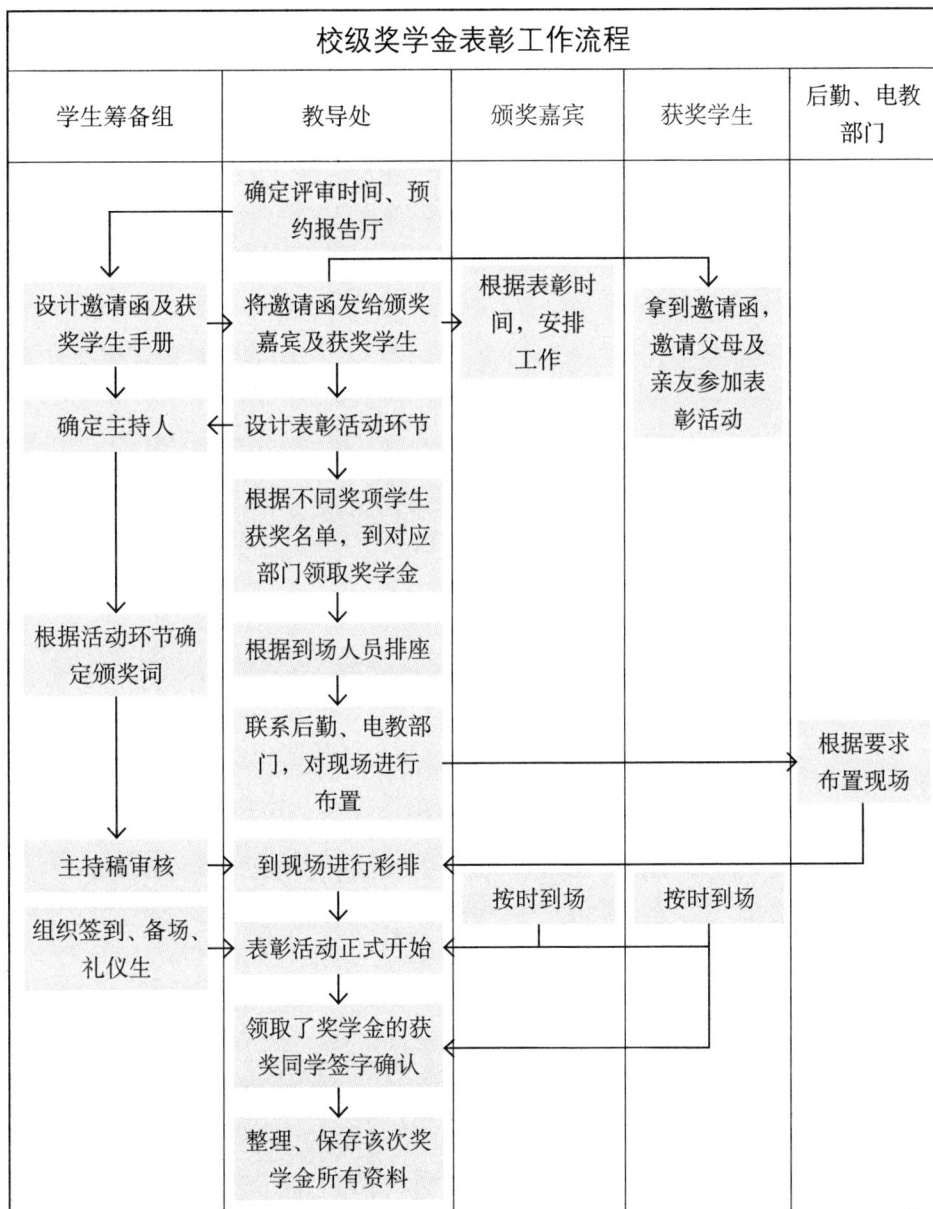

学生筹备组	教导处	颁奖嘉宾	获奖学生	后勤、电教部门
	确定评审时间、预约报告厅			
设计邀请函及获奖学生手册	将邀请函发给颁奖嘉宾及获奖学生	根据表彰时间，安排工作	拿到邀请函，邀请父母及亲友参加表彰活动	
确定主持人	设计表彰活动环节			
	根据不同奖项学生获奖名单，到对应部门领取奖学金			
根据活动环节确定颁奖词	根据到场人员排座			
	联系后勤、电教部门，对现场进行布置			根据要求布置现场
主持稿审核	到现场进行彩排			
组织签到、备场、礼仪生	表彰活动正式开始	按时到场	按时到场	
	领取了奖学金的获奖同学签字确认			
	整理、保存该次奖学金所有资料			

29.3 工作关键点

确定颁奖嘉宾，设计活动环节，审核主持稿，领取了奖学金的同学签字确认。

注意事项：①活动场地一定要提前预约。②颁奖过程中一定要有互动环节。③彩排过程中，礼仪生也需要一起排练。④后台颁奖礼仪、获奖同学签字确认需要专门的老师负责。

29.4　对接部门

①与学部/年级对接：通过学部/年级将邀请函发到获奖学生手中。②与后勤、电教部门对接：需要布置会场，提前预约电教设备。③与财务室、党政办公室、环球令德公司对接：提供获奖学生名单、奖项及金额，领取奖学金。

（2014年3月正式实施）

附 录

北京市十一学校其他规章制度（存目）

❖ 学生课程手册

常规初一学生课程手册

常规初二学生课程手册

直升初一学生课程手册

直升初二学生课程手册

初三学生课程手册

直升高一学生课程手册

高一学生课程手册

直升高二学生课程手册

高二学生课程手册

直升高三学生课程手册

高三学生课程手册

❖ 学生行为规范及办事指南

初一入学教育手册

初一学生手册

初二学生手册

初三学生手册

直升高一学生手册

高一学生手册

高二学生手册

高三学生手册

❖ 年级分布式领导项目职责与工作流程

初一教师手册

初二教师手册

直升高一教师手册

高一教师手册

高二教师手册

高三教师手册

❖ 各部门职责及工作流程

课程资源印刷申报与管理流程

课程资源付费标准、流程与保密协议

诊断工具研发与专家命题规范要求

过程性评价操作流程与规范要求

学生学业成绩管理规范

出国班学生开具成绩单的流程

学生免修、重修课程管理规定与流程

服务部门标准化工作流程

校务工作手册

教务工作标准化管理手册

学业成绩管理项目组工作手册

图书馆工作手册

电教工作手册

学生公寓工作手册

医务室工作手册

❖ 学校各项工作

人事聘任制度

工资制度

财务预算报销制度

后勤服务部门制度

食堂服务部门制度

公寓管理制度

医务室服务制度